Urknall oder Schöpfung?

Zum Dialog von Naturwissenschaft und Theologie

Herausgegeben von
Wilhelm Gräb

Chr. Kaiser
Gütersloher
Verlagshaus

Gedruckt mit Unterstützung
der Hanns-Lilje-Stiftung, Hannover

Die Deutsche Bibliothek – CIP-Einheitsaufnahme

Urknall oder Schöpfung? : Zum Dialog von Naturwissenschaft und Theologie / hrsg. von Wilhelm Gräb. – Gütersloh : Kaiser, Gütersloher Verl.-Haus, 1995
ISBN 3-579-00104-3
NE: Gräb, Wilhelm [Hrsg.]

ISBN 3-579-00104-3

Umschlaggestaltung: Dieter Rehder, Aachen
Gesamtherstellung: Weserdruckerei Rolf Oesselmann GmbH, Stolzenau
Printed in Germany

Inhalt

Wilhelm Gräb

Statt eines Vorwortes: Deutungsfragen

Unsere Gegenwartskultur ist wesentlich von naturwissenschaftlichen Denkweisen beeinflußt. Uns erscheint ein Weltbild als selbstverständlich, das doch erst in den letzten fünfhundert Jahren entwickelt worden ist. Die Vorstellungen, die wir uns von der Wirklichkeit machen, von Himmel und Erde, von Raum und Zeit, von Ursache und Wirkung, von der Entstehung und Entwicklung des Lebens auf dieser Erde, von den kleinsten Bausteinen der Materie und von der Unermeßlichkeit des Universums, sind von den Erkenntnissen der Naturwissenschaft wesentlich beeinflußt.

Weniger über den expliziten Nachvollzug logischer Zusammenhänge als vielmehr in Gestalt intuitiver Einsichten und Vermutungen hat das durch die Naturwissenschaft heraufgeführte Weltbild auch unser Menschenbild durchgeprägt: die Vorstellungen, die wir uns von unserer eigenen Herkunft und Zukunft machen, von den Möglichkeiten vor allem zur Gestaltung der Welt, die wir durch die Wissenschaft und die durch sie ermöglichte Technik gewinnen, von den Gefahren schließlich, die diese Möglichkeiten für den Erhalt des Lebens auf dieser Erde heraufbeschwören. Ob es eher Zukunftshoffnungen oder Zukunftsängste sind, die uns im Blick auf die Errungenschaften moderner Wissenschaft und Technik bewegen, immer jedenfalls wird darin offenkundig, wie sehr die Naturwissenschaft diesen enormen Einfluß hat nicht nur auf das Bild, das wir uns von der Welt machen, sondern auch auf das Verständnis, das wir von uns selber haben, auf unsere Wertvorstellungen, auf unsere Lebenshoffnungen und Lebensängste.

Es ist diese kulturelle Lage, die die Naturwissenschaft auch zu einem Thema der Kulturwissenschaften macht. Das Thema, um das es geht, entspringt dem von der Naturwissenschaft teils gewollten, teils nicht gewollten, aber dennoch erfolgten Einfluß auf das Selbst- und Weltverständnis der Menschen, auf ihr ganzes Fühlen, Denken und Handeln. Die ökologische Gefahr hat diesen Sachverhalt erneut ins allgemeine Bewußtsein gehoben. Sie hat zugleich dazu geführt, daß sich der Fortschrittsoptimismus und die Zukunftshoffnung, die sich mit Naturwissenschaft und Technik einst verbunden haben, in Positionen der Fortschrittskritik und in manifeste Zukunftsängste verkehrt haben.

Gerade weil die Folgen des durch die Naturwissenschaft heraufgeführten Weltbildes bis in die soziokulturelle Verfassung unseres Selbst- und Weltverständnisses hinabreichen, genügt es nun aber auch nicht, wenn die Kulturwissenschaften und unter ihnen insbesondere die Theologie sich selber lediglich zum Resonanzverstärker eines gesellschaftlich verbreiteten Krisenbewußtseins machen und sich im wesentlichen auf die Ausgabe von moralischen Appellen zur »Bewahrung der Schöpfung« beschränken. Es kann insbesondere der Theologie nicht genügen, angesichts der ökologischen Krise nur noch einmal in religiöser Metaphorik zu wiederholen, was ohnehin gedacht wird, und zur moralischen Forderung zu erheben, was inzwischen sowieso jedem einleuchtet.

Worum es der Theologie heute gehen muß, das betrifft vielmehr das Selbst- und Weltverständnis der Menschen, ihre Wirklichkeitsdeutungen. Daß genau hier, in den Fragen der Deutung von Selbst und Welt, der Interpretation sowohl ihrer ursprünglichen Ermöglichung wie ihrer letzten Bestimmung diejenigen Probleme liegen, die sich angesichts unserer kulturellen Lage zwar im Horizont der Naturwissenschaft und ihrer Kosmologie bewegen, durch sie aber keineswegs allein und vollständig zu lösen sind, das ist der Punkt, an dem Theologie und Naturwissenschaft heute ins Gespräch kommen müssen. Er betrifft die religiöse Welt- und Selbstdeutung des Menschen, also im jüdisch-christlichen Traditionszusammenhang die Auffassung der Welt als Schöpfung Gottes und die Auffassung des Menschen als Gottes Ebenbild: Daß die Welt von Gott in ein Werden gerufen ist, welches seine Bestimmung darin hat, den gewonnenen Reichtum in seinen schöpferischen Ursprung selber wieder einzubringen. Daß der Mensch es ist, der um diese transzendente Bestimmung alles Werdens, des Naturgeschehens und seiner eigenen Geschichte in ihm, auch weiß und deshalb zu einer dem Ziel des Ganzen verantwortlichen Wahrnehmung seiner Weltstellung berufen ist.

Der Punkt, an dem Theologie und Naturwissenschaft heute das Gespräch führen müssen, betrifft diese religiöse Selbst- und Weltdeutung des Menschen nun jedoch genau in der Weise, daß herauskommt, wie sehr es dabei um die metatheoretischen Voraussetzungen und Folgen desjenigen inhaltlichen Wissens von der Natur geht, das die wissenschaftliche Erkenntnis der objektivierbaren Vorgänge in Raum und Zeit erbracht hat und erbringt. Es geht um ein Gespräch auf der Ebene des metatheoretischen Deutungswissens von Welt und Leben, von Materie, Geist und Bewußtsein, nicht um objekttheoretische Fragen auf der Ebene der Klärung dessen, was es um die Entstehung der Welt und des Lebens, um die Funktionsweise der Organismen und des menschlichen Gehirns tatsächlich ist.

Bekanntlich hat die moderne Naturwissenschaft viele Aussagen der religiösen Tradition, die sich auf die inhaltliche Erklärung der Natur bezogen haben, als unzutreffend in Frage gestellt, z.B. die biblische Darstellung der Entstehung und des Aufbaus der Welt und der Entwicklung des Lebens auf der Erde. Ebenso hat aber auch die Theologie spätestens in der Folge der Erkenntniskritik I. Kants gar keinen Anspruch auf Welterklärung im objekttheoretischen Sinne mehr erhoben. Die Theologie hat ihre Zuständigkeit vielmehr genau hinsichtlich der Interpretation des Sachverhalts geltend gemacht, daß allem Objektwissen die ursprüngliche Ermöglichung seiner selbst und damit auch der Gegenstände, die es erkennt, immer schon vorausliegt. Sie hat ihre Zuständigkeit erkannt in der Verarbeitung der dem Menschen unter Einschluß seines Naturverhältnisses eigentümlichen Endlichkeitserfahrung.

Es war damit bereits angezeigt, daß die Basis des Gesprächs zwischen Theologie und Naturwissenschaft unter den Bedingungen der Moderne nicht mehr auf der Objektebene liegen kann und muß, sondern dort, wo es um das Verständnis derjenigen Grundbegriffe geht, mit denen die Naturwissenschaft ihre Erkenntnisvoraussetzungen und -folgen beschreibt. Sofern diese selber metatheoretischen Gehalts sind, kann und muß die Theologie sie auch in ihren religiösen Implikationen und Bezügen interpretieren.

Die Naturwissenschaft hat die Leistungsfähigkeit ihrer Objekttheorien vorübergehend allerdings überschätzt. Die Mechanik, vor allem in ihrer Anwendung bei der Industrialisierung, begünstigte am Ausgang des vorigen Jahrhunderts ein materialistisches Weltbild. Dieses meinte, alle Vorgänge als objektivierbar und berechenbar ansehen zu können. Es meinte, auch den Bereich der humanen Subjektivität, ihrer Spontaneität und Kreativität, als irrelevant oder auch als irreal abtun und der Wissenschaft das Vermögen zuerkennen zu können, daß schließlich alles werde erkennbar und alles werde machbar sein.

Ebenso hat man sich - gewiß mit beeindruckt durch den universalen, weltanschaulich aufgeladenen Erklärungsanspruch der Naturwissenschaft - auf seiten der Theologie darauf zurückgezogen, das Bekenntnis zu Gott dem Schöpfer lediglich noch im Blick auf das Selbstverständnis menschlicher Existenz gelten zu lassen, in der (irrtümlichen) Meinung, dieses sei für dessen Natur- und Weltansicht folgenlos. Ein weltlos verstandener Glaube sollte auch keine Welt-Anschauung mehr aus sich heraussetzen und gerade deshalb die Theologie unverwickelt lassen mit einer universaler Weltanschauungsansprüche erhebenden Naturwissenschaft.

Daß es so nicht geht und warum das alles so nicht stimmt, wissen wir heute besser. Die Naturwissenschaft des 20. Jahrhunderts hat im Unterschied zum mechanistischen und deterministischen Denken des vorigen Jahrhunderts zu einem umfassenderen, offeneren Verständnis der Natur geführt. Die Natur wird nun in Entsprechung zu den Gesetzen der Physik als eine die erkennende Subjektivität, die Instanz des Beobachters, in sich einschließende Einheit verstanden. Zu ihr gehört nun die Geschichte unableitbarer, nicht linearer, kontingenter Geschehensabläufe, auch die belebte Welt einschließlich des Menschen.

In dieser Theorielage beschlossen liegt die mit den Mitteln der Naturwissenschaft selber erworbene Erkenntnis, daß es prinzipiell unüberwindliche, aber dennoch gedanklich einsehbare Grenzen naturwissenschaftlicher Wirklichkeitserkenntnis gibt: die Quantenunbestimmtheit in der Physik, das Unentscheidbarkeitstheorem in der Mathematik, die Selbstorganisationskonzepte in der Biologie, die Grenzen einer neurologisch durchgeführten Theorie des menschlichen Bewußtseins.

Damit ist auch eine neue Lage für das Gespräch mit der Theologie gegeben. Es geht nun von seiten der Theologie gerade nicht wieder darum - auch wenn solche physikalistischen Kurzschlüsse immer wieder zu beobachten sind -, Lücken auf der Objektebene naturwissenschaftlicher Aussagen zu schließen. Etwa im direkten Anschluß an die Theorie der offenen Systeme nun das Wirken des göttlichen Geistes zur Erklärung für den kontingenten Dynamismus des Naturgeschehens, für die Unberechenbarkeit seiner Zukunft, heranzuziehen.

Worum es vielmehr geht, das ist der Gewinn der Einsicht, daß die metatheoretische Reflexion auf die prinzipiellen Grenzen naturwissenschaftlicher Erkenntnis zu verschiedenen Deutungen eben dieser Erkenntnis, damit auch zur Wahl differenter Grundbegriffe - etwa dem der Materie oder des Geistes, der Selbstorganisation oder der Kontingenz, der Ewigkeit oder der Zeit von Urknall oder Schöpfung - führt. Zwischen ihnen kann wissenschaftlich nicht eindeutig entschieden werden. Und doch berühren sie das Selbst- und Weltverständnis des Menschen entscheidend und verweisen in diesem Bezug auch auf unterschiedliche Auslegungstraditionen in Theologie und Philosophie.

Auf der Ebene dieser Grundbegriffe, mit denen es nicht um direkte Objekterkenntnis geht, sehr wohl aber um das Verständnis der Beziehung, um die Art des Verhältnisses, das diese Erkenntnis zur erfahrbaren Realität hat, bauen sich zugleich die Deutungen auf, die im engsten Zusammenhang zu den symbolischen Selbst- und Weltinterpretationen der Religion stehen. Sie implizieren, im metatheoretischen Sinne verstanden, selber solche Deutungen und ermöglichen bzw. fordern daher auch das Gespräch mit der Theologie, sofern diese nur ihre Aufgabe wahrnimmt, die explizite Reflexionsgestalt religiöser Selbst- und Weltauslegung des Menschen zu sein.

Durch nicht wenige in ihrem Fach zugleich herausragende Vertreter hat die moderne Naturwissenschaft in jüngster Zeit gezeigt, daß die Reflexion auf ihre eigenen metatheoretischen Voraussetzungen sie aufgeschlossen und offen macht für die großen Deutungsfragen, verbunden mit dem Wissen zumeist, daß sie sie mit ihren eigenen Mitteln nicht beantworten kann. Wo Naturwissenschaftler solche Antworten dennoch versuchen - und auch das tun sie, gestützt auf die Autorität ihrer Fachkompetenz, hin und wieder - begeben sie sich selber auf das Gebiet von Philosophie und Theologie. Sie entscheiden jedenfalls, sei es auf skeptische oder sei es auf eine inhaltlich positive Weise, die mit unserer selbstbewußten Weltstellung verbundenen Wert-, Ziel- und Sinnfragen, die mit den Mitteln der Naturwissenschaft gar nicht zu entscheiden sind.

Solche Grenzüberschreitungen sind nicht verboten. Man muß nur wissen, daß man auf explizite Weise von derjenigen Freiheit zur Selbst- und Weltinterpretation Gebrauch macht, die sich einer metatheoretisch reflektierten Naturwissenschaft mit der Einsicht in die Mehrdeutigkeit ihrer Grundbegriffe selber eröffnet. Solche Freiheit zur Weltinterpretation wird sich zwar in unserer durch Naturwissenschaft und Technik geprägten kulturellen Lage in dem Rahmen bewegen müssen, den das inhaltliche Wissen von den Vorgängen in Raum und Zeit setzt - auch das ein Grund für die Resonanz, die die Interpretationsbeiträge von

Naturwissenschaftlern finden. Aber die Weltinterpretation liegt nicht selber auf der Ebene dieses inhaltlichen Wissens, sondern bestätigt die menschlich unumgängliche Notwendigkeit des sinnverstehenden und Zwecke setzenden Umgangs mit ihm. Die Freiheit zur Weltinterpretation verwirklicht sich nur dadurch, daß sie praktisch vollzogen wird und sich diskursiv zu bewähren vermag.

Die Grenzüberschreitungen der Naturwissenschaft auf das Gebiet der in philosophischer und theologischer Sinnreflexion zu entscheidenden Deutungsfragen sind vor allem jedoch von den Folgen her motiviert, mit denen sich das naturwissenschaftliche Denken in das Weltbild der Menschen eingezeichnet und dabei dessen Kontakt mit dem Deutungswissen der Religion untergraben hat. Es liegt in solchen Grenzüberschreitungen somit immer auch ein Hinweis auf das Versagen der Theologie, gerade dort, wo sie - nicht zuletzt angesichts der ökologischen Gefahr - zu tragfähigen und weiterführenden Interpretationsleistungen hinsichtlich ihrer Rede von der Welt als Gottes Schöpfung und dem Menschen als seinem Ebenbild herausgefordert wäre.

Was besagt solche Rede über Ursprung und Ziel des Kosmos? Was besagt sie über des Menschen Stellung in ihm und den verantwortlichen Sinn seines Tuns? Die moderne Naturwissenschaft weiß, daß sie diese Fragen mit ihren Mitteln nicht beantworten kann. Aber vermögen die Antworten der Theologie in eben dem Rahmen, den die Naturwissenschaft mit ihrem inhaltlichen Wissen setzt, als ein solches Angebot an unsere Selbst- und Weltdeutung einzuleuchten? Lassen sie die spezifische, funktional nicht ersetzbare Leistung der Religion erkennen, daß nämlich sie es ist, die uns Menschen auch und gerade angesichts unübersehbarer Risiken auf verantwortliche Weise, mit dem »Mut zum Sein« leben läßt - im Bewußtsein des unverlierbaren Begleitetseins durch Gott, »der nicht fallen läßt die Werke seiner Hände«?

Von unterschiedlichen Ausgangspunkten und auf unterschiedlichen Wegen, in denen sich die Freiheit zur Interpretation selber bewährt, gehen die im vorliegenden Band gesammelten Beiträge diesen Fragen nach. Sie sind - in Zusammenarbeit mit der Hanns-Lilje-Stiftung, Hannover, die auch die Drucklegung des Bandes in großzügiger Weise unterstützt hat - ursprünglich als Vorträge im Rahmen einer Veranstaltungsreihe in der Evangelischen Studentengemeinde Göttingen gehalten worden. Naturwissenschaftler zeigen die Offenheit ihrer Wissenschaft für Interpretationsfragen, die mit ihren eigenen Grundbegriffen gestellt sind, nach metatheoretischen Reflexionsanstrengungen der Philosopie verlangen und sich auf das Deutungswissen der Religion und der es explizierenden Theologie angewiesen zeigen. Theologen führen die Theorielage vor, in der die Theologie sich selber - soll sie für die moderne Naturwissenschaft ein tauglicher Gesprächspartner sein - in der Folge der Erkenntniskritik I. Kants begreifen muß. Und sie versuchen zu zeigen, was es heißen kann und für unsere verantwortliche Lebensführung in dieser Welt bedeuten möchte, Gottes Ewigkeit als ihren schöpferischen Ursprung zu denken und zugleich als tröstliche Zukunft alles dessen, was war, ist und sein wird.

* Der Vortrag von Joachim Ringleben, der ebenfalls im Rahmen dieser Reihe gehalten worden ist, ist unter dem Titel »Gott und das ewige Leben. Zur theologischen Dimension der Eschatologie« bereits erschienen, in: K. Stock (Hg.), Die Zukunft der Erlösung. Zur neueren Diskussion um die Eschatologie. Gütersloh 1994. Es sei hier auf diesen Beitrag verwiesen.

Ulrich Barth

Abschied von der Kosmologie - Befreiung der Religion zu sich selbst.

Ende des Jahres 1992 veröffentlichte Carl Friedrich von Weizsäcker sein neuestes Buch »Zeit und Wissen« - ein Werk, in dem sich die verschiedenen Dimensionen dieses breit angelegten Denkens noch einmal eindrucksvoll bündeln. Am 23. Dezember stellte es der Autor im Literaturbericht des Deutschlandfunks persönlich vor. Auf die Frage, was ihn eigentlich zu der für ihn charakteristischen Verknüpfung von Philosophie und Naturwissenschaft gebracht habe, bekannte er, durch Anregungen Werner Heisenbergs schon recht früh zu der Überzeugung gelangt zu sein, daß die moderne Physik das bedeutendste philosophische Ereignis des 20. Jahrhunderts darstelle. In der Tat äußerte v. Weizsäcker bereits im Vorwort seines 1943 veröffentlichten, seitdem - in erweiterter Fassung - mehrfach wiederaufgelegten Aufsatzbandes »Zum Weltbild der Physik« die Überzeugung, daß die revolutionären Erkenntnisse dieser Disziplin, vor allem Quantentheorie und Relativitätstheorie, Ausdruck einer »geistigen Wandlung« seien, »die weit über die Grenzen der Physik hinausreicht«[1]. Der weitere Gang der Atomphysik habe die prinzipielle Relevanz dieses Neuansatzes nachhaltig bestätigt, zunächst für den Bereich der Naturwissenschaften selber, dann aber auch für die Sphäre des menschlichen Wissens insgesamt. »Den Begriff des Atoms könnte man einen Knotenpunkt im Gewebe der wissenschaftlichen Wahrheit nennen. Erfahrungen aus den verschiedensten Gebieten führen zu ihm hin und sind in ihm verknüpft«[2]. Und so hat v. Weizsäcker mehr und mehr daran gearbeitet, von der modernen Physik aus - unter Einbeziehung der Ontologie, Logik, Kybernetik, Evolutionstheorie und nahezu aller klassischen Fachdisziplinen - einen ausdifferenzierten Begriff der Natur und in Entsprechung dazu ein Integrationsmodell von Wissenschaft zu entfalten, dem sich nicht zuletzt auch der Bereich des Glaubens und der Religion produktiv zuordnen ließ. Aus solcher Perspektive erscheint dann selbst die »Geschichte der Natur als theologisches Thema«[3].

In Kirche und Theologie hat dieser Ansatz ein breites und überwiegend zustimmendes Echo ausgelöst, scheint er doch das krisenhafte

Verhältnis von theologischem und physikalischem Naturverständnis, das über weite Strecken noch vorhanden ist, souverän zu unterlaufen und allzu vordergründigen Einwänden gegen die traditionelle christliche Schöpfungslehre das Wasser abzugraben. Ja, mancherorts erhofft man sich geradezu eine Bestätigung der biblischen Aussagen durch eine dank der neuesten Entwicklungen flexibler gewordene Naturwissenschaft. Diese Erwartungen haben sich in solchem Maße verdichtet und stabilisiert, daß sie inzwischen sogar Eingang in theologische Lehrbücher gefunden haben.[4]

An dieser Gesamtperspektive darf allerdings aus guten Gründen Zweifel angemeldet werden. Der Ausgang vom Selbstverständnis der modernen Physik erweist sich - ohne mit dieser Feststellung deren fachwissenschaftlichen Stellenwert auch nur von ferne relativieren zu wollen - als methodisch wie ideengeschichtlich viel zu eng, um das spannungsreiche Verhältnis von Theologie und Naturwissenschaft samt der Stellung des Schöpfungsglaubens darin angemessen in den Blick zu bekommen. Will man den hier begegnenden Grundsatzfragen auch nur halbwegs gerecht werden, dann ist die Einnahme einer auf die Grundstellungen des abendländisch-christlichen Denkens bezogenen erkenntnistheoretischen Diskussionsebene nahezu unvermeidlich. Dies soll - mit der gebotenen Kürze - im folgenden geschehen.

Die Geschichte des Verhältnisses von Theologie und Naturwissenschaft, speziell was die Frage der Kosmologie betrifft, läßt sich grob in drei Epochen unterteilen, die im wesentlichen mit den Haupttypen des philosophischen Denkens konvergieren: Die Kosmologie der alten Kirche steht ganz unter dem Eindruck Platons, das katholische Mittelalter ist bestimmt durch die aristotelische Physik, und die Moderne schließlich setzt ein mit Entstehung der klassischen Mechanik, die alsbald ihren Niederschlag findet im Aufkommen der neuzeitlichen Erkenntnistheorie. Bei allen drei Konstellationen handelt es sich um Modelle von hoher sachlicher und systematischer Stringenz, wodurch nicht zuletzt auch der Prozeß ihrer wechselseitigen Ablösung ein hohes Maß an innerer Plausibilität gewinnt.

I.

Adolf von Harnack hat die Entstehung der christlichen Theologie unter das Stichwort der »Hellenisierung des Christentums« gerückt. Wie auch immer die Reichweite dieser provokanten Kategorie und ihre

Erklärungskraft im allgemeinen einzuschätzen sein mag, speziell für die Ausbildung der theologischen Kosmologie bei den griechischen Kirchenvätern besitzt sie uneingeschränkte Gültigkeit. Zum Eintritt in die antike Schuldiskussion um die Entstehung der Welt sahen sich die altkirchlichen Apologeten nicht nur durch ein rein wissenschaftliches Interesse bewogen, sondern vor allem auch durch Probleme des religiösen Daseinsverständnisses selber, insbesondere das Problem, welche Rolle die Christologie dabei spielen sollte.

Ob die Welt einen Anfang habe oder nicht, ob sie, wenn nicht anfangslos, ewig fortexistiere oder nicht, ob schließlich Anfang und Ende vielleicht gar nicht als einmalige Ereignisse, sondern als steter Wechsel von Entstehen und Vergehen zu denken seien, Fragen dieser Art lagen nicht nur den alttestamentlichen Schöpfungsaussagen zugrunde, sondern in weit höherem Maße noch der griechischen Naturphilosophie[5], die zum Teil äußerst differenzierte kosmologische Gesamtentwürfe hervorgebracht hat. Je mehr das frühe Christentum mit ihnen Bekanntschaft machte, desto stärker mußte es sich mit ihnen intellektuell auseinandersetzten. Den stärksten Opponenten fand man in der peripatetischen Lehre von der Ewigkeit der Welt und in der epikureischen These von der Zufälligkeit des Weltenlaufs. Beide Auffassungen widersprachen diametral dem eigenen Schöpfungsglauben. Gegen beide fand man indes einen Bundesgenossen, und zwar in der wirkungsmächtigsten aller damaligen Schulrichtungen, dem zeitgenössischen Platonismus[6]. Seiner Kritik an jenen Auffassungen konnte man sich weitgehend anschließen.

Im Zentrum der kosmologischen Überlegungen dieses sogenannten mittleren Platonismus stand die Beschäftigung mit Platons »Timaios«. Dieser letzte und seltsamste aller platonischen Dialoge war Platons eigentliches Vermächtnis an die hellenistische Kultur der Kaiserzeit. W. Jaeger bezeichnete ihn treffend als die »Bibel des spätantiken Platonismus«[7], und als solche ging er auch ein in die kosmologische Debatte. Seine wissenschaftliche Auslegung unterlag allerdings erheblichen Schwankungen[8]. Während die älteren Platonschüler - und dann der orthodoxe Flügel der neueren Akademie - die genetische Darstellung des Weltaufbaus im »Timaios« lediglich symbolisch-didaktisch verstanden wissen wollten, bildete sich im Laufe der Zeit, provoziert durch die streng exegetische Sachkritik der Peripatetiker, ein sachlich-wörtliches Verständnis aus, nämlich bei Plutarch von Chaironeia und

Attikos von Athen, zwei einflußreichen Mittelplatonikern des ersten und zweiten nachchristlichen Jahrhunderts. So wurde der dem Buchstaben nach aufgefaßte »Timaios« für die jüngere Stoa und das frühe Christentum zum wichtigsten wissenschaftlichen Kronzeugen des eigenen realistischen Schöpfungsverständnisses.

Die besondere Faszination, die dieser Dialog auf die spätantike Bildung ausübte, beruhte auf seiner Verschränkung von Gotteslehre, Ideenlehre und Kosmologie[9]: Gott erschafft die Welt, indem er auf die Ideensphäre blickend das Wesen der Dinge erkennt und letzteres der vergänglichen Sphäre einbildet[10]. Indem der Bereich des Werdens so einen Bezug auf die noetische Ordnung erhält, wird er allererst zu einer in sich stabilen Ganzheit. Durch seine Schöpfertätigkeit hebt Gott die natürliche Welt somit auf die Stufe eines sinnerfüllten Universums. Da nun Gott - wie es bereits im zweiten Buch der »Politeia« heißt - wesentlich gut ist, erschafft er auch die Welt in reiner Güte und ohne Mißgunst. Weil und wie der Anfang, darum und so ist auch der weitere Verlauf der Welt von der göttlichen Vorsehung erfüllt. Ihre Aufgabe ist es, den Menschen auf Gott hin zu erziehen. Gott ähnlich zu werden ist das letzte Ziel endlichen Strebens[11].

Die Sinnhaftigkeit, die die Ideen dem endlichen Werden, dem sie eingebildet sind, verleihen, geht nun keineswegs auf in bloßer Werthaftigkeit, sei es logischer, ethischer, ästhetischer oder sonstiger Art. Ideen repräsentieren für Platon immer auch mathematische Ordnungsverhältnisse. Wenn der göttliche Demiurg dem endlichen Werden die von ihm geschaute noetische Ordnung einbildet, so strukturiert er es also - im wahrsten Sinne des Wortes[12]. Verfolgt man diesen Strukturierungsprozeß zurück bis in seine letzten Aufbauprinzipien, so erhält man auf der einen Seite mathematische Formen, auf der anderen Seite den qualitätslosen Raum, das Worin alles Entstehens oder »die Amme des Werdens«, wie Platon sagt. Träger des gesamten Entstehungsprozesses ist die Weltseele, die Erstgestalt der Schöpfung. Deren reine Selbstbewegung und die nicht weiter auflösbare Gesetzlichkeit des Raumes durchdringen einander bei der Entstehung der realen Welt. Eben darum ist das ideal konstruierte Universum gleichermaßen teleologisch sinnerfüllt wie Stätte der Notwendigkeit.

Beide Aspekte der platonischen Kosmologie, der mythisch-religiöse und der mathematisch rationale, sind im »Timaios« kunstvoll ineinander verschlungen. Das Ganze hat - auch für Platon - höchst spekulativen Charakter, weshalb er es als bloße Wahrscheinlichkeitsvermutung vorträgt. Gleichwohl erfüllt dieses kosmologische Konstrukt eine wichtige systematische Funktion. Wäre die sinnlich erscheinende Sphäre ganz auf sich gestellt, entbehrte sie jeglicher rationalen Struktur, die immer nur Resultat des durch den Schöpfer hergestellten Bezugs von Idee und Wirklichkeit sein kann, dann wäre sie dem absoluten Wandel preisgegeben. Die menschliche Wahrnehmung könnte dann noch nicht einmal mehr überführt werden in wahre Meinung, geschweige denn in Wissen. So bildet der auf den ersten Blick höchst befremdliche Spätdialog, bezieht man ihn auf das Gesamtwerk Platons, in der Tat den Schlußstein des Programms, das im frühen "Phaidon« als eigentliches Ziel der Ideenannahme bezeichnet wurde, nämlich die Rettung der Phänomene.

Die allgemeine weltanschauliche Orientierungsfunktion, die nun gerade die Kosmologie des »Timaios« im Mittelplatonismus erlangt hatte, blieb nicht auf diese philosophische Schule beschränkt, sondern erstreckte sich auf das in philosophischer Hinsicht von ihr geprägte frühe Christentum. H.-G. Gadamer spricht geradezu von einer »Überresonanz« jener platonischen Weltentstehungstheorie bei den antiken Kirchenschriftstellern, die darin gleichsam eine »Antizipation des Christlichen« erblickten[13]. Und J. H. Waszink, einer der besten Kenner der antiken Rezeptionsgeschichte dieses Dialogs, konstatiert - in der Formulierung vorsichtiger, aber der Sache nach identisch -, daß »das Bekanntwerden mit den Hauptthesen des »Timaios« und dazu der Wunsch, es dem Platonismus gleichzutun, die allmähliche Ausbildung einer christlichen Kosmologie im zweiten und dritten nachchristlichen Jahrhundert jedenfalls mitveranlaßt hat«[14].

Man kann sich leicht vorstellen und auch heute noch unmittelbar nachvollziehen, worin einst die Attraktivität der platonischen Kosmologie für die altkirchlichen Theologen - man denke etwa an die nachhaltige Wirkungsgeschichte des platonischen Pronoia-Gedankens - bestanden hatte[15]. Das Alte Testament sprach von einer Mitwirkung der himmlischen Sophia bei der Erschaffung der Welt. Das Neue Testament bezeichnete Jesus Christus als den Schöpfungsmittler. In beiden Fällen handelte es sich indes nur um vereinzelte und dazu äußerst vage bestimmte Vorstellungen. Hinzu kam, daß Paulus den göttlichen Heilsplan mit einem Vorausdasein Jesu Christi in himmlischer Herrlichkeit beginnen ließ und auch das Johannesevangelium die Uranfänglichkeit des Logos behauptete. Auch hier ging man jedoch über bloße Andeutungen nicht hinaus, weil der überirdische Ursprung des Erlösers zwar betont, zugleich aber auch in schweigsamer Verhüllung belassen werden sollte. Wie war das alles gedanklich miteinander zu verbinden in einer Zeit und Umgebung, die - anders als unter urchristlichen Bedingungen - auf den Gedanken, d.h. auf systematische Geschlossenheit drängte?

Genau an dieser Stelle half der platonische »Timaios« weiter: Der Gedanke der Neidlosigkeit und wesenhaften Gutheit, in der Gott den Kosmos konstruierte - weshalb Platon ihn auch als den »Vater« des Alls bezeichnen kann -, entsprach der biblischen Vorstellung vom universalen Versöhnungswillen Gottes vor aller Zeit. Die altkirchlichen Theologen waren sich völlig darüber im klaren, daß der Glaube an ein göttliches Vorsehungshandeln in der Welt völlig leer wäre, wenn der Vorsehungsgedanke sich nicht schon - ganz im Sinne der Ausführungen des »Timaios« - bei der Weltentstehung nachweisen ließe. Was lag näher, als die göttliche Vorsehung in dem ewigen Logos zu verankern, in dem und durch den Gott die Welt erschuf. Der platonische Mythos eines auf den Ideenbereich blickenden göttlichen Werkmeisters war geradezu das Modell, wie man sich die Mitwirkung des Logos-Sohnes bei der Erschaffung der Welt zu denken hatte[16]. So wuchs im Lauf der altkirchlichen Lehrbildung dem Dialog »Timaios« geradezu eine Schlüsselstellung zu, nämlich im Hinblick auf die als immer dringlicher empfundene Aufgabe einer gedanklichen Vermittlung zwischen Christologie und Schöpfungslehre. Ohne die platonische Kosmologie ist der von den griechischen Apologeten vollzogene Überschritt von der Präexistenzchristologie zur Trinitätslehre nicht zu denken.

Eine schwierige Aufgabe lag dann nur noch in der genaueren Erklärung der vielen Einzelschritte des Weltentstehungsvorgangs. Harnack bemerkt treffend: »Die Exegese von Genes. 1 wurde das eigentliche Doctorproblem bei den griechischen Vätern«[17]. Es kam darauf an, die einzelnen Stationen des Sechstagewerks mit der platonischen Entstehungsordnung auszugleichen. Immerhin besaß man für die Lösung dieser Aufgabe bereits ein Vorbild, nämlich die Genesis-Auslegung des jüdischen Religionsphilosophen Philo von Alexandrien[18], vor allem in »De opificio mundi«[19]. Philo, dessen hermeneutischen Grundsatz man in der These zusammenfassen könnte »In dubio pro Platone«, stellte auch schon Gesichtspunkte bereit, wie man mit solchen Elementen der platonischen Kosmologie zu verfahren hatte, die von biblischen Voraussetzungen her als fremd empfunden und darum ausgeblendet wurden, wie etwa die pythagoreisch-mathematische Seelen- und Elementenlehre des »Timaios«[20]. Und so bewegen sich die meisten der altkirchlichen Apologeten - von Justin über Origenes bis zu den großen Kappadoziern - mehr oder weniger in den Bahnen der platonischen Kosmologie. Selbst die bewußt auf einen populären Ton herabgestimmten Hexaemeron-Homilien Basilios des Großen, die dann in der Übertragung des Ambrosius weit in den lateinischen Westen hineingewirkt haben[21], können jenen Hintergrund nicht ganz verleugnen[22].

So ist denn der Alten Kirche durch die Begegnung mit der hellenistischen Bildungsreligion ein imponierendes Integrationsmodell von Theologie und Kosmologie erwachsen. Platonische Weltkonstruktion, biblischer Schöpfungsglaube und spekulative Christologie sind ein Bündnis eingegangen, welches auf letzten Prinzipien aufruhte und damit höchsten intellektuellen Standards der Zeit entsprach. Der wissenschaftliche Charakter der Physik hat durch die Einschmelzung der Präexistenzchristologie keineswegs gelitten, er wurde im Gegenteil dadurch eher erhöht. Die schwierigen Fragen der mittelplatonischen Kosmologie, die u.a. schließlich zur Ausbildung des Neuplatonismus führen sollten - wie etwa das Verhältnis von Demiurg und Ideensphäre zu denken sei -, konnten von den Christen mit Hilfe der Logoschristologie in religiös eigenständiger Form und mit wissenschaftlich tiefreichender Plausibilität gelöst werden. Die christliche Theologie hat, was den Problembereich der Kosmologie anbelangt, vom mittleren Platonismus nicht nur profitiert, sondern umgekehrt diesem auch zu größerer Stimmigkeit verholfen.[23] Mit einem dementsprechenden intellektuellen Überlegenheitsgefühl traten die großen Apologeten der Alten Kirche denn auch der gebildeten heidnischen Öffentlichkeit entgegen.

II.

Eine ähnliche Auseinandersetzung großen Stils hat sich dann noch einmal in der zweiten Hälfte des Mittelalters wiederholt. Es war die erstmalige Bekanntschaft mit dem vollständigen Corpus Aristotelicum, die - ausgehend von der arabischen Aristotelesrezeption - zu einer umfassenden Reform der abendländischen Wissenschaft und Metaphysik führte, deren Folgen bis tief in die Neuzeit hineinreichen. Im Kern ist sie das Werk des italienischen Dominikanermönchs Thomas von

Aquino, der damit dem herrschenden augustinischen Neuplatonismus machtvoll zur Seite tritt. Die Umformung des überkommenen Lehrgebäudes war so radikal und einschneidend, daß sie bei der Kirche zunächst auf entschiedenen Widerstand stieß. Albertus Magnus, der Kölner Lehrer Thomas von Aquins, mußte noch drei Jahre nach dem Tod seines Schülers - selber bereits achtzigjährig - dessen Lehrmeinungen gegen den Vorwurf der Häresie verteidigen, den eine auf Antrag des Papstes an der Pariser Universität einberufene bischöfliche Lehrkommission erhoben hatte und sich damit auch durchsetzten konnte[24]. Es sollte noch etliche Jahrzehnte dauern, bis aus dem kühnen theologischen Revolutionär nun gerade um seines christlichen Aristotelismus willen der sogenannte Heilige Thomas und gefeierte Lehrer der Kirche wurde.

Thomas hat - inspiriert durch das naturkundliche Interesse Alberts - schnell erkannt, welche Leistungskraft der aristotelischen Physik zukam, gerade auch im Vergleich mit der bislang dominierenden platonischen Kosmologie. Letztere hatte Aristoteles in seinen Lehrvorträgen »De caelo« ausführlich diskutiert. Die von ihm selbst vertretene Theorie gab sich ausdrücklich als Alternative zur Weltentstehungstheorie des Dialogs »Timaios«[25].

Der methodische Hauptgesichtspunkt ist derselbe, der auch die gesamte Physik-Vorlesung bestimmt: Man kann die Natur nicht mit Hilfe von Ideenspekulationen erklären, sondern nur in der Weise, daß man sich der konkreten Wahrnehmungswelt zuwendet und die hierbei gemachten Erfahrungen und deren Beschreibung sorgfältig analysiert[26]. Inhaltlich steht dasjenige Phänomen im Mittelpunkt, welches für Natur überhaupt konstitutiv ist, nämlich Bewegung. Alle Grundbestimmungen der realen Wirklichkeit, Zeit, Ort, Form, Stoff, Zufall, Zielgerichtetheit etc. sind Aspekte von Bewegung. Der natürliche Kosmos kann gar nicht anders erklärt werden als mit Hilfe des Begriffs der Bewegung. Physik ist für Aristoteles sonach die empirisch fundierte Erforschung der begrifflichen Prinzipien der bewegten Natur.

Diesem physikalischen Weltbild läßt sich auch problemlos der Gottesgedanke zuordnen: Gott ist der ewig unveränderliche Bewegungsursprung des Kosmos. Physik und Theologie schließen weder einander aus, noch können sie jeweils an die Stelle des anderen treten, vielmehr konvergieren sie in ein und derselben Aufgabe, nämlich in der Erklärung der Bewegtheit der Welt. Und so konnte Aristoteles die Gotteslehre ebensowohl im Kontext der Metaphysik (12. Buch) wie im Zusammenhang der Physik (8. Buch) vortragen. Die Destruktion der platonischen Idealkonstruktion zugunsten einer empirischen Naturwissenschaft führte nicht zur Verdrängung des Gottesgedankens aus der Physik, sondern lediglich zu seiner Neufassung[27]: An die Stelle eines auf das Ideenreich blickenden und die Welt in gütiger Vorsehung erschaffenden göttlichen Werkmeisters, tritt ein von der Frage der Entstehung der Welt gänzlich unberührtes, aber deshalb nicht minder transzendentes geistiges Wesen, das die anfangslose Welt in Bewegung erhält und worauf die alltägliche Naturerfahrung beständig zurückverweist. Gottesgedanke und Weltbegriff sind nicht deduktiv, sondern umgekehrt reduktiv aufeinander bezogen.

Thomas hat nun seine Rezeption der aristotelischen Physik durchaus mit der biblischen Schöpfungsvorstellung zu verbinden gewußt. Aber nichts kann die gerade hier zutage tretende tiefe Abhängigkeit von Aristoteles kräftiger illustrieren als seine Stellungnahme zu der im Mittelalter heiß diskutierten Frage des Verhältnisses von Schöpfung und Ewigkeit. Thomas teilt die im »Timaios« entwickelte und von der Patristik gegen die peripatetische Schule gewendete Auffassung, daß die Zeit erst zusammen mit der Welt entstanden sei. Dennoch stimmt er der von Aristoteles und seinen arabischen Auslegern vertretenen These von der Anfangslosigkeit der Welt zu. Der Schöpfung eignet zwar nicht die Ewigkeit des Schöpfers, diese Priorität Gottes ist jedoch nicht zeitlich zu verstehen, sondern qualitativ. Wenn es aber vor der Erschaffung der Welt keine Zeit gab, dann kann die Schöpfung auch keinen Anfang haben, wenn anders ein zeitlicher Anfang immer ein Anfang in der Zeit ist[28].

Aber mindestens ebenso stark wie die inhaltliche Prägung durch die aristotelische Physik ist die methodische. Thomas hat klar gesehen, daß gerade durch die Rezeption der aristotelischen Erkenntnistheorie ein gewaltiger Schritt nach vorn zu erzielen war in der Frage, die spätestens seit Boethius die Leitfrage des mittelalterlichen Denkens war, wie sich nämlich Glaube und Wissen miteinander vereinbaren ließen. Von dieser Entdeckung des jungen Dominikanermönchs kann man noch heute einen lebendigen Eindruck bekommen, und zwar anhand eines der frühesten Texte, die uns von Thomas überliefert sind. Es handelt sich um die Boethiusvorlesung, die der 31jährige, frischgebackene Magister im Frühsommer des Jahres 1256, also kurz nach Abfassung des bekannten Erstlingswerkes »De ente et essentia«, an der Pariser Universität gehalten hat[29]. Seit Martin Grabmann[30] auf die Schlüsselrolle dieses Textes hingewiesen hat, weckt er die zunehmende Aufmerksamkeit der Thomasforschung.

Äußere Form und innerer Gehalt dieser Vorlesung[31] stehen allerdings in einem merkwürdigen Verhältnis. Thomas sollte eigentlich die Trinitätslehre des Boethius darstellen, stattdessen nimmt er eine Methodenreflexion im Proömium dieses Traktats zum Anlaß, sich die aristotelische Wissenschaftstheorie kommentierend anzueignen. Im Anschluß an das große Vorbild wird nacheinander das Gesamtspektrum der Wissenschaften analysiert. Hier findet sich auch die erste Fassung, in ihrer gedanklichen Durchführung aber nahezu vollendete Gestalt der thomistischen Theorie der Mathematik[32] und Physik[33].

Der Kosmos der theoretischen Wissenschaften baut sich auf nach den verschiedenen Stufen des ihnen gemeinsam zugrunde liegenden Vorgangs der gedanklichen Abstraktion[34]: Physik abstrahiert von der individuell bestimmten Materie ihrer Objekte. Mathematik abstrahiert von der sinnlichen Gegebenheit der Materie. Metaphysik und Theologie schließlich abstrahieren von der Materie überhaupt. Wissenschaftlichkeit eignet diesen Disziplinen dadurch, daß jedesmal ein immaterielles Gebilde erkannt wird, sei es begrifflicher oder seinsmäßiger Art. Die Grundgegebenheit der natürlichen Welt ist für Thomas - wie schon für Aristoteles - das Phänomen der Bewegung. Insofern kann der Boethiuskommentar auch sagen, daß sich die Ausdifferenzierung der theoretischen Wissenschaften durch den Grad ihrer Entfernung von der Materie und ihrer Beweglichkeit ergibt.

Was nun speziell den Bereich der Naturerkenntnis betrifft, so plädiert Thomas für eine grundsätzlich rationale Physik. Und das bedeutet dreierlei: 1. die Anwendung logischer Grundsätze, 2. Prinzipienforschung und 3. Erfahrungsbeweise. Letzteres besagt, daß die Physik - im Unterschied zu den formalen Beweisschlüssen der Mathematik - es mit äußeren Ursache/Wirkungsbeziehungen zwischen Einzeldingen zu tun hat mit dem Ziel, entweder resolvendo von den Wirkungen herkommend oder componendo von den Ursachen ausgehend, d.h. analytisch oder synthetisch, ein Erfahrungsbild der Realität zu erstellen. Notwendigkeit und Allgemeinheit erhält solches konkrete Einzelwissen allerdings erst dadurch, daß die Abstraktion von der jeweiligen singulären Sinnesmaterie vollzogen wird. So bildet die Physik für Thomas eine ebensowohl empirisch gesättigte wie apriori gültige Begriffswissenschaft.

Dieser empirische Geist des thomistischen Denkens läßt sich bis hinauf in die Gotteslehre verfolgen. Aus ihm speist sich letztlich auch die scharfe Absage gegenüber Anselms ontologischem Gottesbeweis und das Plädoyer für den kosmologischen: Auch ein Beweis für das Dasein Gottes darf nicht auf der Basis bloßer Begriffsspekulation erfolgen, sondern hat von der Erfahrung auszugehen. Und deren sinnenfälligstes Datum ist eben die Bewegtheit der natürlichen Welt. Der Charakter des thomistischen Systems ist alles andere als spekulativer Dogmatismus. Nicht zu Unrecht hat man darum in der neueren Forschung auf eine gewisse Verwandtschaft mit den Grundintentionen Kants hingewiesen[35].

III.

Die hohe Plausibilität dieses Gesamtkonzepts sollte jedoch alsbald - nach einer längeren Phase der immanenten Korrekturen, Verbesserungen und Ergänzungen -, gerade was das Verhältnis von Theologie und Physik betrifft, bis in die Grundmauern erschüttert werden, nämlich durch das Aufkommen der sogenannten neuzeitlichen Naturwissenschaft, ein Ereignis, dessen epochaler Rang ihm selbst von vornherein keineswegs eindeutig zu entnehmen war. Kopernikus gelangte nach langjährigen Berechnungen zu der Überzeugung, daß das aristotelisch-ptolemäische Weltbild sich nicht halten ließ. Er war sich jedoch darüber im klaren, in einigen Punkten damit eher wieder zum platonischen »Timaios« zurückzukehren, während die meisten seiner neuen Planetenbewegungstheorien allerdings »gegen die angenommene Meinung der Mathematiker, ja beinahe gegen den gemeinsamen Menschenverstand«[36] verstießen, so daß der erste Herausgeber von »De revolutionibus orbium coelestium« sich bemüßigt fühlte, auf deren rein hypothetischen Charakter (im alten Sinne des Wortes) eigens hinzuweisen[37].

Doch schon wenige Jahre später gelingt es Galilei[38], die mathematischen Konstruktionen des Kopernikus durch Himmelsbeobachtungen, nämlich die Entdeckung der Jupitermonde, partiell zu bestätigen. Und ebenfalls mit Hilfe des Fernrohrs werden Maßzahlen für die wechselnde Größe der Planeten erstellt, die mit den kopernikanischen Errechnungen genauestens übereinstimmen. Durch Messung von Pendelbewegungen, frei fallenden Körpern und Vorgängen an der geneigten Ebene wird die

Gesetzmäßigkeit von Beschleunigungsbewegungen erkannt[39]. Was ist hier geschehen?

Keineswegs dürfte es um den Kampf zwischen dogmatischem Herrschaftswissen und emanzipatorischem Wahrheitsstreben gegangen sein, als welchen Bert Brecht den Fall Galilei stilisierte[40]. Mit Sicherheit handelte es sich auch nicht um das Aufbrechen des Gegensatzes von metaphysischen Spekulationen und empirischer Forschung, wie ein heute weit verbreitetes Rationalitätspathos positivistischer Fachwissenschaftlichkeit gerne suggeriert. Dieser Gegensatz ist bereits in der Antike gesehen und mit dem Überschritt von der platonischen Kosmo-Theologie zur aristotelischen Physik produktiv überwunden worden.

Die eigentliche Innovation der mit Galilei einsetzenden und in Newton gipfelnden neuen Naturwissenschaft besteht in der Entdeckung der Anwendung von Mathematik auf Erfahrung. Auch für Aristoteles und Thomas war die Physik eine Erfahrungswissenschaft, aber hier wurde Wahrnehmung sprachlich deskribiert und via Formenabstraktion auf begriffliche Prinzipien zurückgeführt. Jetzt hingegen wird gemessen, und, um möglichst genaue Meßergebnisse zu erzielen, begnügt man sich nicht mit kontingent gegebenen Beobachtungen, sondern führt sie methodisch herbei. Genaue Meßergebnisse aber benötigt man, um sie in festen zahlenmäßigen Proportionen festhalten zu können. Experiment als künstlich provozierte Erfahrung und angewandte Mathematik als exakte Darstellungsform bedingen sich also wechselseitig. Beide gehen darum als konstitutive Elemente ein in den neuzeitlichen Begriff des Naturgesetzes. Dieser Begriff hat in methodischer Hinsicht etwa mit dem thomistischen Begriff der lex naturalis so gut wie gar nichts mehr gemein.

An dieser Stelle wird nun auch einsichtig, warum das eingangs am Denken C.F.v. Weizsäckers exemplifizierte fachwissenschaftliche Selbstverständnis der modernen Physik letztlich ungeeignet ist, das Verhältnis von Theologie und Naturwissenschaft in methodischer Hinsicht nach seinem prinzipiellen Sinn zu klären. Mögen Relativitätstheorie, Quantenmechanik und Unschärfetheorem rein inhaltlich noch so einschneidende Veränderungen gegenüber der klassischen Mechanik darstellen, so stehen sie gleichwohl in Kontinuität zu ihr, insofern es sich auch bei ihnen der Form nach immer noch um Anwendung von Mathematik auf Erfahrung handelt. Und dies trifft selbstverständlich auch auf die Analyse der Turbulenzen von Schwingungszuständen in der heutigen Festkörperphysik und all die anderen Bereiche der sogenannten Chaosforschung zu. Die vorneuzeitliche Physik war eine Begriffswissenschaft, die neuzeitliche Physik hingegen ist geprägt durch das mathematische Naturgesetz - von welchen Komplexitätsgraden auch immer. Genau auf diesen fundamentalen erkenntnistheoretischen Unterschied kommt es aber an, wenn man das Verhältnis von Theologie und Naturwissenschaft in der Neuzeit angemessen begreifen will.

Es kann hier nun nicht darum gehen, die Reaktion der Kirchen auf jenen Gesamtvorgang zu verfolgen, etwa den päpstlichen Inquisitionsprozeß gegen Galilei, oder die in sich gespaltene Stellungnahme der Reformation gleich zu Beginn der Entwicklung: Einer der Lutherschüler, Andreas Osiander, schrieb eine positiv empfehlende Vorrede zu »De revolutionibus«[41], ein anderer hingegen, Philipp Melanchthon, plädierte für das Festhalten an der aristotelischen »Physik«[42]. Vielmehr ist der Punkt ins Auge zu fassen, an dem die erkenntnistheoretisch-methodische Relevanz jenes epochalen Umschlags erstmals klar formuliert wurde, nämlich Kants Philosophie der Naturwissenschaft. Allein im Gefolge Kants konnte dann auch auf theologischer Seite das Verhältnis von wissenschaftlicher Kosmologie und christlichem Schöpfungsglauben neu geordnet werden.

Genau 100 Jahre nach Erscheinen von Newtons klassischem Lehrbuch der Mechanik, den »Philosophiae naturalis principia mathematica«, stellte Kant in der Vorrede seiner »Metaphysische(n) Anfangsgründe der Naturwissenschaft« die berühmte These auf, wonach »in jeder besonderen Naturlehre nur so viel eigentliche Wissenschaft angetroffen werden könne, als darin Mathematik anzutreffen ist«[43]. Kant wollte damit das Wesen der neuzeitlichen Physik nicht nur auf den Begriff bringen, sondern zugleich ein philosophisches Begründungsproblem aufwerfen, dessen Kern so zu formulieren wäre: Wie ist die von der Physik durchgängig praktizierte, aber nirgends ausgewiesene Grundoperation, nämlich die Anwendung von Mathematik auf Erfahrung, erkenntnistheoretisch überhaupt möglich? Das Gewicht dieser Frage ist leicht zu ermessen, wenn man sich den methodischen Status von Mathematik und Erfahrung klar macht. In der Tradition der ontologisch-idealistischen Mathematiktheorie von Platon bis Leibniz - sie wird bekanntlich aber auch heute noch von namhaften Repräsentanten dieser Disziplin vertreten - sind geometrische Strukturen oder arithmetische Größenverhältnisse ideale Gebilde, die durch das reine Denken erfaßt und nachkonstruiert werden. Erfahrung hingegen - so die empirische Erkenntnistheorie - baut sich in der sinnlichen Wahrnehmung auf. Wie aber lassen sich diese beiden völlig heterogenen kognitiven Bereiche aufeinander beziehen und vermitteln? Die Beantwortung dieser Frage hat Kant zu einer umfassenden Grundlagenanalyse der Mathematik[44] und mathematischen Naturwissenschaft[45] veranlaßt.

Wenn mathematische Gebilde auf empirische Wahrnehmung anwendbar sein sollen, dann bedarf es eines gemeinsamen Beziehungsgrundes. Die Wahrnehmung fällt in die Sphäre der sinnlichen Anschauung und bildet deren Materie. Mathematik muß also, wenn sie darauf anwendbar sein soll, ebenfalls eine Wurzel in der sinnlichen Anschauung haben. Da sie aber apriorische Gültigkeit besitzt, kann sie nicht von der Materie der Anschauung abhängig sein, da diese immer nur a posteriori gegeben ist. Sie muß ihr Fundament vielmehr in der apriorischen Struktur von Anschauung haben. Das aber sind deren reine Formen, Raum und Zeit. Sie sind aller Wahrnehmung gegenüber invariant, weil sie ihr vorhergehen, und zugleich unterliegt ihnen jede mögliche Materie derselben. Kant bestimmt darum zunächst das Wesen der nicht-angewandten Mathematik als apriorische Konstruktion innerhalb der reinen Anschauungsformen.

Mit diesem mathematiktheoretischen Ansatz ist aber auch die Möglichkeit einer Beantwortung der Ausgangsfrage eröffnet. Jede empirische Wahrnehmung fällt unter die apriorischen Anschauungsformen und damit, da diese das Feld mathematischer Konstruktion bilden, zugleich in den Geltungsbereich der Mathematik. Die erkenntnistheoretische Möglichkeit der modernen Physik - in ihrer Spannung von theoretischer und experimenteller Wissenschaft - ist damit im Kern erwiesen: Physik ist ebensowohl in der empirischen Wahrnehmung fundiert wie in der apriorischen Konstruktion der Mathematik. Letzter Beziehungsgrund beider kognitiven Operationen und damit Ausgangsbasis der Anwendung von Mathematik auf Wahrnehmung ist die mentale Verfaßtheit des Geistes, der innere Zusammenhang von Objektbewußtsein und Selbstbewußtsein[46].

Die Exaktheit der mathematischen Naturwissenschaft hat ihren Ursprung in eben demselben Sachverhalt, der auch die Objektivität von Erfahrung ermöglicht, nämlich darin, daß das a priori verfaßte Bewußtsein seine eigene Gesetzmäßigkeit der Gegenstandswelt vorschreibt. Kant definiert den formellen Begriff der Natur darum geradezu mit Hilfe des so verstandenen Gesetzesbegriffs, nämlich als Gesetzmäßigkeit der Erscheinungen in Raum und Zeit. Naturwissenschaft bildet die Wirklichkeit nicht einfach ab. Streng genommen abstrahiert sie ihre Modelle aber auch nicht aus ihr[47], sondern erzeugt diese vielmehr selbst, um dann in deren Horizont die Empirie zu strukturieren. In der »Vorrede« zur zweiten Auflage der »Kritik der reinen Vernunft« schreibt Kant, auf die Geschichte der neueren Naturwissenschaft zurückblickend: »Als Galilei seine Kugeln die schiefe Fläche mit einer von ihm selbst gewählten Schwere herabrollen, oder Torricelli die Luft ein Gewicht, was er sich zum voraus dem einer ihm bekannten Wassersäule gleich gedacht hatte, tragen ließ...; so ging allen Naturforschern ein Licht auf. Sie begriffen, daß die Vernunft nur das einsieht, was sie selbst nach ihrem Entwurfe hervorbringt... . Die Vernunft muß mit ihren Prinzipien, nach denen allein übereinkommende Erscheinungen für Gesetze gelten können, in einer Hand, und mit dem Experiment, das sie nach jenen ausdachte, in der anderen, an die Natur gehen... . Hierdurch ist die Naturwissenschaft allererst in den sicheren Gang einer Wissenschaft gebracht worden, da sie so viel Jahrhunderte durch nichts weiter als ein bloßes Herumtappen gewesen war«[48].

Es liegt auf der Hand, daß diese Konzeption einer Metaphysik der Erfahrung, bezog man sie auf den überlieferten Begriff der Metaphysik und den Bereich der Religion, schon bei Kant[49], vor allem aber dann bei seinen Nachfolgern, zu einer vollständigen Neuordnung des Verhältnisses von Gottesbewußtsein, Weltbewußtsein und Selbstbewußtsein führen mußte. Wenn die Struktur der Gegenstandswelt das Resultat der mentalen Aktivität des Objektbewußtseins und des Selbstbewußtseins war, dann konnten Gott und die göttlichen Dinge nicht in diesen Bereich fallen, da sie sonst zu bloßen Konstrukten des Geistes erklärt würden. Gott mußte vielmehr umgekehrt seinen epistemologischen Ort gleichsam im Rücken jenes Selbstbewußtseins haben, von dem her sich die Wirklichkeit aufbaute. Der Logik dieser »kopernikanischen Revolution« zufolge kann Gott gar nicht anders gedacht werden denn als innerer Grund der Subjektivität. Kant selber hat diesen Schritt nicht mehr, oder höchstens partiell mitvollzogen. Er ist das eigentliche Werk der Philosophie des Deutschen Idealismus. Dieser holt damit indes nur auf der begrifflichen Ebene nach, was in religiöser Hinsicht bereits die Entdeckung der Reformation war[50].

Die gerade skizzierte Neuverortung des Gottesgedankens bedeutete nun aber keineswegs einen vollständigen Bruch mit seinem traditionellen metaphysischen Gehalt. Die Theologie und Prinzipienlehre Platons hatte die Idee der absoluten Einheit als die kategorial strengste Fassung des Gottesbegriffs aufgestellt. Genau auf diesen Gedanken beriefen sich die transzendentalen Idealisten, lösten ihn aber ganz heraus aus dem vorkritischen Rahmen der platonischen Erkenntnistheorie, um ihn sogleich mit dem neuzeitlichen Prinzip der Subjektivität in Verbindung zu bringen. Alle Reflexionsformen der Vernunft, deduziert Fichte in der zweiten Fassung seiner »Wissenschaftslehre« von 1804, sind nichts anderes als das Zurückführen von Mannigfaltigkeit auf synthetische Einheit und das Ausdifferenzieren von Einheit in bestimmte Mannigfaltigkeit, so daß in der Überlagerung beider Operationen die absolute Einheit des göttlichen Lebens zur reflexiven Darstellung gelangt[51]. Und Ähnliches lehrt Schleiermachers »Dialektik«: Sämtliche Synthesisfunktionen des Bewußtseins, sei es des Denkens oder des Wollens, haben ihren letzten transzendenten Einheitsgrund in der differenzlosen Einheit des Absoluten, die im unmittelbaren Selbstbewußtsein repräsentiert ist[52].

Eröffnet wurde diese theoretische Perspektive, nämlich metaphysische Einheitshypothesis und Subjektivitätsprinzip miteinander zu verschränken, wiederum durch Kant. Er hatte die Frage nach der Einheit der Subjektivität gestellt, um sie aber sogleich als unlösbar wieder zu verabschieden[53]. Sie produktiv zu beantworten, daran hinderte ihn allerdings das Verhaftetsein seiner subjektivitätstheoretischen Denkmittel in der Begrifflichkeit der überlieferten Vermögenspsychologie. Einheit der Subjektivität war ihr zufolge nur als Grundkraft zu denken. Daraus würde sich aber niemals die Substantialität jener Einheit folgern lassen. So blieb es den transzendentalen Idealisten vorbehalten, durch eine methodisch differenziertere Strukturbeschreibung von Selbstbewußtsein die Frage nach der absoluten Einheit der Subjektivität aufzuwerfen, um sie sogleich als religiöses Urphänomen zu entdecken und gedanklich zu entfalten.

Religion ist ihrem transzendentalen Begriff nach das lebensweltliche Bewußtsein des Gegründetseins in unbedingter Einheit und des Sich-Erfassens in Differenz. Nur jenes Gehalts und dieser Reflexionsform wegen ist das religiöse Bewußtsein ein transzendentales Phänomen. Religiöse Selbstdeutungskultur ist gewissermaßen die prinzipiellste

Fassung des inneren Umgangs mit Entzweiungs- und Versöhnungserfahrung. Gegenständlich fixierte religiöse Symbole, wie sie Frömmigkeitsgeschichte und kirchliche Lehrtradition gleichermaßen vorweisen, sind in dieser Perspektive nichts anderes als kulturell vermittelte Deuteschemata religiöser Selbstauslegung[54], in der sich Erleben und Selbstdeutung wechselseitig durchdringen.

Diesem transzendentalen Begriff der Religion läßt sich auch der neuzeitlich verstandene Schöpfungsglaube als Teilmoment einordnen - Teilmoment deswegen, weil er im konkreten religiösen Bewußtsein immer mit den anderen Elementen, Sünden- und Gnadenbewußtsein, verbunden ist. Es kommt nun allerdings darauf an zu sehen, daß auch der subjektivitätstheoretisch verstandene Schöpfungsglaube keineswegs den Weltbezug verloren hat. Er hat jedoch schlechterdings nichts mehr zu tun mit irgendwelchen Erklärungshypothesen naturwissenschaftlicher Kosmologie. Dies läßt sich zeigen anhand von Schleiermachers religionsphilosophischer Grundkategorie, dem Begriff des schlechthinnigen Abhängigkeitsgefühls[55]. Der darin enthaltene innere Zusammenhang zwischen Gottesbeziehung und Weltbezogenheit[56] wird bereits in dem berühmten § 4 der Einleitung der »Glaubenslehre«[57] angedeutet und dann in der materialen Dogmatik als das eigentliche Fundament der Schöpfungslehre herausgearbeitet. Ohne eine angemessene Berücksichtigung dieses Zusammenhangs bleibt sowohl die religionsphilosophische Grundlegung selbst als auch deren materiale Entfaltung in der Schöpfungslehre unverständlich. Religiöse Subjektivität weiß sich von ihrem transzendenten Einheitsgrund als schlechthin abhängig, sofern freie Tätigkeit mit Bezug auf ihn unmöglich ist. Doch an was für Erlebnissen wird jenes Gefühl manifest? Zunächst einmal nicht an bloßen Begrenztheitserlebnissen etwa vom Typus der Kontingenzerfahrung[58]. Auch wenn sich darin unüberwindbare Schranken der situativen Realisierung von Freiheit auftun, sind diese gleichwohl in ihrem weiteren Kontext zu sehen, auf den das jeweilige Subjekt in irgendeiner Form Einfluß nehmen kann, und sei es nur in seiner Eigenschaft als Gattungswesen. »Daher kann es [scil. das schlechthinnige Abhängigkeitsgefühl] auch, streng genommen, nicht in einem einzelnen Momente als solchem sein, weil dieser seinem Gesamtinhalt nach immer durch Gegebenes bestimmt ist, also durch solches, an welchem wir ein Freiheitsgefühl haben«[59]. Die für Religion konstitutive Grenzerfahrung ist prinzipiellerer Art als der Umgang mit Kontingenz.

Die im unmittelbaren Selbstbewußtsein zum Ausdruck gelangende absolute Abhängigkeit wäre ebenfalls unzureichend verstanden, wenn man sie ausschließlich auf dasjenige Subjekt bezöge, in dem sie zur Bewußtheit gelangt. »Denn jenes Gefühl ist am vollständigsten, wenn wir uns in unserm Selbstbewußtsein mit der ganzen Welt identifizieren«[60]. Die Begründung dieser These ist ontologischer oder genauer gesagt: bestimmungslogischer Art. Die vollständige Bestimmtheit eines Einzeldings ist nur denkbar mit Bezug auf den Gesamtbereich aller möglichen Prädikate und Relationen. Insofern steht jeder Einzelsachverhalt in einem unendlichen Verweisungszusammenhang. Dieses bestimmtheitslogische Argument läßt sich nun auch anwenden auf diejenige epistemische Situation, in der ein Subjekt der schlechthinnigen Abhängigkeit seines »veränderlichen Soseins«[61] inne wird. Die schlechthinnige Abhängigkeit betrifft nicht allein die abzählbaren Merkmale dieses Soseins, sondern darüberhinaus auch dessen impliziten Bezug auf die Totalität alles Bestimmbaren. Nur wenn dieser unendliche Verweisungszusammenhang der Bestimmtheit eines Subjekts miterfaßt wird, erfaßt dieses Subjekt wahrhaft sich selbst in seiner schlechthinnigen Abhängigkeit. Darum läuft der bereits zur theologischen Stereotype verfestigte Subjektivismusvorwurf gegen diesen religionsphilosophischen Ansatz ins Leere. Allein sofern sich die Begrenztheitserfahrung auf das Bewußtsein des in der Welt Seins überhaupt erstreckt, »also insofern wir diese ganz in unser Selbstbewußtsein aufnehmen«[62], handelt es sich um schlechthinnige Abhängigkeitserfahrung im eigentlichen Sinne. Die Ausweitung des individuellen Abhängigkeitsgefühls zum Gefühl des in der Welt Seins bedeutet demnach, daß »der Fromme sich selbst als einen Bestandteil der Welt und mit dieser zugleich schlechthin abhängig setzt«[63]. Hier verdichtet sich gewissermaßen der Gesamtgehalt möglicher Letztbedingungsrelationen im unmittelbaren Selbstbewußtsein eines individuellen Subjekts.

Die so exponierte formale Religionstheorie erlangt dann in der Schöpfungslehre gleichsam ihre materiale Erfüllung und bildet zusammen mit dieser den Rahmen für die kritische Behandlung der kirchlichen Lehrtradition. Schöpfungsglaube im Sinne Schleiermachers ist das individuelle Bewußtsein der Abhängigkeit seiner selbst und alles Endlichen von Gott. Er vollzieht sich in der Weise, daß wir die je eigene Endlichkeitserfahrung »zum allgemeinen Endlichkeitsbewußtsein erweitern«[64], so daß »unser Selbstbewußtsein die Endlichkeit des Seins im allgemeinen vertritt«[65] und somit »der Einzelne seine schlechthinnige Abhängigkeit als ganz dieselbige setzt mit der jedes andern endlichen Seins«[66]. Das individuelle Subjekt begreift seine konkrete Endlichkeit als Ausdruck der Endlichkeit der Welt und muß sie in dieser Allgemeinheit betrachten, weil nur so dem universellen Verweisungszusammenhang Rechnung getragen wird, in dem das Endliche als Endliches steht, so daß also »unser Grundgefühl nur auf der Endlichkeit des Seins überhaupt beruht«[67]. Schöpfungsglaube ist so gesehen nichts anderes als der nachdenkliche Umgang des Menschen mit seiner Endlichkeitserfahrung, oder mit einem Wort: Endlichkeitsreflexion.

Schleiermacher hat diesen Sachverhalt dann in der eigentlichen Schöpfungslehre näher erläutert. Das individuelle Subjekt sieht sich im schlechthinnigen Abhängigkeitsgefühl ganz und gar in den Verweisungszusammenhang der Welt gestellt und betrachtet sich mit dieser als gegründet in Gott. Von der Welt selber weiß es sich aber keineswegs als schlechthin abhängig. Ihr gegenüber befindet es sich vielmehr in einem Wechselwirkungsverhältnis. Darum wird die Welt als dynamischer, d.h. durch Wechselwirkungsverhältnisse bestimmter Naturzusammenhang erfahren. Wohl fordern nun die beiden Eigenschaften dieses Naturzusammenhangs, immanente Totalität und schlechthinnige Abhängigkeit von Gott, einander, aber daraus folgt in gar keiner Weise, daß die individuelle Erfahrung schlechthinniger Abhängigkeit von Gott primär an Abhängigkeitserfahrungen innerhalb des Naturzusammenhangs erlebbar wäre, sie kann vielmehr umgekehrt ebensowohl an innerweltlichen Freiheitserfahrungen gemacht werden.

Damit hat sich der religiöse Gehalt des Schöpfungsglaubens weiter konkretisiert. Ausgeschlossen ist ebensowohl der absolute Schicksalsglaube wie ein absolutes Freiheitsbewußtsein. Beide verkennen je auf ihre Weise die Beziehung der Welt und die Beziehung zu Gott. Aber eben diese Differenz der beiden Beziehungsebenen, deren eine ein Wechselwirkungsverhältnis, die andere ein strikt einseitiges Bedingungsverhältnis darstellt, geht nun ein in die materiale Bestimmtheit des Schöpfungsglaubens. Jeder bestimmte Lebensvollzug innerhalb des allgemeinen Naturzusammenhangs ist darum religiös doppeldeutig. Er ist ebensowohl Ausdruck der Gefügtheit von Leben wie Impuls der Selbstbestimmung. Lebenshemmungen können nicht minder religiöse Qualität annehmen als Lebenssteigerungen. Und in genauer Entsprechung dazu hat auch der dynamische Naturzusammenhang für die religiöse Betrachtung immer zwei Seiten: er ist einerseits allgemeine Lebensbedingung und andererseits Material der Kulturgestaltung. So betrachtet ist moderner Schöpfungsglaube nichts anderes als die religiöse Selbstreflexion endlicher Freiheit.

Schleiermacher ist sich dessen bewußt, daß eine so verstandene Natur- und Schöpfungsfrömmigkeit schlechterdings nichts mehr zu tun hat mit den überkommenen Weltentstehungsvorstellungen alttestamentlicher oder späthellenistischer Provenienz. Sie scheitern von neuzeitlichen Erkenntnisbedingungen her betrachtet alle daran, daß sie dem Hiatus von Gegenstandsbewußtsein und Selbstbewußtsein, und damit der grundsätzlichen Differenz von wissenschaftlicher Erklärung und religiöser Deutung nicht Rechnung zu tragen vermögen. Schleiermacher erachtet es rückblickend als einen ausgesprochenen Mangel, daß auch die protestantische Lehrtradition - Luther und Calvin nicht ausgenommen - allzusehr unter der Dominanz eines naturwissenschaftlichen Verständnisses des mosaischen Schöpfungsberichts stand.

Um gleichwohl den Zusammenhang mit der kirchlichen Dogmatik zu wahren, rückt er den überlieferten Gedanken der creatio continua in den Vordergrund und entfaltet ihn als Lehre von der göttlichen Welterhaltung. Nur das Fortbestehen der Welt, nicht aber deren Anfang in der Zeit ist ein möglicher Inhalt des schlechthinnigen Abhängigkeitsbewußtseins. Daß Gott die Welt in ihrem Fortbestehen erhält, besagt, daß der allgemeine Naturzusammenhang, worin alle Dinge begriffen sind, als ganzer in Gott begründet ist.

Die Idee eines Naturzusammenhangs, als welcher der äußere Kosmos im Gefühl des in der Welt Seins erlebt wird, ist der Inbegriff des »nur beziehungsweise für sich gesetzten und durch das allgemeine Zusammensein in seiner Vereinzelung bedingten endlichen Seins«[68]. Dieser Naturzusammenhang ist seinem Wesen nach dynamisch und wird auch nur als solcher erkannt, sofern nämlich »nur die Bewegungen und Veränderungen der Dinge uns erregen [= sinnlich affizieren], nicht die Dinge selbst und ihr inneres Sein.«[69] Der Glaube an die göttliche Erhaltung der Welt besagt demnach, daß »alle Tätigkeiten irgendeines endlichen Seins unter die schlechthinnige Abhängigkeit von Gott gestellt sind«[70]. Die absolute Fundiertheit alles Endlichen in Gott, die im religiösen Bewußtsein zur inneren Gewißheit wird, ist nun aber umfangsgleich bzw. extensional äquivalent dem Sachverhalt, daß »alles in der Gesamtheit des Naturzusammenhanges vollständig bedingt und begründet ist«[71]. Ein so verstandener Schöpfungsglaube kann darum weder gegen die naturwissenschaftliche Welterklärung ausgespielt werden, noch kann letztere ersteren überflüssig machen, insofern als »die göttliche Erhaltung als die schlechthinnige Abhängigkeit aller Begebenheiten und Veränderungen von Gott, und die Natursächlichkeit als die vollständige Bedingtheit alles dessen, was geschieht durch den allgemeinen Zusammenhang, nicht eine von der andern gesondert ist, noch auch eine von der andern begrenzt wird, sondern beide dasselbige sind, nur aus verschiedenen Gesichtspunkten angesehen«[72]. Diese Perspektivendifferenz oder Dualität der Deutungshinsichten besagt für den Sinn eines mundanen Einzelereignisses, daß es »gleich vermittelt ist und gleich unvermittelt«[73] - vermittelt für die wissenschaftliche Erklärung, aber unvermittelt für den religiösen Totalitätssinn. Der Glaube an die göttliche Erhaltung der Welt ist für Schleiermacher letztlich nichts anders als »dieses fromme Naturgefühl im allgemeinen«[74] - eine Gestimmtheit, die im altprotestantischen Kirchenlied, in der Erbauungsliteratur der Aufklärung und in der romantischen Naturlyrik klassische Ausdrucksformen gefunden hat. Mit sogenanntem Pantheismus - einem orthodoxen Lieblingseinwand - hat dieses fromme Naturgefühl schlechterdings nichts zu tun; denn es geht ihm gerade nicht um eine Verwischung der Grenze zwischen Endlichem und Unendlichem, sondern um die schlechthinnige Abhängigkeit des »All-Einen des endlichen Seins«[75] vom »unendliche[n] Sein Gottes«[76].

Angesichts dieses konsequent neuzeitlich reformulierten Schöpfungsverständnisses verwundert es nicht, daß auch die ihm gemäße Umformung der traditionellen Urstandslehre - nach ihrer kosmologischen Seite - wenig mehr gemein hat mit den mythisch-phantastischen Vorstellungen eines paradiesischen Anfangszustandes oder eines goldenen Zeitalters. Gottes unverbrüchliches Ja zur Schöpfung ist nicht die kontrafaktische Sanktionierung einer fiktiven heilen Welt, sondern »die göttliche Billigung« der »Ursprünglichkeit des endlichen Seins ... als Quelle der gesamten zeitlichen Entwicklung«[77]. Und der Glaube an eine »ursprüngliche Vollkommenheit der Welt«[78] will nichts anderes besagen, als daß »die Gesamtheit des endlichen Seins, wie sie auf uns einwirkt, und so auch die aus unserer Stellung in derselben hervorgehenden menschlichen Einwirkungen auf das übrige Sein dahin zusammenstimmt, die Stetigkeit des frommen Selbstbewußtseins möglich zu machen.«[79] Die vollständige Durchbildung des wissenschaftlichen

Weltbewußtseins und die innere Vollendung des religiösen Bewußtseins sind miteinander kompatibel.

Damit ist jeglicher Konflikt zwischen physikalischer Weltentstehungstheorie und religiöser Weltdeutung im Prinzip ausgeschlossen. Eine den neuzeitlichen Erkenntnisbedingungen und dem spezifischen Interesse der Religion gleichermaßen verpflichtete Schöpfungslehre handelt »nicht mehr von dem Entstehen der Welt, sondern von ihrem Zusammensein mit Gott und ihrem Bezogenwerden auf Gott«[80]. Die Aufgabe der Vermittlung von Christentum und Wissenschaft ist in der Form gelöst, daß beide ihren je eigentümlichen Kompetenzbereich erkannt haben und diese Unterscheidung nicht nur inhaltlich, sondern auch methodisch strikt wahren. Darum »kann es nur eine falsche Weisheit sein, welche die Frömmigkeit aufheben will und eine mißverstandene Frömmigkeit, welcher zu Liebe das Fortschreiten der Erkenntnis gehemmt werden soll«[81]. Indem die Religion konsequent Abschied nimmt von allen Versuchen einer Welterklärung, befreit sie sich zu ihrem eigentlichen Wesen. Der positive Nebeneffekt dieser Selbstbegrenzung besteht nicht zuletzt darin, daß ein solcher Schöpfungsglaube zugleich entlastet von einem ganzen Wust von Scheinanfechtungen im Grunde populärwissenschaftlichen Niveaus. »Aus dem Interesse der Frömmigkeit kann nie ein Bedürfnis entstehen, eine Tatsache so aufzufassen, daß durch ihre Abhängigkeit von Gott ihr Bedingtsein durch den Naturzusammenhang schlechthin aufgehoben werde«[82]. Seit Schleiermacher - dies kann ohne Übertreibung festgehalten werden - ist der Streit zwischen Theologie und Naturwissenschaft um Fragen der Kosmologie im Grunde kein Thema mehr.

Es wäre vordergründig, die mit diesem theologiegeschichtlichen Epocheneinschnitt notwendig verbundene inhaltliche Themenreduktion - im Vergleich zu allen vorneuzeitlichen Fassungen der Schöpfungslehre - vorschnell als kulturelle Verlustrechnung abzubuchen. Denn darin kommt nur zum Austrag, was die Entwicklungsgeschichte der Religion generell kennzeichnet, nämlich die fortschreitende Ausdifferenzierung aller Kultursphären samt deren Institutionen. Die Ausdifferenzierung der religiösen Weltdeutung gegenüber der philosophischen und naturwissenschaftlichen Welterklärung ist nurmehr die konsequente Folge jenes Prozesses im Bereich der theologischen Lehrbildung. Sein Resultat hat nur auf den ersten Blick den Charakter einer reinen Negativbilanz. In Wahrheit bedeutet er umgekehrt für die Religion einen Zugewinn, indem diese auf solche Weise immer mehr sie selbst, »immer vollkommener Religion, d.h. immer reiner nur Religion wird«[83].

Der hier skizzierte Gang der christlichen Schöpfungslehre wird indirekt bestätigt vom weiteren Verlauf der theologischen Debatte im 20. Jahrhundert. Von wenigen Ausnahmen abgesehen[84] hat sich jener Reduktionsprozeß im wesentlichen durchgesetzt. Wenn etwa Paul Tillich den Gehalt des Schöpfungsgedankens dahingehend zusammenfaßt, daß in ihm »der Sinn von Endlichkeit«[85] symbolisiert sei, wenn Karl Barth der Schöpfungslehre vor allem die Rolle zuweist, Erwählungslehre, Anthropologie und Versöhnungslehre miteinander zu verknüpfen, wenn sie im konservativen Luthertum dazu benutzt wird, einer traditionalistischen Ordnungstheologie den Weg zu bereiten, oder wenn der Schöpfungsglaube wie jüngst im ökologischen Kontext als theologische Grundlegung der Umweltethik begriffen wird, so handelt es sich in keinem der genannten Fälle noch um theologische Kosmologie im klassischen altkirchlichen oder scholastischen Sinne. Von Weltentstehungserklärung, die über den bloßen Vorstellungsgehalt des alttestamentlichen Sechstagewerks hinausginge, ist nirgends mehr die Rede.[86]

Blicken wir zurück auf den von uns beschrittenen Weg: Das Verhältnis von theologischer und naturwissenschaftlicher Kosmologie beginnt im christlichen Platonismus der griechischen Spätantike mit einer förmlichen Verschmelzung beider Wissensgebiete. Der christliche Aristotelismus des katholischen Mittelalters führt zu einer klar gestuften Arbeitsteilung an ein und derselben Gesamtaufgabe wissenschaftlicher Welterklärung. Der aus der Aufklärung hervorgegangene kritische Neuprotestantismus beseitigt sämtliche Substitutions- und Konfliktmöglichkeiten zwischen Theologie und Physik durch die strikte Unterscheidung von wissenschaftlicher Erklärung und religiöser Sinndeutung. Der Gang geht also von der Integration über die Synthese zur Perspektivendifferenz.

Dieses Ergebnis wäre jedoch völlig mißverstanden, wollte man darin eine Bereinigung sämtlicher Streitpunkte zwischen Theologie und Naturwissenschaft erblicken. Es ist nicht von ungefähr, daß bereits im 19. Jahrhundert genau diejenige Instanz in das Kreuzfeuer fachwissenschaftlicher Kritik geriet, deren Reklamierung jene Verabschiedung theologisch-physikalischer Kontroversen um den Weltbegriff ermöglicht hatte, nämlich der Begriff des menschlichen Geistes, sei es in der Gestalt des Objektbewußtseins oder der des Selbstbewußtseins. Seine empirisch-experimentelle Erforschung verstand sich durchgängig und versteht sich zum Teil auch heute noch als radikale Absage an jedwede Form transzendental-idealistischer Theorien des Geistes. So hat sich anscheinend die Auseinandersetzung zwischen Theologie und Naturwissenschaft nur verlagert, nämlich von der Kosmologie auf die moderne Evolutionstheorie. Doch nicht nur Versuche fachwissenschaftlicher Selbstbegrenzung, wie sie in neueren Publikationen dieses Forschungsgebiets unschwer zu erkennen sind, sondern auch der oben beschrittene Weg der Perspektivendifferenzierung gibt Anlaß zu der Hoffnung, daß auch dieser neue Konflikt sich mit der hinreichenden problemgeschichtlichen Tiefendimension und dem angemessenen erkenntnistheoretischen Instrumentarium auflösen läßt. Doch dies auszuführen, wäre ein eigenes Thema.

Anmerkungen:

1. Carl Friedrich von Weizsäcker: Zum Weltbild der Physik, Stuttgart ^{7}1958, 7 (Vorwort zur ersten Auflage).
2. A.a.O., 185.
3. Ders.: Zeit und Wissen, München/Wien 1992, 476 ff.
4. Hier wäre etwa zu erwähnen die im Rahmen der Reihe »Handbuch systematische Theologie« erschienene Monographie von Christian Link: Schöpfung, Bd. 1: Schöpfungstheologie in reformatorischer Tradition, Bd. 2: Schöpfungstheologie angesicht der Herausforderung des 20. Jahrhunderts, Gütersloh 1991.
5. Vgl. dazu den doxographischen Überblick, den Aristoteles im 1. Buch, Kap. 10-12 seiner Schrift »De caelo« gibt.
6. Vgl. die zusammenfassende Darstellung bei John Dillon: The Middle Platonists, London 1971, sowie den Aufsatzband von Heinrich Dörrie: Platonica Minora, München 1976.
7. Werner Jaeger: Besprechung von H. Merki: Homoiosis theou, in: Gnomon 27 (1955), 573-581, hier 574.
8. Vgl. zum Folgenden die detaillierten Untersuchungen von Matthias Baltes: Die Weltentstehung des platonischen Timaios nach den antiken Interpreten, Teil I, Leiden 1976, die allerdings die Timaios-Rezeption der altkirchlichen Theologen ganz ausblenden.
9. »Die Timaios-Interpretation der Akademie ist wie bei Aristoteles weitgehend philosophische Theologie gewesen« (Hans Joachim Krämer: Platonismus und hellinistische Philosophie, Berlin 1971, 161).
10. Vgl. Jakob Horovitz: Untersuchungen über Philos und Platons Lehre von der Weltschöpfung, Marburg 1900, 16-59.
11. Vgl. Dietrich Roloff: Gottähnlichkeit, Vergöttlichung und Erhöhung zu seligem Leben. Untersuchungen zur Herkunft der platonischen Angleichung an Gott, Berlin 1979; Ulrich Barth: Gott ähnlich werden. Anmerkungen zum Verhältnis von Philosophie und Religion bei Platon, in: D. Korsch/H. Ruddies (Hrsg.): Wahrheit und Versöhnung, Gütersloh 1989, 13-46.
12. Vgl. dazu Klaus Michael Meyer-Abich: Eikos Logos. Platons Theorie der Naturwissenschaft, in: Einheit und Vielheit, FS für C.F.v. Weizsäcker, hrsg. v. E. Scheibe/G. Sußmann, Göttingen 1973, 20-44.
13. Hans-Georg Gadamer: Idee und Wirklichkeit in Platos Timaios, Heidelberg 1974 [Sitzungsberichte der Heidelberger Akademie der Wissenschaften Phil.hist. Kl., Jg. 1974 2. Abhg.] 6f.
14. Jan Hendrik Waszink: Bemerkungen zum Einfluß des Platonismus im frühen Christentum, in: Cl. Zintzen (Hrsg.): Der Mittelplatonismus, Darmstadt 1981, 413-448, hier 423; ders.: Der Platonismus und die altchristliche Gedankenwelt, in: Fondation Hardt pour l' étüde de l'antiquité classique: Entretiens III. Recherches sur la tradition platonicienne. Vandoeuvres/Genève 1955, 139-179.

15. Auf Einzelbelege aus den Schriften der griechischen Apologeten des 2. bis 4. Jahrhunderts kann im Folgenden, da anderwärts vielfältig erörtert, verzichtet werden.

16. Die Externalität des platonischen Noeton Zoon gegenüber dem göttlichen Werkmeister erfuhr bereits im Mittleren Platonismus eine Korrektur. Zum Hintergrund dieses auch für die altkirchliche Kosmologie zentralen Umformungsprozesses vgl. Roger Miller Jones: Die Ideen als die Gedanken Gottes, in: Zintzen, a.a.O. [wie Anm. 14], 187-199, sowie Audrey N.M. Rich: Die platonischen Ideen als die Gedanken Gottes, ebd., 200-211.

17. Adolf von Harnack: Lehrbuch der Dogmengeschichte, Darmstadt 1980 [Sonderausgabe Nachdr.], Bd. 2, 124 Anm.

18. »Für Philon, der als Jude an den Genesisbericht glaubte, war der platonische Timaios - wie später für die christlichen Autoren - ein willkommene Parallele zum Schöpfungsbericht der Bibel« (Baltes, a.a.O. [wie Anm. 8], 32).

19. Vgl. Horovitz, a.a.O., 10f.

20. Vgl. Willy Theiler: Philo von Alexandrien und der hellenisierte Timaios, in: Zintzen, a.a.O. [wie Anm. 14], 52-63, hier 56; ders.: Die Vorbereitung des Neuplatonismus, Berlin/Zürich 1964, 29-31. 48f.

21. Auch Ambrosius selbst wurde durch sie entscheidend beeinflußt (vgl. dazu Werner Jaeger: Das frühe Christentum und die griechische Bildung, Berlin 1963, 117 Anm. 32).

22. Vgl. Stanislas Giet (Hrsg.): Basile de Césarée: Homélies sur l'Hexaéméron [Sources Chrétiennes 26.2], Paris [2]1968, Introduction 5-77, hier 56-60. Zum spezifischen Einfluß Plotins vgl. Giet, a.a.O., 60f. sowie Francois Picavet: Hypostases Plotiniennes et Trinité Chrétienne, in: Annuaire de l École pratique des Hautes Études, Séction des sciences réligieuses, 1917-1918, Paris 1917, 41f. Zum plotinischen Gesamthintergrund der Theologie Basilius des Großen vgl. die instruktiven Textgegenüberstellungen und - allerdings unterschiedlichen - Einschätzungen bei A. Jahnius: Basilius plotinizans, Bern 1838; Paul Henry: Études Plotiniennes I, Les États du Texte de Plotin, 1938, 159-196; Hans Dehnhard: Das Problem der Abhängigkeit des Basilius von Plotin, Berlin 1964.

23. Auf diesen für die kulturgeschichtliche Einschätzung der »Hellenisierung des Christentums« äußerst wichtigen Punkt hat in jüngster Zeit besonders Ekkehard Mühlenberg hingewiesen.

24. Vgl. Joseph Pieper: Scholastik, München [2]1981, 101. 116-123.

25. Vgl. Ingemar Düring: Aristoteles. Darstellung und Interpretation seines Denkens, Heidelberg 1966, 346-348.

26. Vgl. dazu Wolfgang Wieland: Die aristotelische Physik, Göttingen [2]1970.

27. Zur Theologie des Aristoteles vgl. Klaus Oehler: Der unbewegte Beweger des Aristoteles, Frankfurt/Main 1984, sowie den Sammelband: Metaphysik und Theologie des Aristoteles, hrsg. v. F.-P. Hager, Darmstadt 1979.

28. Vgl. Hans Meyer: Thomas von Aquin, Paderborn [2]1961, 352ff.

29. Zur Abfassungszeit des Boethius-Kommentars vgl. Siegfried Neumann: Gegenstand und Methode der theoretischen Wissenschaften nach Thomas von Aquin

aufgrund der Expositiosuper librum Boethii De Trinitate, Münster (Westfalen) 1965, 3-9.

30. Vgl. Martin Grabmann: Der göttliche Grund menschlicher Wahrheitserkenntnis nach Augustinus und Thomas von Aquin, Münster 1924, 57ff; ders.: Die theologische Erkenntnis- und Einleitungslehre des hl. Thomas v. Aquin auf Grund seiner Schrift »In Boethium De Trinitate«, in: Thomistische Studien, Bd. 4, Freiburg (Schweiz) 1948.

31. Der Text liegt auch außerhalb der Marietti-Ausgabe in einer kritischen Einzeledition vor; vgl. Thomas v. Aquin: Expositio super librum Boethii De Trinitate, Ad fidem codicis autographi nec non ceterorum codicum manu scriptorum, hrsg. v. Bruno Decker, Leiden ^{2}1965.

32. Vgl. dazu Neumann, a.a.O., 103-113. 128-135.

33. Vgl. dazu a.a.O., 97-102. 120-127.

34. Auf die begrifflichen Nuancen, die Thomas bewogen haben, im Hinblick auf den Abstraktionsvorgang zwischen »separatio« und »abstractio« zu unterscheiden, kann hier nicht näher eingegangen werden; vgl. dazu Hermann Weidemann: Metaphysik und Sprache. Eine sprachphilosophische Untersuchung zu Thomas von Aquin und Aristoteles, Freiburg/München 1975. Zum wahrheitstheoretischen Ort des thomistischen Abstraktionsbegriffs vgl. Ulrich Barth: Gott - Die Wahrheit?, in: J. Ringleben (Hrsg.): Christentumsgeschichte und Wahrheitsbewußtsein, Berlin/New York 1991, 98-157; hier 114-117.

35. Vgl. dazu Karl Rahner: Geist in Welt. Zur Metaphysik der endlichen Erkenntnis bei Thomas v. Aquin, München ^{3}1964.

36. So Kopernikus selbst im Widmungsschreiben seines Hauptwerkes an Papst Paul III.

37. Vgl. unten Anm. 41.

38. Auszüge der einschlägigen Abhandlungen Galileis sind leicht greifbar zusammengestellt bei Shmuel Sambursky: Der Weg der Physik, Zürich/München 1975, 284-310.

39. Vgl. dazu Emanuel Hirsch: Geschichte der neuern evangelischen Theologie im Zusammenhang mit den allgemeinen Bewegungen des europäischen Denkens, Münster 1984 [Nachdruck], Bd. 1, 133-138.

40. Vgl. Bert Brecht, Leben des Galilei, Berlin 1955.

41. Inwieweit Osiander mit der Publikation der Kopernikus-Schrift selber betraut war, läßt sich nicht mehr genau feststellen. Die von ihm als Herausgeber vorangestellte Einleitung zu der 1543 erschienenen Erstausgabe ist wieder abgedruckt bei E. Hirsch: Die Theologie des Andreas Osiander, Göttingen 1919, 290.

42. Zu Melanchthons Rezeption der aristotelischen Naturphilosophie vgl. Enno Rudolph: Zeit und Gott bei Aristoteles, Stuttgart 1986, 169-207.

43. Immanuel Kant: Werke, Akademie-Ausgabe, Bd. 4, 470.

44. Vgl. Rainer Enskat: Kants Theorie des geometrischen Gegenstandes, Berlin/New York 1978.

45. Vgl. Peter Plaass: Kants Theorie der Naturwissenschaft, Göttingen 1965.

46. Zu Kants Lehre von der Zweistämmigkeit der Erkenntnis und zu seiner Sicht des Verhältnisses von Objektbewußtsein und Selbstbewußtsein vgl. Ulrich Barth: Die Christologie Emanuel Hirschs, Berlin/New York 1992, 433-475, wo auch die wichtigeren neueren Veröffentlichungen zu diesem Thema aufgeführt sind.

47. Dies war noch die Meinung Thomas v. Aquins.

48. Kritik der reinen Vernunft, B XII-XIV.

49. Vgl. dazu Ulrich Barth: Religion oder Gott? Die religionstheoretische Bedeutung von Kants Destruktion der spekulativen Theologie, in: U. Barth/W. Gräb (Hrsg.): Gott im Selbstbewußtsein der Moderne, Gütersloh 1993, 11-34; ders.: Kants Begriff eines Gegenstands der praktischen Vernunft und der systematische Ansatz der Religionsphilosophie, in: U. Schnelle (Hrsg.): Reformation und Neuzeit, Berlin/New York 1994, 267-302.

50. Vgl. dazu Ulrich Barth: Luthers Verständnis der Subjektivität des Glaubens, NZSTh 34 (1992), 269-291.

51. Zur inneren Wandlung der Fichteschen Wissenschaftslehre von der Ich-Philosophie zur Theorie des absoluten Wissens vgl. Ulrich Barth, a.a.o. [wie Anm. 46], 311-354.

52. Vgl. dazu Falk Wagner: Schleiermachers Dialektik, Gütersloh 1974, 137-227.

53. Vgl. zum Folgenden die grundlegende Arbeit von Dieter Henrich: Über die Einheit der Subjektivität, Phil. Rundsch. 3 (1955), 28-69.

54. Vgl. dazu Ulrich Barth: Christentum und Selbstbewußtsein, Göttingen 1984, 83-104.

55. Vgl. dazu die in ihrer systematischen Stringenz mustergültige Studie von Konrad Cramer: Die subjektivitätstheoretischen Prämissen von Schleiermachers Bestimmung des religiösen Bewußtseins, in: D. Lange (Hrsg.): Friedrich Schleiermacher 1768-1834, 129-162. Zu Schleiermachers Begriff des unmittelbaren Selbstbewußtseins vgl. auch Ulrich Barth, a.a.O. [wie Anm. 34], 126-129.

56. Dieser Zusammenhang wird von Cramer [vgl. Anm. 55] weitgehend ausgeblendet.

57. Vgl. Friedrich Daniel Ernst Schleiermacher: Der christliche Glaube nach den Grundsätzen der evangelischen Kirche im Zusammenhange dargestellt (2. Aufl.), neu hrsg.v. M. Redeker, Berlin 1960, Bd. 1, 28 ff.

58. Lübbes Verwendung des Begriffs der schlechthinnigen Abhängigkeit (vgl. Hermann Lübbe: Religion nach der Aufklärung, in: T. Rendtorff (Hrsg.): Religion als Problem der Aufklärung, Göttingen 1980, 165-184; hier 179. 182) läßt sich darum nicht ohne weiteres mit Schleiermacher in Verbindung bringen.

59. Schleiermacher, a.a.O., 28; § 4.3. In der Konsequenz dieses Schleiermacherschen Arguments wäre auch an Trutz Rendtorffs Auffassung von Religion als Erfahrung der Gegebenheit des Lebens oder als Bewußtsein der Gegebenheit der Freiheit - von freiheitstheoretischen Gesichtspunkten einmal ganz abgesehen - die Frage zu stellen, was hier eigentlich »gegeben« heißen soll.

60. A.a.O., 228; § 46.2.

61. A.a.O., 24; § 4.1.

62. A.a.O., 53; § 8.2.

63. A.a.O., 52; § 8.2.

64. A.a.O., 53; § 8.2.

65. A.a.O., 174; § 33. Vgl. damit auch a.a.O., 233; § 46 Zus. sowie a.a.O., 191; § 38.1.

66. A.a.O., 183; § 34.3.

67. A.a.O., 230; § 46 Zus.

68. A.a.O., 234; § 46 Zus.

69. A.a.O., 224; § 46.1.

70. A.a.O., 232; § 46 Zus.

71. A.a.O., 228; § 46.2.

72. A.a.O., 229; § 46.2.

73. A.a.O., 232; § 46 Zus.

74. A.a.O., 183; § 34.3.

75. A.a.O., 228; § 46.2.

76. A.a.O., 171; § 32.

77. A.a.O., 310; § 57.2.

78. A.a.O., 307; § 57.

79. A.a.O., 307; § 57.1.

80. A.a.O., 229; § 46.2.

81. A.a.O., 225; § 46.1.

82. A.a.O., 234; § 47.

83. Georg Simmel: Die Religion, Frankfurt/Main [2]1912, 97.

84. Hier wäre in neuerer Zeit vor allem an die im Anschluß an Alfred N. Whiteheads spekulative Kosmologie entwickelte Prozeßtheologie und an Wolfhart Pannenbergs Geschichtstheologie zu denken - beides allerdings Formen schöpfungstheologischer Aussagenzusammenhänge, von denen man nicht gerade behaupten kann, daß sie ein den oben referierten Theologiemodellen vergleichbares Maß an erkenntnistheoretischer Kontrollierbarkeit erzielt hätten.

85. Paul Tillich: Systematische Theologie, Bd. 1, Frankfurt/Main [2]1983, 291.

86. Diese Einschätzung teilt auch Ch. Link im eingangs erwähnten »Handbuch systematischer Theologie« [vgl. Anm. 4], wenn er die Schöpfungslehre bei Althaus und Elert als bloße »Anwendung der reformatorischen Fundamentalunterscheidung von Gesetz und Evangelium auf die Bereiche der Natur und der Geschichte« auffaßt (I, 218), ihre Grundfrage bei Tillich »aus der Klammer der metaphysisch gestellten Frage nach dem zeitlichen Anfang der Welt entlassen« sieht (I, 227) und bei Barth die »strikte Weigerung« konstatiert, »die Schöpfungslehre in den Dienst einer irgendwie gearteten Welterklärung zu stellen« (I, 325).

Hans-Dieter Mutschler

Die Welterklärung der Physik und die Lebenswelt des Menschen

Gemäß einem positivistischen Klischee verhält sich unsere lebensweltliche Naturerfahrung zur wissenschaftlichen wie sich der gemalte Kreis zur Idee des Kreises verhält; alles, was an einem Kreis erkennbar ist, steckt in seiner mathematischen Idee, und was die realen Kreise von dieser Idee unterscheidet (z.B. daß sie leicht verbogen sind und daß sie eine endliche Linienbreite haben), sind Zutaten, die man getrost ignorieren darf: sie ändern nichts am Prinzip.

Oder wir stellen uns das Verhältnis vor wie das Verhältnis von theoretischer zu Experimentalphysik: Letztere ist nur die praktische Anwendung der Grundgleichungen, die die theoretische Physik bereitstellt, sie bildet keine eigenen logisch unabhängigen Inhalte, sondern bloße »Kochrezepte«.

So gesehen würden wir als Menschen unexakte Physiker und als Physiker wahre Menschen sein, und die physikalischen Theorien wären die Essenz der Wirklichkeit, deren bloßer Schleier uns im Alltagsleben umgibt.

Ich halte diese Klischees für ebenso falsch wie verbreitet und möchte im folgenden die Gegenthese vertreten:

Unser lebensweltlicher Naturzugang liegt auf einer ganz anderen »logischen Achse« als der experimentell abgesicherte, durch Messung und Mathematik exakt gemachte. Die beiden sind so verschieden wie Malerei und Photographie, und so, wie es kein Argument gegen die Malerei ist, wenn sie nicht so exakt abbildet wie die Photographie, so ist es auch kein Argument gegen die Eigenständigkeit eines lebensweltlichen Naturzugangs, wenn er auf Messung, Wiederholbarkeit und Mathematisierung verzichtet.

Allerdings sehe ich ein *logisches* Verhältnis der Begründung zwischen beiden: die Lebenswelt ist ein Apriori für die exakte Wissenschaft, aber nicht umgekehrt. Wüßten wir nicht aus der Alltagswelt, was »Kraft«, »Druck«, »Spannung« oder »Energie« ist, würden wir auch nicht die gleichnamigen physikalischen Begriffe bilden können, wenngleich sich diese Begriffe im Forschungsprozeß von ihrem lebensweltlichen Kontext ablösen und eine Eigendynamik gewinnen, die von ihrem Ursprung her nicht mehr verständlich ist: Wenn ich weiß, was eine »Welle« und was eine »Funktion« ist, weiß ich noch nicht, was das Wort »Wellenfunktion« in der Quantenmechanik heißen soll. Auch ist es nicht hinreichend zu wissen, daß im Wort »Tensor« das lateinische Wort »tendere« (= »spannen«) steckt, um den Tensorkalkül in der Physik zu begreifen.

Gleichwohl ist die Physik keine Einbahnstraße. Es ist nicht so, daß wir - von der Lebenswelt ausgehend - Begriffe bilden, die wir theoretisch immer mehr verfeinern, bis sie zuletzt so abstrakt geworden sind, daß sie keinen Anschluß mehr an die Lebenswelt finden; selbst unter einem »Superstring« stellen wir uns immer noch etwas vor.

Mir scheint, die Lebenswelt ist nicht nur ein Apriori der Physik im genetischen Sinne, sie ist es auch in dem Sinn, daß wir sogar die abstraktesten theoretischen Modelle der Wissenschaft wieder in den konkreten hermeneutischen Zirkel dieser Lebenswelt hereinholen:

Als der Entropiesatz entdeckt wurde, diskutierte ganz Europa die existentiellen Implikationen dieses Satzes. So wenig wie uns unser individueller Tod gleichgültig sein kann, so wenig läßt uns der Wärmetod des Universums »kalt«. Wir stehen solchen Sachzusammenhängen eben nicht neutral gegenüber, obwohl es der Physiker *als Physiker* tun muß. Der Physiker ist eben nie *nur* Physiker, sondern immer auch empfindender Mensch und als solcher an Wertprämissen gebunden, selbst wenn diese in seinem fachwissenschaftlichen Tun keinen Ort haben sollen.

Es ist heute leider nicht mehr üblich, den Physiker *als Physiker* von dem Physiker *als Menschen* zu unterscheiden, mit dem Argument, der Physiker sei ja auch ein Mensch.

Das ist ungefähr so plausibel, wie wenn man sich weigerte, die Funktion des Herzens und der Lunge gesondert zu betrachten, weil ein Mensch, dem man das Herz von der Lunge abschnitte, sterben müßte.

Auch ein Physiker, der nicht von der reichen Lebenswelt zehrte, müßte zugrunde gehen, woraus aber noch lange nicht folgt, daß die logische Struktur seines lebensweltlichen Naturbezugs isomorph ist zu seinen formalmathematischen Theorien. So wenig wie das Herz Luft oder die Lunge Blut pumpt. Begrifflich unterscheiden heißt nicht *zertrennen.*

Die Differenz der beiden Weisen des Naturzugangs muß deshalb beachtet werden, weil sonst die philosophischen und theologischen Probleme, die sich im Gefolge der naturwissenschaftlichen Aufklärung gebildet haben, unlösbar werden.

Die Physik ist ein machtvolles Instrument. Sie reduziert Natur auf fundamentale, rein funktionale Abhängigkeiten von Kräften, die wir, wenn sie erkannt sind, nach Belieben manipulieren können. Über Sinn und Zweck der Manipulation sagen aber diese funktionalen Relationen nichts aus. Noch nicht einmal über technische Zwecke. Die Uhr ist in den Formeln der klassischen Mechanik keineswegs enthalten, so wenig wie das Radio in den Formeln der Elektrodynamik. Zwar verwenden wir die entsprechenden Zusammenhänge, um diese Geräte zu bauen, aber die Idee des Gerätes kommt nicht aus der Physik.

Weder kommen diese elementaren Zwecke aus der Physik noch die sogenannten »höheren« Ziele, Zwecke oder Sinnperspektiven. Keine physikalische Theorie enthält sittliche oder religiöse Zielvorgaben; sie ist gegenüber solchen Bedeutungshorizonten komplett indifferent. Andererseits negiert sie sie auch nicht. Daher gibt es Physiker, die Buddhisten, Christen, Atheisten, Marxisten oder Freimauerer sind. Die Physik ist so formal, daß sie sich mit den verschiedensten Inhalten verträgt, ja es gibt Physiker wie Walter von Lucadou, die sogar die Psi-Forschung mit ihr verbinden.

Gefährlich wird es, wenn man die Welt auf physikalische Inhalte reduziert und glaubt, dasjenige existiere nicht, was sich nicht durch eine physikalische Formel ausdrücken läßt. Dieser Meinung ist offenbar der Kosmologe Stephen Hawking, wenn er glaubt, eine vereinigte Feldtheorie sei identisch mit dem Gedanken Gottes vor Erschaffung der Welt (könne mithin den Gottesbegriff ersetzen). Der Reduktionismus ist dann eine Krankheit, wenn man von einem *methodischen* zu einem *ontologischen* Reduktionismus übergeht, d.h. wenn man die durch die wissenschaftliche Methode induzierten Einschränkungen nicht mehr sieht.

Dann entstehen Problemstaus, die die entsprechenden Gegenbewegungen auslösen, die die Geschichte der Naturwissenschaft begleiten wie ein Schatten: romantische Naturphilosophie, Goethes Farbenlehre, Lebensphilosophie (Henri Bergson, Ludwig Klages), Theosophie und Anthroposophie, Esoterik und Okkultismus, Geheimlehre und »morphogenetische Felder«.

Heute gibt es eine Welle, die das Problem auf andere Weise »löst«: Man begibt sich an die vorderste Front der Wissenschaft, nimmt komplizierte Zusammenhänge aus Relativitäts- oder Quantentheorie und anderen schwer verständlichen Disziplinen dorthin, wo der Laie nichts mehr versteht, und interpretiert dann diese schwer verständlichen Gehalte von lebensweltlichen Kontexten aus. Es entsteht dann der Eindruck, als könne die Naturwissenschaft ihren methodischen Abstraktionsprozeß aus eigener Kraft überwinden und den Anschluß an die Geisteswissenschaften von sich aus herstellen oder sie sogar ersetzen.

In diesem Sinn haben sich manche Physiker geäußert, die in der Chaostheorie oder Synergetik arbeiten: sie reichern ihre formalen Modelle mit Inhalten aus der Lebenswelt an und tun dann so, als hätten sie sie aus der Physik hergeleitet.

Da die Physik in unserer Kultur (noch?) eine hohe Reputation hat und weil sie dem Laien unverständlich ist, weil sich des weiteren ihre Effekte vor aller Augen machtvoll reproduzieren lassen, scheint es dann so, als würden sich auch jene lebensweltlichen Interpretationen auf ihre Exaktheit und Überprüfbarkeit berufen können.

In diesem Sinn hat z.B. Ilya Prigogine, der Begründer der Synergetik, populärwissenschaftliche Bücher geschrieben, die alles durcheinanderwerfen und damit den Eindruck erwecken, wir hätten die philosophischen Grundlagenprobleme der Physik bewältigt, wovon im Ernst jedoch keine Rede sein kann. Tatsächlich produzieren wir Jahr für Jahr immer neues nomothetisches Wissen und wissen doch immer weniger, wozu es gut sein soll. Prigogine erweckt den Anschein, als ließen sich die Fragen nach Zielen, Werten und Zwecken durch die Physik selber klären.

Schon die Titel seiner Bücher schüren solche Erwartungen: »Vom Sein zum Werden«, »Dialog mit der Natur« usw. Das »Sein« ist bei Prigogine das starre, deterministische Sein der Newtonschen Physik: Hier geschieht nichts Neues.

Das »Werden« soll hingegen die Zeitform synergetischer Prozesse sein: hier sei die Natur schöpferisch, geschichtlich, unvorhersehbar.[1]

Man sieht sofort, daß das nicht stimmen kann: ein physikalischer Prozeß (auch alle synergetischen!) muß reproduzierbar sein, *er darf also gar nichts Neues, Unvorhersehbares produzieren, sonst wird er »unberechenbar«*! Prigogine hat einfach nur seine lebensweltliche

Erfahrung der geschichtlichen Verfaßtheit des Menschen in seine wissenschaftlichen Ergebnisse hineinprojiziert und zaubert sie dann wieder heraus: In den dunklen Wald der modernen Physik schreien sie hinein und es hallt zurück: »Sein«, »Werden«, »Dialog«; was man eben braucht. Sein Buch »Dialog mit der Natur« kam auf diese Weise zustande.

Dialoge gibt es zwischen Subjekten. Wenn es einen »Dialog mit der Natur« geben sollte, müßte es ein »Natursubjekt« geben. Dies ist eine hochspekulative Voraussetzung, die man in der Romantik, bei Novalis oder Schelling, in neuerer Zeit bei Ernst Bloch findet. In der Physik haben solche Vorstellungen nichts zu suchen. Die Physik abstrahiert von aller Subjektivität und ist eben deshalb objektiv und überprüfbar, aber der Preis dafür ist, daß wir nicht mehr von einem »Dialog« mit der Natur sprechen können, sondern, wie Kant sagt, von einem »Kreuzverhör«.[2]

Der Begriff eines »Natursubjekts« ist freilich nicht sinnlos. Wir alle empfinden, was damit gemeint ist, wenn wir in einer freien, kontemplativen Stimmung durch die Natur gehen (insofern es sie noch gibt) oder wenn wir eine Art personalen Verhältnisses zu einem Tier haben. Hier ereignet sich so etwas wie ein Dialog, aber nur, weil wir nicht experimentieren, reproduzieren oder manipulieren. Der »Dialog mit der Natur« gehört nicht in die Physik, er ist dort eine bloße Projektion.

Projektionen dieser Art sind heute gang und gäbe, und wer sie vertritt, erhebt damit zumeist gehobene Ansprüche. Ich denke an Schriften von Physikern (außer Priogine und Hawking) wie: Hermann Haken, Erich Jantsch, Paul Davies, Fritjof Capra, David Bohm usw. Wohlgemerkt,: ich spreche nicht von den rein fachwissenschaftlichen Publikationen dieser Physiker, die im Einzelfall hochbedeutend sein können.

Ich spreche von ihren populärwissenschaftlichen Extrapolationen, die sie als Ergebnisse ihrer Fachwissenschaft ausgeben. Solche Extrapolationen, so populär sie auch sein mögen, haben mit wirklicher Wissenschaft nicht das geringste zu tun, sie sind vielmehr hochgradig ideologieverdächtig, denn in all diesen Publikationen wird der Anschein erweckt, als könnten wir Probleme mit rein physikalischen Mitteln lösen, die gar nicht auf dieser Ebene liegen. Dadurch werden wir aber de facto unfähig gemacht, sie zu lösen, d.h. im Grunde bleibt alles beim Alten.

Nach Capra führt uns die Quantenphysik zur Religion, nach Prigogine ersetzt sie die Philosophie, nach Haken gibt sie Entscheidungshilfe bei ethischen Problemen, nach Jantsch führt sie zum Sinn des Lebens usw. usf.

In Wahrheit kommen all diese Autoren niemals aus dem Positivismus und Reduktionismus heraus. Sie reichern nur die formalen Modelle der Physik mit Inhalten aus ihrer Lebenswelt an. Sie streichen das Gefängnis unserer szientistischen Engführungen rosarot an und träumen eine Einheit von Natur- und Geisteswissenschaften, die die Einheit des Wolfes mit dem Lamm ist (nachdem er es gefressen hat): Prigogine hält sämtliche philosophischen Probleme für physikalisch lösbar: Heidegger, Hegel und Bergson werden ersetzt.[3]

Es lohnt sich, diesen Mechanismus des Übergangs von formal-mathematischen Modellen zu lebensweltlichen Deutungen näher zu untersuchen. Nur so kann die Größe der Aufgabe in den Blick kommen, deren Karikatur die genannten Physikalismen sind.

Allein die Forderung nach Mathematisierbarkeit auferlegt den Inhalten der Physik eine wesentliche Beschränkung: Mathematik thematisiert Relationen, keine Substanzen. Was das Wesen der Dinge sei, kann ihr nie zum Thema werden. Kant hat es so gefaßt, daß sich die Physik nur auf Erscheinungen, nicht auf »Dinge-an-sich« bezieht.

Gleichwohl, sagt Kant, ist die Existenz der »Dinge-an-sich« vom Physiker vorausgesetzt, obwohl sie außerhalb des Lichtkegels der Erkenntnis bleiben.

Mir scheint, daß jede beliebige physikalische Formel diesen Sachverhalt hinreichend belegt: Z.B. besagen die Maxwellgleichungen der klassischen Elektrodynamik nicht, *was* Elektrizität, Magnetismus, *was* Ladungs- oder Stromdichte sind.

Sie beschreiben lediglich die funktional-mathematische Abhängigkeit dieser Größen voneinander. Zwar ist jeder Physiker überzeugt, daß es Magnetismus, Elektrizität usw. *wirklich gibt*, aber was diese Größen »an sich« sind, kann er nicht sagen, weil die relationale Sprache der Mathematik die Identifikation von Relationsträgern nicht gestattet.

Die Umgangssprache, die ja nicht formalisiert ist und schon allein wegen ihrer selbstbezüglichen Form nicht formalisiert werden kann[4], gestattet es, die Unterscheidung zwischen singulären und allgemeinen Termen vorzunehmen. »*Dieser* Mensch ist rothaarig« heißt, daß ich den allgemeinen Term des Rothaarigseins auf alles beziehen kann, was rote Haare trägt. Aber »dieser Mensch« ist von nichts prädizierbar. Aus dieser Asymmetrie hat bereits Aristoteles geschlossen, daß es eine wesentliche Differenz zwischen Substanz und Akzidenz gibt. Es gibt substantielle, substrathafte Träger des Wirklichseins, nämlich das Einzelding, das zugleich wesentliche und akzidentelle Eigenschaften hat.

Was es mit der Aristotelischen Ontologie auch auf sich haben mag, eine solche Differenz zwischen einem »eigentlich« Zugrundeliegenden, einem *Wesenhaften* und einem ontologisch Sekundären, einer bloßen »Erscheinung«, kann es in einer formalisierten mathematischen Sprache überhaupt nicht geben. Wir haben in ihr keine Möglichkeit, etwas *Eigentliches* von etwas *Uneigentlichem* zu unterscheiden.

Eine weitere Differenz hatte schon Aristoteles veranlaßt, die Unterscheidung von Wesentlichem und weniger Wesentlichem vorzunehmen: Wenn wir an Handlungskausalität denken, so finden wir immer eine Asymmetrie, die darin besteht, daß sich die Idee einer Handlung in der Realität nur bedingt verwirklichen läßt. Von daher kam die Auffassung, daß in der Ursache mehr Seinsgehalt sei als in der Wirkung.

Die gesamte Konzeption von Kausalität (vor Entdeckung der neuzeitlichen Physik) ging davon aus, daß es sich so verhalten müsse. Z.B. schlossen die klassischen »Gottesbeweise« von Vollkommenheiten, die es in der Welt gibt, auf ein allervollkommenstes Wesen als ihre Ursache.

Auch ein solcher emphatischer Begriff von Ursache und Wirkung, der es gestatten würde, zwischen Wesentlichem und weniger Wesentlichem zu unterscheiden, kommt in der modernen Physik nicht vor und kann in ihr, allein schon wegen der mathematischen Formulierung, nicht vorkommen: Wenn diese aus bloßen Relationen besteht, so zeichnet sie keines ihrer Relate als »wesentlich« aus.

Ich möchte diesen abstrakten Gedanken an einem konkreten Beispiel verdeutlichen, das ich der Anschaulichkeit halber bewußt einfach wähle:

Nach dem »Ohmschen Gesetz« sind in einem Stromkreis Spannung U und Strom I proportional, wobei die Proportionalitätskonstante »Widerstand« R genannt wird:

$$U = R \cdot I$$

Aus dieser Formel wissen wir nicht, was Strom oder Spannung »an sich« sind, wir haben keinerlei »Wesenserkenntnis«, wie wir z.B. in der Alltagssprache durchaus vom »Wesen« eines Menschen sprechen können, das sich hinter der Fassade seiner Handlungen verbirgt. Wir können in dieser Formel auch nicht entscheiden, was Ursache und Wirkung ist, um eine Vorzugsordnung zu finden, die uns gestatten würde, das Wesentliche vom Unwesentlichen zu scheiden.

In konkreten Prozessen gibt es zweifellos echte Formen von Kausalität. Z.B. wenn ich ein Katzenfell reibe: ich trenne Ladungen, die eine Spannungsdifferenz aufbauen. Der Strom ist hier Ursache für die Spannung.

Aber das gilt nicht immer: schließe ich einen Widerstand an eine Batterie an, so ist im Gegenteil die Spannung der Batterie Ursache für den Stromfluß.

Schließlich kann auch der Widerstand Ursache sein: Wenn ein Thermowiderstand durch Erhitzen kleiner wird, so wäre er Ursache des Stromflusses, wenn ich ihn erhitze.

Die Formel $U = R \cdot I$ ist indifferent gegenüber diesen realen Kausalitätsverhältnissen. Zwar sind sie alle durch die Formel beschreibbar, aber nicht, was die Richtung der konkreten Prozesse anbelangt und so ist es mit allen physikalischen Formeln.

So drückt z.B. die »ideale Gasgleichung« ($p \cdot V = n \cdot R \cdot T$) *nicht* aus, daß die Erhöhung der Temperatur Ursache für die Erhöhung des Drukkes ist, da ja das Umgekehrte genausogut der Fall sein kann, und selbst bei einem konkreten Prozeß, der in einer ganz bestimmten Richtung abläuft, können wir keine ontologische Vorzugsordnung erkennen:

Wenn wir z.B. ein geschlossenes Luftvolumen erhitzen, ist die Zunahme des Druckes kausal durch das Erhitzen verursacht, aber wir können nicht sagen, daß im Akt des Erhitzens »mehr Seinsgehalt« steckt als in der Druckzunahme.

Aristoteles, der die Kausalität immer nach einem solchen Muster dachte, begriff auch die Natur als hierarchisch-ontologisches System von Ursache-Wirkungsverhältnissen. Wenn ein Tier ein anderes zeugt, so war seiner Meinung nach im voll aktualisierten Tier »mehr Seinsgehalt« als in dem bloßen Sperma, und dieses »ontologische Gefälle« floß von den Gestirnen, die als Gottheiten vorgestellt wurden, bis hinein in die letzten Verästelungen materieller Prozesse. Wenn z.B. ein Feuer einen Stein erwärmt, so war nach Aristoteles der Wärmegehalt des

Feuers ontologisch höherwertig als der des Steines, der die Hitze des Feuers nicht vollständig aufnehmen kann. Solche ontologischen Wertstufen (»scala naturae«) sind aus der modernen Naturwissenschaft eliminiert, daher hat sie auch keinen metaphysischen Verweischarakter mehr auf ein »höchstes Gut«, das wir eventuell mit Gott identifizieren können.

Wenn moderne Physiker wie Mayer-Kuckuk aufgrund der Chaostheorie wieder von den »Hierarchien des Seins”[5] sprechen, so überschreiten sie die Kompetenz ihrer formalen Modelle. Sie übertragen die lebensweltliche Erfahrung von Wertehierarchien, die wir von Handlungskontexten her kennen, auf ihre formalen Modelle und tun so, als seien sie aus diesen abgeleitet. Aber das sind lebensweltliche Projektionen, so wie auch ein starker Kausalitätsbegriff aus den physikalischen Formeln nur um den Preis eines logischen Sprunges deduzierbar ist.

Manchmal wird die Newtonsche Kraftdefinition in diesem Sinn formuliert: »Jeder Körper strebt danach, in einem Zustand der Ruhe oder der gleichförmigen, gradlinigen Bewegung zu verharren, es sei denn, eine Kraft veranlasse eine Veränderung.«

In dieser Formulierung sieht es so aus, als besage »Kraft = Masse mal Beschleunigung«, daß eine eindeutige Kausalitätsrichtung von der verursachenden Kraft zur Beschleunigung des Körpers hin verläuft. Das liegt aber nur an der Art der Formulierung. In der exakten Form: $F = m \cdot b$ ist diese Vorzugsrichtung nicht enthalten. Dementsprechend wird die Newtonsche Kraftdefinition in modernen Lehrbüchern der Physik neutraler ausgedrückt, z.B. so: »Die zeitliche Änderung des Impulses eines Massenpunktes ist gleich der Kraft.« In dieser Formulierung ist keine Richtung mehr ausgezeichnet.

Und in der Tat gibt es auch gegenläufige Prozesse, bei denen nicht die Kraft Ursache der Beschleunigung ist, sondern umgekehrt:

Wenn sich ein Stein im Schwerefeld der Erde befindet, so ist die Erdbeschleunigung g “Ursache” für die Kraftwirkung, die der Stein erfährt, wenn ihn die Erde anzieht. Das Newtonsche Gesetz ist indifferent gegenüber diesen beiden Kausalrichtungen.

Warum wird die Newtonsche Definition gerade so ausgedrückt? Weil es naheliegend ist, die physikalischen Kräfte in Analogie zur Handlungskausalität zu sehen: So wie wir einen schweren Stein unter Kraftaufwand schieben, wobei die Kausalitätsrichtung von uns zum

Stein geht, so begreifen wir auch die Natur. Wie anthropomorph die genannte Kraftdefinition ist, sieht man am Begriff des »Strebens«: Ein träger Mensch läßt sich nicht gern aus der Ruhe bringen, und wenn er einmal eine bestimmte Richtung eingeschlagen hat, bringt ihn so leicht nichts davon ab. Eine solche Vorstellung wird hier auf die mathematische Kraftdefinition übertragen. Oberflächliche Philosophen haben daraus geschlossen, daß das Trägheitsgesetz ein teleologisches Gesetz sei, insofern der Körper danach »strebt«, seinen Bewegungszustand aufrechtzuerhalten. Aber in der physikalischen Kraftdefinition steckt weder Kausalität noch Finalität, sondern bloße Funktionalität.

Weil dem so ist, hat schon Ernst Mach Ende des letzten Jahrhunderts vorgeschlagen, den Begriff der Kausalität ganz aus der Physik zu streichen, so wie man zuvor den Begriff der Finalität aus ihr gestrichen hatte.

In der formalsprachlichen Wissenschaftstheorie spricht man wieder von »Kausalität«, aber der Begriff ist dann sehr neutral gemeint, etwa im Sinne von »Vorhersagbarkeit«.

Jede physikalische Formel gestattet natürlich Vorhersagen, aber mit der alten Konzeption von »Kausalität« hat das nichts mehr zu tun.

Wenn die moderne Physik allein schon durch ihre mathematische Formulierung die emphatische Kausalität der Tradition ignoriert, die es gestatten würde, Wesenhaftes von weniger Wesentlichem zu unterscheiden, so gestattet sie auch nicht, Substantialität im klassischen Sinn zu thematisieren: Wo alles relational ist, gibt es auch keine Substanzen mehr.

Die Frage nach der Substanz der Dinge war aber die Grundfrage der Philosophie. Bei Thales das Wasser, bei Heraklit das Feuer, bei Plato die Idee, bei Leibniz die Monade oder bei Bergson der »élan vital«: überall wurde ein »Wesenhaftes« bestimmt, das unserer erscheinenden Welt zugrundeliegen sollte.

Die moderne Physik neutralisiert solche Fragen: sie kommen in ihrem Theoriekontext nicht mehr vor. Freilich glauben viele Physiker und die meisten Wissenschaftstheoretiker, daß es erlaubt sei, die eingangs erwähnte Unterscheidung vorzunehmen. Danach umgibt uns die Natur lebensweltlich als Chaos von Gerüchen, Farben, Tönen usw. In dieses Chaos bringt die Physik Ordnung durch ihre Gesetze, die diesem Chaos zugrundeliegen, in diesem Sinn also »tiefer« sind und das eigentlich Wesentliche an der Natur ausmachen.

Es ist aber leicht zu sehen, daß diese Wertung keinesfalls aus der Physik selber folgt. Sie erfordert nämlich die Zusatzprämisse, daß wir an verläßlichem, nomothetischem Wissen interessiert sind, das sich technologisch verwerten läßt. Nur in dieser Hinsicht ist das physikalische Wissen »tiefer« als das lebensweltliche.

Aber man braucht nur den Bewertungsrahmen zu verändern, dann verschiebt sich auch diese Wertung: Ein Künstler wird gerade dieses impressionistische, nichtfeststellbare bunte Wesen der Erscheinungen für das »Eigentliche« halten, das physikalische Gesetz aber für ein abstraktes Konstrukt.

Es gab Epochen, wie z.B. die Renaissance, die ganz von solchen Wertschätzungen her dachten. Damals hätte man einen Techniker, der nur rechnen und manipulieren kann, verachtet, weil er vom »Eigentlichen«, dem Ästhetischen, abstrahiert, das die Renaissance-Ingenieure virtuos beherrschten.

Ob die Renaissancebauten von Künstleringenieuren wie Filippo Brunelleschi, Francesco di Giorgio, Marini oder Leonardo da Vinci eine weniger bedeutende Kulturleistung darstellen als unsere Wolkenkratzer (etwa weil sie nicht so hoch sind), wäre freilich noch zu prüfen.

Die versteckten Werteprämissen des Physikalismus sind meines Erachtens eine Art von kollektiver Betriebsblindheit und nicht schon dadurch gerechtfertigt, daß man sie für wahr hält.

Nun scheint mir andererseits, daß wir gar nicht vermeiden können, die abstrakten Ergebnisse der Physik lebensweltlich zu deuten. Noch nie hat ein Physiker Physik abstrakt gelernt. Alle Lehrbücher der Physik sind von normaler Sprache und damit von Deutungen durchsetzt. Wegen der Gödel-Theoreme sind die formalen Sprachen nicht nur faktisch, sondern de jure von der Alltagssprache her konstituiert. Es findet also ein beständiger Transfer von der Alltagssprache zur formalen Sprache und wieder zurück statt: Alle exakte Wissenschaft ruht auf einem Sockel lebensweltlicher Intuitionen.

Es gilt nur, die Bedeutung dieses Verhältnisses zu begreifen. Ich behaupte:

Nur wenn ich mich auf die formale Sprache beschränke, bin ich wirklich exakt und kann intersubjektive Überprüfbarkeit für mich in Anspruch nehmen. Der Preis dafür ist, daß ich nicht mehr weiß, was ich eigentlich tue: das Formalsystem legt weder seinen Zweck noch seine Bedeutung fest.

Bewege ich mich hingegen in der Normalsprache und reflektiere von dorther auf die Ergebnisse der formalen Sprache, so kann ich mit dieser zugleich die Bedeutung und den Zweck ihrer Ergebnisse festlegen, ich verliere aber mit dieser Transposition die intersubjektive Überprüfbarkeit und Eindeutigkeit.

Will ich in dieser Sphäre der Bedeutungszuschreibung und Zwecksetzung dennoch methodische Klarheit gewinnen, so kann diese niemals analytisch aus den Ergebnissen der Physik deduziert werden:

Sie setzt eine philosophische Reflexion voraus, die eigens zu rechtfertigen ist. Auch hier sollen wiederum konkrete Beispiele das Gesagte veranschaulichen:

Ich hatte bereits auf die Bedeutungszuschreibung aufmerksam gemacht, die sich im 19. Jahrhundert spontan um den Entropiesatz herausbildete:

Zunahme von Entropie führt in geschlossenen Systemen zu Strukturverminderung. Man schloß von daher auf den Wärmetod des Universums und gab ihm eine negative Bedeutungszuschreibung.

Als in unserem Jahrhundert spontane Strukturentstehung entdeckt wurde, wurde diese Bedeutungszuschreibung symmetrisch erweitert. Paul Davies drückt es in seinem Buch über Chaostheorie so aus, als gebe es im Universum einen »optimistischen« und einen »pessimistischen« Pfeil, einmal, insofern es den entropischen Abhang hinunterrollt, das andere Mal, insofern es spontan Strukturen hervortreibt. Auf diese Art sei »das fortschrittliche Wesen des Universums eine objektive Tatsache.«[6]

Hier ist die Verwechslung von objektiver Physik und subjektiver, lebensweltlicher Deutung offensichtlich: Der Entropiesatz der Physik ist ein neutrales Datum, ebenso die spontane Strukturentstehung. Nichts an den physikalischen Formeln rechtfertigt, das Wesen des Universums als »schöpferisch« zu bestimmen und die Strukturverminderung als »akzidentell«.

Diese ganze Konstruktion ist nur dann plausibel, wenn man folgende, intuitiv-lebensweltliche Prämissen einschmuggelt: Der Mensch stirbt nicht gern, folglich bezeichnet der Entropiesatz etwas Negatives. Er freut sich über Strukturentstehung (weil er selber Struktur ist), folglich erscheint sie ihm in freundlichem Lichte. Diese Vorzugsordnung ist aber nicht objektiv. Man könnte genauso gut argumentieren: spontane Strukturentstehung ist negativ, denn mit ihr kam der Tod in die Welt:

Alle höheren Strukturen sind zerbrechlich. Wäre es beim Wasserstoff geblieben, so gäbe es die permante Unsterblichkeit, denn die Elektronen laufen reibungsfrei um den Kern. In diesem Sinn haben ja die Griechen das Immerwährende für göttlich und wesentlich gehalten, das Geschichtliche, Werdende aber für zweitrangig.

Die Bedeutung von spontaner Strukturentstehung oder von Dissipation wird also nicht durch deren mathematische Formulierung festgelegt, sondern hängt von äußeren Wertungen ab.

Ich behaupte nun: für *sämtliche* physikalischen Sachzusammenhänge gibt es alternative Deutungen, die sich jeweils widersprechen, ohne daß von der Physik her zwischen den widersprechenden Alternativen entschieden werden könnte. Dieser Sachverhalt wird von Physikern wie Prigogine, Jantsch, Capra, Bohm usw. ignoriert.

Sie glauben, im Kantischen Sinn »Dinge-an-sich« zu erforschen, und sehen nicht, daß bei dem Übergang von bloßen physikalischen Erscheinungen zu ihren Wesensgründen Zusatzprämissen eingeführt werden müssen, die eigentlich der Rechtfertigungsverpflichtung unterliegen, weil sie nämlich das Ergebnis der Wesensdeutung bereits vorwegnehmen (der »physikalische Wald«, aus dem es herausschallt, wie man hineinschreit).

Ich gebe einige weitere Beispiele, die die weltanschauliche Neutralität physikalischer Modelle belegen:

Nach Bekanntwerden der Quantentheorie setzte sofort eine heftige Diskussion ein, was denn nun das »Reale« hinter diesem merkwürdigen Formalsystem sei. Der Münchener Physiker und Philosoph Aloys Wenzl, stark vom Aristotelismus geprägt, legte folgende Deutung vor[7], die auch Heisenberg beeinflußt zu haben scheint[8]:

Das Reale hinter den Wellenphänomenen sei eine reine »dynamis« (=potentia) im Aristotelischen Sinn. Aktualisiert werde diese »dynamis« durch den Meßakt, der das eigentlich Substantielle zum Vorschein bringe.

Damit paßte Wenzl die Quantentheorie in seine Substanzontologie ein. Er mußte damit eine Differenz von »Wesen« und »Erscheinung« in diese Theorie hineinlegen, die dort nicht vorkommt. Ob ich die Reduktion der Wellengleichung im Meßprozeß als das Wesentlich-Werden einer bloßen »potentia« begreife oder umgekehrt, darüber macht die Theorie keine Aussage.

Weil das so ist, deshalb wurde auch die gegenteilige Interpretation vertreten: Erwin Schrödinger, stark von östlichen Religionen und der Schopenhauerschen Willensmetaphysik beeinflußt, begriff die Wellenfunktion als das »eigentlich« Wesentliche, das konkrete Meßobjekt als sekundär.

Beim Welle-Teilchen-Dualismus kann man sich immer auf eine Seite des Gegensatzes stellen und jeweils die andere zum Sekundärphänomen erklären. Dann neigt man mehr zu einem materialistischen oder spiritualistischen Weltbild, je nach Gusto.

Mit Physik hat all das nichts zu tun. Ihre gesicherten Ergebnisse sind indifferent gegenüber solchen weltanschaulichen Deutungen. Paradigmatisch klar wird dies bei Fritjof Capras Versuch, aus der Relativitätstheorie Argumente für sein spiritualistisches Weltbild zu gewinnen.

Nach Capra gilt folgendes:[9] Die mechanistische Physik bei Newton sei materialistisch gewesen, denn sie habe gelehrt, daß Bewegung ein Sekundärphänomen der Materie sei. Die physikalische Masse würde in dieser Physik als träge, nur von außerhalb zu bewegende begriffen. Bewegungsenergie sei nach dieser Physik ein bloßer akzidenteller Zustand:

$$E = \tfrac{1}{2} \cdot m \cdot v^2$$

Das heißt: die Masse m bleibt dieselbe, ob sie bewegt wird oder nicht. Sie ist die eigentliche Substanz, klotzhafte Materie, der Bewegungszustand eine akzidentelle, sekundäre Bestimmung. Dies habe sich mit Einsteins Relativitätstheorie geändert. Jetzt hätten wir die Äquivalenz von Energie und Masse nach der Formel:

$$E = m \cdot c^2$$

Dies hieße: die für starr und unbeweglich gehaltene Materie sei in Wahrheit dynamische Energie, die Welt ein Tanz des Gottes Shiva, der uns durch die vermeintliche Starrheit der empirisch-materiellen Gegenstände verborgen sei.

In Wahrheit legt die Formel $E = m \cdot c^2$ *keine* Wesensordnung fest. Sie sagt nicht, daß das Wesen der Materie Energie sei, auch nicht das Gegenteil. Sie bestimmt deren Relation. Das war auch schon bei der klassischen Definition der kinetischen Energie nach $E = 1/2 \cdot m \cdot v^2$ so. Keineswegs drückt diese nach Capra die ontologische Höherwertigkeit der Materie vor dem Bewegungszustand aus.

Nur wenn ich a priori von einem Klötzchen-Materialismus überzeugt bin, deute ich die Formel im entsprechenden Sinn.[10]

Newton selbst war Spiritualist. Er hat seine Physik entsprechend gedeutet, ohne Widerspruch zu ihren Ergebnissen.

Es besteht überhaupt keine Schwierigkeit darin, die klassische Physik spiritualistisch und die Quantenphysik materialistisch zu deuten. Dies entspricht zwar nicht dem heutigen Modetrend von Capra und Konsorten, ist aber rein logisch möglich.

Alles, was an vermeintlichen »Ganzheitsqualitäten« aus dem quantenphysikalischen Meßprozeß, dem »Einstein-Rosen-Podolsky-Experiment« usw. abgeleitet wurde, sind nichts als unkontrollierte, lebensweltliche Projektionen.

Die »Ganzheit der Welt«, die »Einheit von Subjekt und Objekt« und andere metaphysische Daten folgen mitnichten aus der Quantentheorie. Diese Theorie ist, wie jede mathematisierte Theorie, analytisch aufgebaut. In einer solchen Theorie können die Ergebnisse atomistisch aus den Prämissen deduziert werden. Nichts an den Ergebnissen kann richtig sein, was nicht zuvor durch Detailschritte synthetisiert wurde, das heißt, die Theorie hat keinen »holistischen« Charakter. Formalsysteme sind niemals »ganzheitlich«. Nur deshalb sind sie exakt. Wenn ich z.B. in der Aussagenlogik den »Wahrheitswert« einer komplexen Aussage prüfen will, so ergibt er sich rein atomistisch aus den Wahrheitswerten der elementaren Aussagen. Daher haben formalsprachliche Wissenschaftstheoretiker wie Russel, Carnap oder Frege einen »logischen Atomismus« vertreten. Holistische Perspektiven kann es auf dieser Ebene nicht geben. Unsere Lebenswelt und Alltagssprache hingegen sind holistisch.

Wenn ich in einen Raum trete, sehe ich ihn *als Ganzen* und die Einzelgegenstände nur *in Bezug* auf dieses Ganze, ebenso, wenn ich mit Personen zu tun habe, interpretiere ich deren einzelne Akte von dem Gesamteindruck her und umgekehrt. Alle Normalsprachen haben holistischen Charakter: ein normalsprachlicher Text wird mir niemals verständlich, wenn ich nur atomistisch auf die einzelnen Verkettungen der Wörter achte, sondern das einzelne wird nur im Licht des Ganzen verständlich und umgekehrt.

Das inflationäre Ganzheitsgerede in der Quantenphysik kommt nur durch eine Übertragung von formaler in Alltagssprache oder Alltagsvorstellungen zustande. Wenn ich das »Einstein-Rosen-Podolsky-Experiment« in meine lebensweltlichen Kategorien übertrage, scheint mir, daß die Elementarteilchen »voneinander wissen«, daß sie über große Distanzen eine Einheit ausmachen usw. Aber diese Einheit ist von uns gestiftet; sie liegt in der mesokosmischen Übertragung von Zusammenhängen, die gar nicht im Mikrokosmos liegen: für die Mikroteilchen hat offenbar die räumliche Trennung nicht die Bedeutung, die sie für unseren Mesokosmos und die auf ihn bezogene Sprache hat.

Wir veranschaulichen uns die Quantenwirkungen als holistisches Verhalten. Daß dies nicht zwingend ist, sieht man daran, daß praktisch alle Lehrbücher der Quantenphysik *kein Wort* über Holismus, Subjekt-Objekt-Identität usw. enthalten und *trotzdem verständlich sind.* Wenn das Ganzheitsgerede mit der Quantenphysik logisch zwingend zusammenhängen würde, könnte dies nicht der Fall sein! Der Holismus ist so wenig quantentheoretisch zu begründen wie die Teleologie aus Newtons Axiomen!

Die Physik als strenge Theorie gestattet also keinen logisch zwingenden Übergang zu irgendwelchen Formen von Metaphysik, Ontologie, übrigens auch nicht zum Materialismus: auch dieser muß Zusatzprämissen einschleusen, um seine Position plausibel zu machen.

Manche Philosophen lehnen deshalb jede ontologische Deutung der Physik ab. Die Resultate dieser Wissenschaft seien nur zweckmäßig gestylte Formulierung von Meßergebnissen, hätten rein pragmatische Bedeutung, aber keinen Theoriestatus. Am radikalsten ist vielleicht der »Konstruktivist« Peter Janich von der »Erlanger Schule«. Nach ihm sind die »Naturwissenschaften letztlich nichts anderes als technisches Know-how«, und die »Naturgesetze sind ... nur Aussagen über funktionierende Maschinen, ja sie können ohne Umformulierung auch als Konstruktionsanweisungen für Maschinen gelesen werden.«[11]

Hier saugt die Praxis die Theorie vollständig in sich hinein. Die meisten Physiker lehnen aber eine solche Reduktion der Theorie auf bloße technische Praxis ab: Theorien könnten ja praktisch nicht erfolgreich sein, wenn ihnen in der Realität nichts entspräche, sie müssen also eine gewisse ontologische Relevanz haben. Nimmt man noch hinzu, daß wir als Menschen niemals über den Wassern schwebende, leibfreie Engel sind, sondern physische Wesen durch und durch, dann *kann* uns der physikalische Aufbau des Kosmos nicht gleichgültig sein für unser Selbstverständnis: wir werden die Ergebnisse der Physik - und seien sie noch so abstrakt - in unser Selbstverständnis integrieren, und das ist es auch, was hinter den spekulativen Türmen von Prigogine, Jantsch, Capra und Hawking steckt: sie wickeln den Transfer zwischen exakter Wissenschaft und menschlichem Selbstverständnis ab.

Aber man müßte fordern, daß dies mit methodischer Klarheit geschieht, sonst deduziert jeder aus der Physik gerade die weltanschauliche Position, von der er sowieso schon überzeugt ist. Heute wenig beachtet, gab es solche Versuche auch von christlicher Seite: Ein Berliner Physiker namens Werner Schaafs deduzierte aus der Quantenphysik Vater, Sohn und Heiligen Geist ebenso, wie Fritjof Capra seinen Gott Shiva deduzierte oder Stephen Hawking seinen Atheismus.

Um den abstrakten Modellen der Physik Bedeutung im Hinblick auf unser Selbstverständnis zuzuschreiben, müßte eine nicht-physikalische Erfahrungsebene aufgewiesen werden, die hinreichend allgemein ist, um überzeugend zu sein. Ästhetische oder mystische Erfahrungen kommen deshalb nicht in Frage.[12] Mir scheint auch hier wiederum die Kantische Konzeption am erfolgversprechendsten: Kant hat neben der wissenschaftlichen Erfahrung der Physik die ethische als zweiten Pfeiler seiner Philosophie zugelassen. Neben seiner »Kritik der reinen Vernunft« als Metatheorie der Newtonschen Physik und der »Kritik der praktischen Vernunft« als Reflexion auf die sittliche Erfahrung konzipierte er die »Kritik der Urteilskraft« als Reflexion auf die Ergebnisse der Physik vom Selbstverständnis des Menschen aus. Schelling und Hegel haben hier angesetzt und die naturphilosophische Grundfrage so bestimmt: »Wie muß eine Welt für ein moralisches Wesen beschaffen sein?«[13]

Wie auch immer die Antworten auf eine solche Frage ausfallen mögen[14], sie eröffnen jedenfalls einen Raum, innerhalb dessen die philosophischen Grundfragen der Physik beantwortet werden können. Als sittliches Wesen habe ich Interesse an meiner Selbsterhaltung und bin befugt, spontane Strukturentstehung als Vorform von Freiheit zu denken. Was sich in der Synergetik als bloßer Zufall zeigt, die Indeterminiertheit in den »Bifurkationspunkten«, kann von einem solchen Standpunkt als Vorform von Geschichtlichkeit begriffen werden, ohne daß man den Prigogineschen Kurzschluß Zufall = Wahl = Geschichtlichkeit vollziehen muß. Im Lichte einer solchen Interpretation würde selbst die Teleologisierung des zweiten Newtonschen Axioms sinnvoll sein, weil sie nicht mehr den Anspruch stellen müßte, ein physikalischer Satz zu sein. Ohne eine solche vermittelnde philosophische Ebene wird insbesondere die Frage nach dem Verhältnis zwischen Naturwissenschaft und Theologie unlösbar.

Die Theologie bezieht sich auf Sinnperspektiven, die alles umfassen. Da die theoretischen Modelle der Physik weder sinngeladen noch holistisch sind, haben sie mit theologischen Aussagen überhaupt keinen gemeinsamen Berührungspunkt. Verzichtet man auf eine philosophische Interpretation physikalischer Sachverhalte, so werden theologische Ansätze zum »Anderen der Vernunft«. Karl Barth, der philosophische Vermittlungen der Offenbarung ablehnt, hat deshalb konsequenterweise keinerlei Bezüge zwischen Schöpfungstheologie und physikalischer Kosmologie hergestellt.

Nicht gangbar ist der Weg über die heute modischen Extrapolationen, d.h. die Versuche, ein »Weltbild der Naturwissenschaft« mit deren eigenen Mitteln zu entwerfen.[15] Solche unkritischen Extrapolationen sind zu schwammig und irisieren ständig zwischen Spiritualismus und Materialismus. Da sie die Ethik nicht als unableitbare Größe enthalten, sind sie zudem unkritisch. Weder bei Prigogine noch bei Haken, Jantsch oder Hawking findet sich eine Kritik positivistischer oder instrumentalistischer Engführungen des Wissenschafts- und Technisierungsprozesses. Auch das ist für eine Theologie untragbar. Theologie hat nach Karl Rahner die Aufgabe, Verdinglichungen, Verabsolutierungen, kurz, versteckte Idolatrien kritisch zu durchleuchten.[16] Auch die Physik kann sich zum Gott machen. Paul Davies sagt: »Es mag seltsam erscheinen, aber meiner Auffassung nach bietet die Naturwissenschaft einen sichereren Weg zu Gott als die Religion. Ob unsere Antworten richtig oder falsch sind, die Naturwissenschaft hat mittlerweile den Punkt erreicht, von dem aus ehedem religiöse Fragen auf wissenschaftlich haltbare Weise untersucht werden können.«[17]

Theologie hat die Aufgabe, solche Grenzüberschreitungen zu entlarven. Dies kann nicht geschehen, ohne die Hilfe einer Philosophie, die den lebensweltlichen Naturzugang auf den Begriff bringt und sein prekäres Verhältnis zu den formalen Modellen der mathematischen Physik bestimmt.

Anmerkungen

1. Dies ist die Grundthese seines Buches »Dialog mit der Natur«
2. Es ist kein Zufall, wenn Prigogine den »Dialog« und das »Kreuzverhör« identifiziert: »Der experimentelle Dialog stellt somit ein höchst eigenartiges Verfahren dar. Die Natur wird durch das Experimentieren wie in einem Gerichtsverfahren im Namen postulierter Prinzipien einem Kreuzverhör unterzogen.« (Prigogine [1981], S. 48).
3. Vgl. Prigogine [1981], S. 38/9; S. 85 ff.
4. Die Umgangssprache spricht ganz unbefangen über sich selbst, ist also ihre eigene Metasprache. Die Differenz zwischen Objekt- und Metasprache ist aber eine notwendige Bedingung zur Vermeidung von Widersprüchen in formalen Sprachen. Daraus folgt, daß die Umgangssprache nicht formalisierbar ist.
5. Mayer-Kuckuk, Kapitel 10, S. 226 ff.
6. Davies [1988], S. 35/6.
7. Vgl. Wenzl [1949], S. 161 ff.; [1954], S. 46 ff.
8. Vgl. Heisenberg, S. 25 ff.
9. Vgl. Capra, S. 199 ff.
10. Vgl. die Kritik an den New-Age-Extrapolationen in meinem Buch über das Verhältnis von Physik und Religion.
11. Janich, S. 201; S. 207.
12. Die »Kunst als Organon der Philosophie« wurde von Schelling bis Adorno, die Mystik als Grundlage der Philosophie von Teilhard de Chardin bis zur New-Age-Welle stark gemacht. In allen diesen Fällen gründet sich die Philosophie auf nichtverallgemeinerbare Erfahrungen.
13. Schelling, S. 110.
14. Natürlich läßt sich der Ansatz von Schelling oder Hegel nicht einfach übernehmen. Vgl. dazu meine Schelling-Arbeit.
15. Leider gehen heute viele Theologen den Weg über solche unhaltbaren Extrapolationen. Von Jürgen Moltmann (Berufungen auf Capra, Lovelock, Prigogine usw.) bis Christian Link (ganz ähnliche Berufungsinstanzen) ersparen sich die Theologen die Naturphilosophie. Soweit ich sehe, ist eine der seltenen Ausnahmen Wolfhart Pannenberg, der die Logik der Diskurse sauber auseinanderhält und aufeinander bezieht. Vgl. insbesondere seine Auseinandersetzung mit der physikalischen Kosmologie, in: Pannenberg, Bd.2, S. 77-138.
16. Vgl. den Beitrag Rahners: Die Theologie im interdisziplinären Gespräch der Wissenschaften, Schriften Bd. 10, Einsiedeln 1972, S. 89-103.
17. Davies [1986], S. 15

Literaturliste

Barth, Karl: Kirchliche Dogmatik, Zürich 1955.

Bohm, David: Die implizite Ordnung. Grundlagen eines dynamischen Holismus, München 1985.

Capra, Fritjof: Das Tao der Physik, München, 1987.

Davies, Paul: GOTT und die moderne Physik, München 1986.

Davies, Paul: Prinzip Chaos. Die neue Ordnung des Kosmos, München 1988.

Hawking, Stephen W.: Eine kurze Geschichte der Zeit. Die Suche nach der Urkraft des Universums, Hamburg 1988.

Haken, Hermann: Erfolgsgeheimnisse der Natur. (Synergetik: Die Lehre vom Zusammenwirken), Frankfurt 1984.

Heisenberg, Werner: Physik und Philosophie, Berlin 1959.

Janich, Peter: Grenzen der Naturwissenschaft, München 1992.

Jantsch, Erich: Die Selbstorganisation des Universums, München ^{4}1988.

Kant, Immanuel: Werke (Hrsg. W. Weischedel), Frankfurt ^{3}1982.

Lucadou, Walter von: Psyche und Chaos. Neue Ergebnisse der Psychokineseforschung, Freiburg 1989.

Link, Christian: Schöpfung: Schöpfungstheologie angesichts der Herausforderungen des 20. Jahrhunderts, Gütersloh 1991.

Lovelock, James: Das Gaia-Prinzip. Die Biographie unseres Planeten, München 1991.

Mayer-Kuckuk, Theo: Der gebrochen Spiegel. Symmetrie, Symmetriebrechung und Ordnung in der Natur, Basel 1989.

Moltmann, Jürgen: Gott in der Schöpfung. Ökologische Schöpfungslehre, München 1985.

Mutschler, Hans-Dieter: Spekulative und empirische Physik. Aktualität und Grenzen der Naturphilosophie Schellings, Stuttgart 1990.

Mutschler, Hans-Dieter: Physik, Religion, New Age, Würzburg ^{2}1992.

Pannenberg, Wolfhart: Systematische Theologie (2 Bände), Göttingen 1991.

Prigogine, Ilya: Vom Sein zum Werden: Zeit und Komplexität in den Naturwissenschaften, München 1979.

Prigogine, J. / Stengers, J.: Dialog mit der Natur, München 1981.

Rahner, Karl: Schriften zur Theologie in 15 Bänden, Einsiedeln 1954 ff..

Schaafs, Werner: Theologie und Physik vor dem Wunder, Wuppertal 1973.

Schelling, F.W.H. / Hegel, G.W.F.: Das sogenannte »Älteste Systemprogramm«. In: Frank, M. / Kurz, G.: Materialien zu Schellings philosophischen Anfängen, Frankfurt 1975, S. 110-112.

Schrödinger, Erwin: Die Natur und die Griechen, Hamburg 1956.

Schrödinger, Erwin: Meine Weltansicht, Frankfurt 1961.

Teilhard de Chardin, Pierre: Der Mensch im Kosmos, München 1969.

Wenzel, Aloys: Wissenschaft und Weltanschauung. Natur und Geist als Probleme der Metaphysik, Hamburg ^{2}1949.

Wenzl, Aloys: Die philosophischen Grenzfragen der modernen Naturwissenschaft, Stuttgart 1954.

Helmut Gärtner

Nicht-lokale Realität oder was ist Wirklichkeit?

Fragen eines Physikers

Der Versuch, Theologen und Naturwissenschaftler miteinander ins Gespräch zu bringen, ist schon oft unternommen worden. In der Regel bilden sich Arbeitskreise, die über ein gewisse Zeit zusammenbleiben, oder es werden gemeinsame Vortragsreihen, wie die gegenwärtige, veranstaltet, beides mit dem Ziel, zur Überwindung der von Snow[1] im Hinblick auf literarische (geisteswissenschaftliche) und naturwissenschaftliche Intelligenz konstatierten Aufteilung in »zwei Kulturen« beizutragen. Leider müssen diese Bemühungen, von partiellen Erfolgen abgesehen, im großen und ganzen bisher als gescheitert betrachtet werden. Die große Mehrheit der Theologen hält es nach wie vor mit Barth, der 1945 in seiner Kirchlichen Dogmatik schrieb: »Man wird mir vermutlich vorhalten, warum ich mich mit den in diesem Zusammenhang naheliegenden Fragen der Naturwissenschaft nicht auseinandergesetzt habe. Ich meinte es ursprünglich tun zu müssen, bis es mir klar wurde, daß es hinsichtlich dessen, was die heilige Schrift und die christliche Kirche unter Gottes Schöpfungswerk versteht, schlechterdings keine naturwissenschaftlichen Fragen, Einwände oder auch Hilfestellungen geben kann... Ich sah die für die Dogmatik sachgemäße Aufgabe hier in der Tat ausschließlich darin, jene 'Sage' nachzusagen, und ich fand diese Aufgabe dann doch auch schöner und lohnender als die dilettantischen Quälereien, denen ich mich im anderen Fall hätte hingeben müssen. Die Naturwissenschaft hat freien Raum jenseits dessen, was die Theologie als das Werk des Schöpfers zu beschreiben hat. Und die Theologie darf und muß sich da frei bewegen, wo eine Naturwissenschaft, die nur das und nicht heimlich eine heidnische Gnosis und Religionslehre ist, ihre Grenzen hat.«[2]

Diese klaren Worte Barths begründeten das friedliche, aber beziehungslose Nebeneinander, das für Jahrzehnte das Verhältnis der Theologen zu den Naturwissenschaften kennzeichnete. Was Barth riet und für sich praktizierte, entsprach der herben Weisheit des Volksmundes, wenn er dem Schuster rät, bei seinem Leisten zu bleiben.

Der am interdisziplinären Gespräch interessierte Physiker kann aber auch entgegenkommendere Einstellungen von theologischer Seite wahrnehmen. Im deutschsprachigen Raum ist vor allem der Münchener Systematiker Pannenberg zu nennen. Er schrieb schon 1970: »Die Kette von Niederlagen theologischer Apologetik gegenüber den Naturwissenschaften läßt die in den letzten Jahrzehnten zunehmende Vorsicht von Theologen, die sich hier nicht weiterhin die Finger verbrennen möchten, als verständlich erscheinen. Dennoch darf die Theologie nicht dem allzu bequemen Ausweg verfallen, eine Theologie der Schöpfung auf einer besonderen, ausschließlich theologischen Ebene zu entwickeln, die aller naturwissenschaftlichen Kritik unerreichbar ist, etwa als Auslegung der beiden ersten Kapitel der Bibel. Die Unerreichbarkeit für naturwissenschaftliche Kritik bedeutet nämlich zugleich die Irrelevanz der theologischen Aussagen nicht nur für die Arbeit des Naturwissenschaftlers, sondern auch für das mit Recht an den Ergebnissen der Naturwissenschaft orientierte Weltbild der heutigen Menschheit. Gerade die von der Naturwissenschaft erforschte Natur müßte von der Theologie als Schöpfung Gottes in Anspruch genommen werden. Aus diesen Schwierigkeiten hilft auch eine auf das Existentielle reduzierte Fassung der Schöpfungslehre nicht hinaus. Die Überzeugung, daß Gott »mich« geschaffen habe, kann nicht das für sich gewisse Fundament einer Schöpfungslehre bilden. Angesichts der unzweifelhaften Einbettung des einzelnen in den phylogenetischen Prozeß der Menschheit und mit ihr in das Geschehen der übrigen Natur bleibt die Behauptung, daß Gott »mich« geschaffen hat, eine gefühlvolle Übertreibung, wenn nicht andere Gründe als das subjektive Gefühl der Endlichkeit dahin drängen, das Naturgeschehen in Zusammenhang mit der Gottesfrage zu bringen. Das Bekenntnis zu dem Gott der christlichen Botschaft als dem Schöpfer von Himmel und Erde bleibt leer, bleibt ein bloßes Lippenbekenntnis, solange nicht mit guten Gründen behauptet werden kann, daß die Natur, mit der sich der Naturwissenschaftler befaßt, etwas mit diesem Gott zu tun habe.«[3]

Den Anspruch, »das Naturgeschehen in Zusammenhang mit der Gottesfrage zu bringen«, hat Pannenberg in seiner inzwischen vorgelegten Schöpfungslehre[4] eingelöst. In diesem Werk zeigt er, wie physikalische Begriffe, etwa der Feldbegriff, für theologisches Denken fruchtbar gemacht werden können.

Ein Moment in der Stellungnahme Barths verdient aber nach wie vor besondere Beachtung, gerade angesichts des vielleicht nun doch in Gang kommenden Austauschs zwischen Theologie und Naturwissenschaft, nämlich der Hinweis auf die »dilettantischen Quälereien«, die man beim Eindringen in den je anderen Bereich auf sich nehmen muß. Man muß nüchtern sehen, daß ein wissenschaftlichen Ansprüchen genügendes Gespräch wohl nur auf philosophischer Ebene sinnvoll ist. Das heißt aber, daß fachinterne Einsichten zunächst der sorgfältigen philosophischen Reflexion bedürfen, bevor das Fach übergreifende Schlüsse gezogen werden können, eine Forderung, die im Hinblick auf die Komplexität der in Rede stehenden Bereiche und der begrenzten Arbeitskraft des einzelnen Forschers nur schwer zu erfüllen ist. Hinzu kommt, daß beim gegenwärtigen Zustand der Philosphie nur schwer eine Ebene ausgemacht werden kann, die als Plattform für die Begegnung naturwissenschaftlichen und theologischen Denkens dienen könnte.

Gleichwohl müssen spekulative Grenzüberschreitungen vermieden werden, zu denen auch »philosophierende (theologisierende) Physiker« gelegentlich neigen, worauf Mutschler[5] nachdrücklich hingewiesen hat. Sie erfreuen sich zur Zeit großer Popularität, weil sie - häufig unter Einbeziehung fernöstlichen Gedankengutes - scheinbar helfen, das Bedürfnis nach Überwindung der sogenannten Sinnkrise zu befriedigen. Ungleich schwieriger ist es freilich, Resultate experimenteller Physik, die das Kriterium von Vertretern anderer Fachgebiete (Philosophie, Theologie) betreffen, auf ihre Bedeutung für ein allgemeines Weltbild zu befragen. Wenn das redlich und ohne Angst vor der Einsicht in die eigene Begrenztheit geschähe, sollte es aber möglich sein, von verschiedenen Standpunkten ausgehende Denkanstrengungen zu bündeln, um zu einem ganzheitlichen Denken zu kommen, wie es gegenwärtig zwar in aller Mund ist, aber noch nirgends erreicht wurde.

Ein allmählich über die Grenzen der Physik hinaus bekanntwerdendes Resultat experimenteller Forschung, das zur philosophischen Reflexion herausfordert, soll im folgenden vorgestellt werden. Es bestätigt erneut die Richtigkeit der Quantenmechanik und stellt unseren Alltagsverstand vor Rätsel, die mit den Stichworten "Nicht-Lokalität" oder "untrennbare Wirklichkeit" umschrieben werden. In großen Schritten wollen wir uns, der historischen Entwicklung folgend, dem Problem nähern, dessen Verständnis uns neue Einsichten in das Wesen der Wirklichkeit liefern könnte.

Klassische Physik

Von Aristoteles bis ins Mittelalter hinein beschränkte sich die Physik, besser gesagt die Naturphilosophie, auf die rein qualitative Beschreibung von Naturerscheinungen. Etwas Neues trat mit Galilei am Anfang des 17. Jahrhunderts hervor. Bei der Beobachtung fallender Körper vollzog er gedanklich den Schritt, vom Luftwiderstand zu abstrahieren, und entdeckte so die heute in jeder Anfängervorlesung demonstrierte Tatsache, daß alle Körper gleich schnell fallen. Durch Abstraktion von dem, was der Augenschein vermittelt, allgemein gültige Gesetzmäßigkeiten abzuleiten, ist ein Wesenszug der neuen Art der Naturbeschreibung. Ein zweiter ist das Experimentieren. Seit Galilei gibt man sich nicht mehr mit der Beobachtung der Natur zufrieden, sondern stellt der Natur mit geeigneten Instrumenten in heute oft komplizierten und aufwendigen Versuchsanordnungen Fragen. Abstraktion und Experiment sind die zwei Elemente der Galileischen Physik, die sie über die scholastische Physik des Mittelalters hinaus führten.

Die neue Art des Herangehens an die Natur, nämlich experimentell, hat ihren Eindruck weit über die sich darauf aufbauende Wissenschaft der Physik hinaus nicht verfehlt. Kant schreibt in einer berühmten Passage in der Vorrede zur zweiten Auflage der »Kritik der reinen Vernunft« (B XIV): »Die Vernunft muß mit ihren Prinzipien, nach denen allein übereinkommende Erscheinungen für Gesetze gelten können, in einer Hand, und mit dem Experiment, das sie nach jenen ausdachte, in der anderen, an die Natur gehen, zwar um von ihr belehrt zu werden, aber nicht in der Qualität des Schülers, der sich alles vorsagen läßt, was der Lehrer will, sondern eines bestallten Richters, der die Zeugen nötigt, auf die Fragen zu antworten, die er ihnen vorlegt.«

Was mit Galilei begann, wurde von Newton weiterentwickelt zur klassischen, oder wie wir auch sagen, Newtonschen Mechanik. Dieses Teilgebiet der Physik hat als Prototyp einer Wissenschaft schlechthin einen großen Einfluß auf das Denken der damaligen Zeit mit Auswirkungen bis in unsere Zeit ausgeübt. Das Ansehen der Physik als Wissenschaft und ihr Beiname »exakte Naturwissenschaft« beruhen nicht zuletzt auf den Erfolgen der Newtonschen Mechanik. Bei genauer Kenntnis des augenblicklichen Zustandes eines mechanischen Systems lassen sich alle zukünftigen Zustände berechnen. Dieser Determinismus ist kennzeichnend für die klassische Mechanik. Ihre Gesetze sind vernünftig und geben unserem Verstand Sicherheit. Tief beeindruckt von der Newtonschen Physik schrieb Kant: »Der Verstand schöpft seine Gesetze (a priori) nicht aus der Natur, sondern schreibt sie dieser vor«[6].

Die Fundamente der Newtonschen Mechanik (Kausalität, Determinierung, Berechenbarkeit) bewährten sich auch auf anderen Feldern der Naturforschung, insbesondere bei den elektromagnetischen Erscheinungen. So kann als Höhepunkt der klassischen Physik die Erklärung der Natur des Lichtes als elektromagnetische Wellen - theoretisch beschrieben mit den Maxwellschen Gleichungen und experimentell nachgewiesen in den Versuchen von Hertz - gesehen werden.

Um die Jahrhundertwende breitete sich die Vorstellung aus, daß es sich bei der Physik um eine im wesentlichen abgeschlossene Wissenschaft handelt. Dieser Ansicht tat auch die Existenz einiger ungelöster Fragen (Theorie der Wärmestrahlung, Stabilität der Atome u.a.), die man als kleinere, den Gesamtaufbau der Physik nicht bedrohende Probleme ansah, keinen Abbruch. Bei dem Versuch, eines dieser Probleme zu lösen, wurde die im nächsten Abschnitt besprochene Quantenmechanik initiiert, die mit neuen Begriffen und Denkwegen den Rahmen der klassischen Physik verläßt und mit großem Erfolg mikroskopische Phänomene beschreibt, die klassischer Betrachtung nicht zugänglich sind.

Der historischen Vollständigkeit halber sei erwähnt, daß etwa zur gleichen Zeit mit der speziellen Relativitätstheorie von Einstein[7] Grundbegriffe der klassischen Physik, nämlich Raum und Zeit, in neuem Licht gesehen und die Lichtgeschwindigkeit als höchstmögliche Signalgeschwindigkeit erkannt wurde. Auch die Entdeckung der Äquivalenz von Masse und Energie, die die weitere Geschichte der Physik so nachhaltig beeinflußt hat, ist eine Frucht dieser Theorie[8].

Quantenmechanik

Um die Abhängigkeit der von einem Körper ausgehenden Wärmestrahlung von der Temperatur und Wellenlänge quantitativ beschreiben zu können, stellte Planck[9] die Hypothese auf, daß die Strahlungsenergie nicht kontinuierlich, sondern sprunghaft in Energiequanten abgegeben wird. Diese Quantenhypothese, von der Planck zunächst annahm, sie spiele in der Physik nur vorübergehend eine Rolle, erwies sich auch bei der Erklärung anderer Phänome (z.B. lichtelektrischer Effekt) als tragfähig und wurde die Grundlage der in den zwanziger Jahren von Bohr,

Heisenberg, Born, Schrödinger und anderen ausgearbeiteten Quantenmechanik, die bis heute alle experimentellen Prüfungen bestanden hat.

Eine Version dieser, die mikroskopische Welt beherrschenden, Theorie wurde von Schrödinger angegeben. Sie arbeitet mit einer Wellenfunktion, die als Lösung einer Differentialgleichung, der Schrödinger-Gleichung, bei gegebenen Anfangs- und Randbedingungen alle Informationen über das Verhalten eines Objektes enthält, die zur physikalischen Charakterisierung erforderlich sind, also z.B. Werte für die Energie und den Impuls eines Teilchens. Ein gavierender Unterschied zur Beschreibung, wie wir sie aus der klassischen Mechanik gewohnt sind, besteht allerdings: Die Wellenfunktion liefert keine direkte Aussage über den Ort und Impuls des Teilchens, sie gibt nur an, welche Zustände möglich sind und mit welcher Wahrscheinlichkeit sie auftreten, sie läßt nur statistische Aussagen zu.

Zur Illustration dieser neuen Beschreibung der Wirklichkeit betrachten wir folgendes Beispiel: Beim radioaktiven Zerfall sendet ein Atomkern unter anderem Elektronen aus. Dieser Kernzerfall ist ein quantenmechanischer Prozeß, deshalb kann nicht mit Sicherheit vorausgesagt werden, in welche Richtung das Elektron den Kern verlassen wird, alle Richtungen sind gleichwahrscheinlich. Wie beschreibt die Quantenmechanik diesen Vorgang? Sie repräsentiert das Elektron durch eine Kugeloberfläche, die sich wie eine Ballonhülle mit dem emittierenden Kern als Mittelpunkt ausdehnt. Die Wahrscheinlichkeit, das Elektron an einer bestimmten Stelle auf der Kugeloberfläche anzutreffen, es etwa durch das kurze Aufblitzen eines Fluoreszenzschirmes nachzuweisen, ist für alle Punkte der Oberfläche gleich groß. Die die sich ausdehnende Kugeloberfläche darstellende Wellenfunktion gibt also nur die im vorliegenden Fall für alle Richtungen gleiche Wahrscheinlichkeit an, das Elektron an einem bestimmten Ort zu finden. In einer etwas unpräzisen Sprechweise sagt man gelegentlich, das Elektron sei über die Kugeloberfläche »verschmiert«. Das Elektron ist nicht verschmiert, lediglich die Wahrscheinlichkeit es anzutreffen, ist für alle Punkte der Kugeloberfläche gleich.

Allgemein formuliert können wir sagen, das Elektron befindet sich, solange wir seinen Ort nicht durch eine Messung (Leuchtschirm) festgestellt haben, in allen der nach Maßgabe der Wellenfunktion möglichen Zustände mit einer gewissen Wahrscheinlichkeit. Die Messung reduziert die Wellenfunktionen auf einen der möglichen Werte.

Der Erfolg der Quantenmechanik im Hinblick auf die Lösung konkreter physikalischer Fragestellungen beruht auf der Berechenbarkeit mikroskopischer Zustände unter Berücksichtigung des statistischen Charakters der Wellenfunktion. Ihre Begriffe und ihre Rechenmethoden sind die Grundlage der Kernphysik, Atomphysik, Festkörperphysik, um nur einige Teilgebiete zu nennen, die ohne Quantenmechanik nicht denkbar wären. Gleichwohl fällt es dem der klassischen Physik verhafteten Denken schwer, bei Anerkennung der praktischen Erfolge, mit dem Inhalt der quantenmechanischen Begriffe vertraut zu werden und ihre Bedeutung für unser Weltbild zu erkennen.

Besonders drastisch tritt der Bruch, den die Quantenmechanik mit der klassischen Physik bedeutet, in den von Heisenberg eingeführten Unbestimmtheitsrelationen zutage, nach denen es nicht möglich ist, bestimmte zueinandergehörige (konjugierte) Größen wie Ort und Impuls oder Energie und Zeit eines mikroskopischen Teilchens, z.B. eines Elektrons, gleichzeitig zu messen. Ein über die Unbestimmtheitsrelation »hinausgehender, genauerer Gebrauch der Wörter 'Ort, Geschwindigkeit', ist ebenso inhaltslos, wie die Anwendung von Wörtern, deren Sinn nicht definiert worden ist«[10], schreibt Heisenberg.

Kopenhagener Deutung

Die Frage, was der Inhalt der Quantenmechanik für unser Verständnis der Wirklichkeit bedeutet und die Frage, ob die Quantentheorie vollständig sei, also alle Aspekte der Realität erfasse, ist nach ihrem Aufkommen Gegenstand heftiger Debatten gewesen. Einen gewissen Abschluß fanden diese Diskussionen in den Jahren 1926/1927, als Bohr und Heisenberg in der sogenannten Kopenhagener Deutung sozusagen eine offizielle Lehrmeinung festlegten. Danach ist die Quantentheorie eine vollständige Theorie, das heißt:

1) Die Quantentheorie beschreibt die Wirklichkeit, nicht nur unsere Kenntnisse von ihr. Wenn sie einem Objekt keinen genauen Ort zuordnet, dann hat das Objekt keinen genauen Ort. Die klassischen Begriffe, wie Ort und Impuls, können auf mikroskopische Objekte nicht angewandt werden, sie sind in diesem Zusammenhang sinnlos.
2) Die Quantentheorie beschreibt die Wirklichkeit vollständig, eine kausale Ergänzung ist nicht möglich.

Die letzte Aussage, daß die Quantentheorie vollständig sei und keiner kausalen Ergänzung bedürfe, wurde 1932 von dem Mathematiker v. Neumann[11] in einem mathematischen Beweis untermauert, in dem allerdings Hermann[12] wenige Jahre später einen Zirkelschluß nachweisen konnte.

Einstein - Podolsky - Rosen

Zu den prominenten Physikern, die sich mit der Kopenhagener Deutung der Quantenmechanik nicht zufrieden geben wollten, gehörte Einstein. Er sprach von der »Heisenberg-Bohrschen Beruhigungsphilosophie« und brachte immer wieder Gegenargumente vor. Schließlich formulierte er mit Podolsky und Rosen im Jahre 1935 ein inzwischen berühmtes Gedankenexperiment, das häufig unsinnigerweise als Paradoxon bezeichnet wird[13]. Es geht von zwei Definitionen aus:

1) In einer vollständigen Theorie muß jedem Element der Realität ein Element der Theorie entsprechen.
2) Ein Element der Realität ist eine physikalische Größe, deren Wert mit Sicherheit vorhergesagt werden kann, ohne das System zu stören.

Betrachten wir nun folgenden Fall: Zwei Teilchen mögen zusammenstoßen und nach kurzer Wechselwirkung wieder auseinanderfliegen. Es besteht dann keine Wechselwirkung mehr zwischen ihnen. Quantenmechanisch läßt sich dieser Vorgang folgendermaßen beschreiben: Sind die Zustände der Teilchen vor dem Stoß bekannt, so besteht der Gesamtzustand der beiden Teilchen nach der Wechselwirkung aus einer Überlagerung aller möglichen Zustände, die die Teilchen einnehmen können. Eine Messung an einem Teilchen nach der Wechselwirkung reduziert die dem Gesamtzustand zuzuordnende Wellenfunktion, und wir können voraussagen, was eine darauffolgende Messung am zweiten Teilchen ergeben wird. Interessieren wir uns z.B. für zwei konjugierte Größen wie Ort und Impuls der Teilchen, so sind diese Größen wegen der Unschärferelation nicht gleichzeitig scharf meßbar. In dem Gedankenexperiment kann nach Messsung des Impulses von Teilchen 1 aus der Wellenfunktion des Gesamtzustandes der Impuls von Teilchen 2 vorhergesagt werden, der damit real ist. Analog liefert eine Messung des Ortes von Teilchen 1 den Ort von Teilchen 2. Somit ist für Teilchen 2 sowohl Ort als auch Impuls real, im Gegensatz zur Unschärferelation.

Einstein, Podolsky und Rosen folgerten aus diesem Befund, daß die Quantenmechanik zumindest keine vollständige Theorie sei. Mit dem gedanklichen Ausweg, daß eine Messung an Teilchen 1 den Zustand von Teilchen 2 beeinflussen könne, wollten sie sich nicht anfreunden. Eine solche Beeinflussung über beliebig große Entfernungen, die instantan, also ohne Zeitverzögerung erfolgen müßte, wurde von Einstein als »spukhafte Fernwirkung« verworfen, und Schrödinger kommentierte: »Direkt beeinflussen können einander Messungen an getrennten Systemen nicht, das wäre Magie.«

Bellsches Theorem und das Aspect-Experiment

Das Ergebnis des geschilderten Gedankenexperiments läßt zwei Möglichkeiten der Interpretation zu. Entweder die Quantenmechanik ist tatsächlich im Sinne von Einstein, Podolsky und Rosen eine unvollständige Theorie, oder die Welt ist "nichtlokal" und kann nicht in separierbare Elemente zerlegt werden. Einstein glaubte an eine "lokale Welt", in der Signale zwischen verschiedenen Orten höchstens mit Lichtgeschwindigkeit übertragen werden können und nicht instantan, wie es eine der Quantenmechanik entsprechende nichtlokale Beschreibung der Realität fordert.

Um zu einer Entscheidung zwischen den Alternativen - lokale Theorie ohne instantane Fernwirkung, Quantenmechanik mit nicht separierbarer Realität - zu kommen, stellte Bell 1964[14] ein Theorem auf, das der experimentellen Nachprüfung in Versuchsanordnungen, die dem erläuterten Gedankenexperiment ähnlich sind, zugänglich ist. In der Form mathematischer Ungleichungen macht das Theorem unterschiedliche Voraussagen hinsichtlich der Korrelationen zwischen entfernten Teilchen, je nachdem, ob eine lokale oder nichtlokale (quantenmechanische) Theorie zugrunde gelegt wird. In mehreren Experimenten, von denen insbesondere das von Aspect, Dalibard und Roger[15] hervorgehoben werden muß, wurde die Quantenmechanik eindrucksvoll bestätigt. »Das Ergebnis war das genaue Gegenteil von dem, was ich erhofft hatte« (Bell in einem Brief an N. Herbert).

»Was sollen wir nun hierzu sagen?«

Die Resultate von Aspect, Dalibard, Roger und anderen Experimentatoren haben in der physikalischen Öffentlichkeit, bei allem Respekt vor der technischen Leistung, nicht die Beachtung gefunden, die man vielleicht erwarten durfte. Sie bestätigen »nur« erneut die Richtigkeit der Quantenmechanik, von der aber ohnehin die große Mehrheit der Physikerinnen und Physiker überzeugt ist. Um so mehr gilt es nun, den gesicherten Inhalt der Quantenmechanik ernst zu nehmen und zu fragen, was er für das Verständnis der Wirklichkeit leisten kann.

Bevor wir diese Frage stellen, ist es gut, nochmals auf den eingangs zitierten Theologen Barth zu hören: »Eine recht belehrte exakte Wissenschaft hat aber mit der recht belehrten theologischen Wissenschaft dies gemeinsam, daß sie als solche keine Weltanschauung in sich schließt. Sie begnügt sich damit, Phänomene festzustellen, zu ordnen, zu verknüpfen, zu erforschen, zu verstehen und darzustellen. Sie entfaltet keine Ontologie des Kosmos. Wo sie das doch tut, da wird sie zur Dichtung, da hört sie auf, exakte Wissenschaft zu sein. Es liegt also gerade nicht in ihrem Wesen, dies tun zu müssen. Es gibt kein Weltbild der exakten Wissenschaft. Es liegt vielmehr in ihrem Wesen, auf solche Dichtung zu verzichten. Es handelt sich immer um ein Mißverständnis, wenn ihre Vertreter die Summe ihrer ihr Wissen jeweils begrenzenden Hypothesen nun doch als ein Weltbild - als 'das Weltbild der exakten Wissenschaft' ausgeben zu können, und wenn dann die Theologen diesem Gebilde in ängstlicher Verblüffung den Charakter einer unter allen Umständen zu respektierenden Wirklichkeitsoffenbarung zusprechen zu sollen meinen. Ihre Vertreter konnten und können auch nüchtern bleiben und also von aller Mythenbildung und Philosophie Abstand nehmen. Die auf Grund ihrer Erkenntnisquelle ihrem Gegenstand zugewendete, die schlicht arbeitende (und nicht träumende und dichtende) exakte Wissenschaft als solche ist faktisch reine Wissenschaft: rein in ihrer Unterscheidung von der Theologie, aber rein auch in ihrer Unterscheidung von aller Pseudotheologie, rein darin, daß sie sich an den Phänomenen genügen läßt, zum Bau von Weltanschauungen aber sich gerade nicht versteigt.«[16]

Die an die berühmte Pilatusfrage: »Was ist Wahrheit?« erinnernde Frage nach der Wirklichkeit kann nicht von einer Einzelwissenschaft, auch nicht einer »exakten« wie der Physik, beantwortet werden. Soweit ist Barth voll zuzustimmen. Was die Einzelwissenschaften dagegen leisten können, ist, zu einer Verschärfung und Zuspitzung der Frage beizutragen, indem sie ihre Resultate bekannt machen und darauf hinweisen, was sie für das allgemeine Denken bedeuten könnten.

Ohne der Versuchung zu erliegen, »Hypothesen nun doch als ein Weltbild - als 'das Weltbild der exakten Wissenschaft' aus(zu)geben«, kann festgestellt werden, daß die Quantenmechanik eine holistische Beschreibung der Wirklichkeit, in der »das Ganze etwas anderes ist als die Summe seiner Teile«, nahelegt. Diese Vermutung hat wenigstens für Labordimensionen (ca. 15 m) eine Bestätigung durch die experimentell beobachteten Korrelationen zwischen mikroskopischen Teilchen, die zunächst in Wechselwirkung standen, erfahren. Der weitergehende Schluß, daß alle Teilchen des Universums, die ja beim Urknall in engster Wechselwirkung waren, jetzt ein Quantensystem bilden, das in sich korreliert ist, hat zweifellos hohen spekulativen Reiz, kann sich aber nicht auf gesicherte physikalische Erkenntnis berufen.

In diesem Zusammenhang sind auch die Affinitäten zwischen Physik und Psychologie bemerkenswert, wie sie im Werk des Psychologen Jung zutage treten, worauf der an der Entwicklung der Quantenmechanik maßgeblich beteiligte Physiker Pauli[17] aufmerksam gemacht hat. Die Analogie zwischen den Korrelationen in den Experimenten zum Bellschen Theorem, das der 1958 gestorbene Pauli nicht mehr kannte, und den von Jung beschriebenen Synchronizitätsphänomenen ist frappierend. Unter Synchronizität versteht Jung das zeitliche Zusammentreffen zweier oder mehrerer psychischer und materieller Ereignisse, die nicht durch einen kausalen Zusammenhang, sondern durch ihren gemeinsamen gleichen Sinn verbunden sind[18].

»Was ist Wirklichkeit?« - Offen bleibt die die Einzelwissenschaften übersteigende Frage nach dem Grund, der die quantenmechanischen Korrelationen vermittelt und womöglich die Jungsche Synchronizität bewirkt, also durch Nicht-Lokalität oder Untrennbarkeit gekennzeichnet ist. Trotz der Beiträge, die die Quantenmechanik zur Erhellung partieller Aspekte der Wirklichkeit liefert, bleibt sie eine »verschleierte Wirklichkeit« (d'Espagnat) oder nach Paulus ein dunkles Bild, das wir durch einen Spiegel sehen.

*) Frau cand. phys. Karin Wenzel danke ich für klärende Hinweise bei der Abfassung des Manuskriptes.

Anmerkungen:

1. Vgl. C.P. Snow: Die zwei Kulturen, [2] Stuttgart 1967.
2. K. Barth: Die kirchliche Dogmatik, Band III, Teil 1, Zollikon - Zürich 1945, Vorwort.
3. W. Pannenberg: Kontingenz und Naturgesetz in Erwägungen zu einer Theologie der Natur, 1970, S. 35.
4. Vgl. W. Pannenberg: Systematische Theologie, Band 2, Göttingen 1991.
5. Vgl. H.-D. Mutschler: Physik-Religion-New-Age, Würzburg 1990.
6. I. Kant: Prolegomena zu einer jeden zukünftigen Metaphysik, Hamburg 1969, S. 79.
7. Vgl. A. Einstein: Ann. d. Phys. 17, 1905, S. 891.
8. Vgl. A. Einstein: Ann. d. Phys. 18, 1905, S. 639.
9. Vgl. M. Planck: Verh. Dtsch. phys. Ges. Berlin 2, 1900, S. 237.
10. W. Heisenberg: Physikalische Prinzipien der Quantentheorie, Mannheim / Wien / Zürich/ 1958, S. 11.
11. Vgl. J.v. Neumann: Mathematische Grundlagen der Quantenmechanik, Berlin / Heidelberg / New York 1981 (Reprint).
12. Vgl. G. Hermann: Die Naturwissenschaften 23, 1935, S. 718.
13. Vgl. A. Einstein, B. Podolsky und N. Rosen: Phys, Rev. 47, 1935, S. 777.
14. Vgl. J.S. Bell: Physics 1, 1964, S. 195; s. auch J.S. Bell: Speakable and unspeakable in quantum mechanics, Cambridge 1987.
15. Vgl. A. Aspect: J. Dalibard und G. Roger, Phys, Rev. Lett. 49, 1982, S. 1804.
16. K. Barth: Die kirchliche Dogmatik, Band III, Teil 2, Zollikon-Zürich 1948, S. 12.
17. Vgl. W. Pauli: Dialectica 8, 1954, S. 283.
18. Vgl. C.G. Jung und W. Pauli: Naturerklärung und Psyche, Zürich 1952; s. auch den kritischen Beitrag von A. Koestler: Die Wurzeln des Zufalls, Frankfurt 1974, S. 84 ff.

Friedrich Cramer

Ursprungsmythos, Zeit und Evolution

1. Sein und Werden

Eine neue *Wissenschaft vom Werden* ist im Entstehen, gewinnt erste Konturen, hervorgerufen durch die großen Fortschritte der Biologie, durch unsere wachsende Kenntnis irreversibler Systeme, durch neueste Arbeiten über Selbstorganisationsphänomene[1]. *Werden* und *Selbstorganisation* sind irreversible, dynamische Phänomene, die sich nur weit entfernt vom thermodynamischen Gleichgewicht abspielen können; sich selbst organisierende Systeme verbrauchen (=dissipieren) Energie, um ihre Form und Struktur ausbilden und danach aufrechterhalten zu können; sie sind *dissipative Strukturen.* Deshalb muß bei all solchen Systemen, nennen wir sie der Einfachheit *halber lebendige Systeme*, der Zweite Hauptsatz der Thermodynamik mit seinem *entropischen Zeitpfeil* berücksichtigt werden; das Lebendige hat eine *irreversible Dynamik.*

Reversibilität ist andererseits die unverzichtbare Grundlage der klassischen Physik von Descartes bis Einstein und Heisenberg, einschließlich der gesamten davon abgeleiteten Technik. Das Grundkonzept der Physik beruht auf einem *reversiblen* Zeitmodus für jede Art von Bewegung, so daß unter gegebenen Bedingungen die Bewegung jedes Körpers auf seiner Bahn (Trajektorie) berechnet und wiederholt werden kann. Der Verlauf der Zeit ist stetig, einförmig und absolut. Ohne diese Definition von Zeit kann man überhaupt keine physikalischen Bewegungsgesetze aufstellen; dies ist einer der wichtigsten Grundsätze von Newtons >Principia<. Dieses großartige Konzept (Newton wurde von seinen Zeitgenossen und noch Generationen später als Gigant bezeichnet) hat alle früheren Zeitkonzepte hinweggefegt, weil es überhaupt erst die klassiche Physik ermöglicht hat mit all ihren Konsequenzen, von der Dampfmaschine bis zur Atomenergie, von der Schußbahn-Berechnung bis zur Raumfahrt, von der mechanischen Rechenmaschine bis zum computerisierten Roboter. Der Newtonsche Paradigmenwechsel ist im wesentlichen ein Wechsel im Konzept der Zeit: Die 2000 Jahre alte Zeitphilosophie des Aristoteles wurde entthront: für ihn waren Bewegung und Werden die primäre Realität, und

Zeit war lediglich die Reflexion des jeweiligen Prozesses in unserem Denken, Zeit war also eine abgeleitete Größe, Zeit war »das berechenbare Maß oder die Dimension der jeweiligen Bewegung in Bezug auf das Vorher und Nachher«[2].

Newtons Zeitbegriff ist von kreisförmigen, in sich zurückkehrenden Bewegungen abgeleitet, wie etwa den Planetenbewegungen, oder von regelmäßigen Oszillationen, wie etwa den Schwingungen eines Quarzkristalls, oder von den Atomschwingungen des Cäsiums-Atoms. Je näher man einer absolut genauen Uhr kommt, um so besser läßt sich das Ideal einer absoluten und reversiblen Zeit verifizieren. Gegenwärtig ist eine Sekunde definiert als die Zeitdauer, in der das ^{133}Cäsium-Atom 9 192 631 770 Schwingungen vollführt.[3]

Obwohl unsere Welt durch die klassische Physik tiefgreifend verändert worden ist, kann in der klassischen Wissenschaft nicht wirklich Neues entstehen bzw. das Entstehen des Neuen verstanden werden. Durch immer neue Verfeinerungen, Analysen, Untersuchungen und Erfindungen werden im Sinne von Wittgenstein viele Rätsel gelöst (»Das Rätsel gibt es nicht. Wenn sich eine Frage überhaupt stellen läßt, so kann sie auch beantwortet werden«[4]. Aber *das Werden*, wie wir es heute in der Kosmologie, der Biologie, der Linguistik und in vielen anderen Wissenschaften zu verstehen versuchen, das *Auftauchen des Neuen* kann niemals durch die klassische Physik verstanden oder erklärt werden, weil es von vorneherein durch die Newtonschen Randbedingungen ausgeschlossen ist, und zu diesen zählt in erster Linie das Konzept der Reversibilität in einer absoluten Zeit. Der Newtonsche Kosmos ist statisch, er ist eine perfekte Erklärung des *Seins*, seine Welt ist ewig und unveränderlich. Der Schöpfer-Gott findet nach seinem Sechstage-Werk keinen Platz, keine Rolle mehr in seiner Welt, die aufgezogene Uhr läuft weiter. Der *Deismus* ist die entsprechende religiöse Einstellung.

Immanuel Kant hat, nach dem Stand des Wissens seiner Zeit, die erste kosmologische Theorie über die Entstehung des Planetensystems aufgestellt, die sich auf das ganze Universum erweitern ließt (Kant-Laplacesche Theorie)[5]. Seit Darwins Evolutionslehre, seit der Urknall-Theorie, seit wir mehr über Selbstorganisation wissen, seit wir Experimente in der Entwicklungsbiologie und Zellbiologie durchführen, wissen wir: *Die Welt ist ein irreversibler Prozeß*. Nicht: die Welt existiert, sondern: die Welt ereignet sich. In der Realität gibt es nichts, was sich nicht bewegt, insofern hat Heraklit recht. Was uns statisch oder repetitiv erscheint, alle Strukturen sind in Wirklichkeit nur Durchgangsstadien, auch unser Planetensystem, die ewige Newtonsche Uhr: Wir wissen, daß es entstanden ist und eines Tages kollabieren wird, um in irgendetwas anderes überzugehen. Irreversibilität und Werden sind direkt miteinander verbunden.

2. Die Dialektik der beiden Zeitmodi

Ich möchte für die Zeit eine zweifache Struktur vorschlagen: die zyklische, repetitive, reversible Zeit $\mathbf{t_r}$ und die pfeilartige, einmalige, irreversible Zeit $\mathbf{t_i}$.[6]

Reversible Zeit garantiert die Stabilität von Systemen auf jedem Niveau, etwa dem physikalischen (Sinus-Schwingungen), dem biologischen (Kreisläufe), dem psychischen (Vertrautes) oder sozialen (Riten, Rhythmen) Gebiet. Dieses Zeitkonzept ist im wesentlichen kongruent mit dem von Newton und der klassischen Physik. Alle stabilen Systeme gehorchen diesem Zeitmodus: Das Planetensystem, der Fahrplan der Bundesbahn, das regelmäßige Geräusch des Motors in unserem Wagen, die Periodik der weiblichen Menstruation, der regelmäßige Herzschlag, der Blutkreislauf, die metabolischen Zyklen unseres Stoffwechsels: Das alles verweist auf eine regelmäßige, gesunde, technisch funktionierende Struktur.

Offensichtlich gibt es aber auch eine irreversible Zeitform, in der die Ereignisse nicht wiederholt werden können, in der Strukturen aufgebaut oder zerstört werden. Geburt und Tod sind einmalige Ereignisse in der Zeit. Im Verlaufe der biologischen Evolution sind Arten entstanden und ausgestorben. Der menschliche Geist hat Ideen hervorgebracht, die bestimmende Faktoren für die zukünftige Menschheit und das Schicksal dieser Erde werden können (vgl. Tabelle 1). Seit der Mitte des letzten Jahrhunderts ist mit der Einführung des zweiten Hauptsatzes der Thermodynamik und des Entropiebegriffs die Irreversibilität ein - wenn auch weitgehend unverstandenes - Thema der Physik geworden. Leben spielt sich per definitionem weit entfernt vom Gleichgewicht ab, es verläuft in einer irreversiblen Zeit, wissenschaftlich ausgedrückt: Leben ist eine dissipative Struktur. Zwischen Newtonscher, d.h. klassischer Physik einschließlich der Quantentheorie und dem Zweiten Hauptsatz der Thermodynamik besteht eine unüberbrückbare Kluft, die der große Ludwig Boltzmann mit seinem H-Theorem zu schließen versuchte, wie man weiß ohne Erfolg, bis zur persönlichen Tragik.[7] Der zweite Hauptsatz ist das erste teleologische Naturgesetz nach und gegen Newton.[1]

In der Realität werden die beiden Zeitmodi t_r und t_i niemals völlig getrennt auftreten. Jeder im Prinzip ideale zyklische Prozeß wird kleinen Störungen unterworfen sein, die letzten Endes, wenn auch vielleicht erst nach sehr vielen Umläufen, zum Kollaps des Systems führen werden. Bekanntlich hat die moderne *Chaosforschung* als Ausgangspunkt eine Preisfrage der Schwedischen Akademie der Wissenschaften im Jahre 1888 gehabt, die lautete: »Wie stabil ist unser Planetensystem?« Die Frage wurde nach mehreren Jahren schließlich von dem genialen französischen Mathematiker Henri Poincaré in dem Sinne beantwortet, daß schon das Drei-Körper-Problem (und das Planetensystem hat ohne die Asteroiden und Monde mindestens zehn Körper) mathematisch nicht integrierbar ist und damit seine Zukunft unvorhersehbar wird. *Jedes dynamische System hat eine, hat seine Geschichte, seine Individualität.* Poincaré schuf das mathematische Konzept der Bifurkationsdynamik, das schließlich heute zur Physik des *deterministischen Chaos* geführt hat. Danach gerät früher oder später jede Rotation, jede zyklische Bewegung, jede Iteration, Oszillation oder Schwingung in eine räumliche und zeitliche Diskontinuität, von einer *Schwing-* in eine *Kipp*-situation. Die geläufigste Beschreibung ist das Modell des *Seltsamen Attraktors*, das von Meterologen zur Beschreibung nicht vorhersagbarer Turbulenzen aufgestellt wurde.[8] Was mit dem Seltsamen Attraktor gemeint ist, mag folgende Modellvorstellung erläutern: Ein Planet kreise um seine Sonne, »ungestört und ewig«. Da nähere sich irgendwann eine zweite, gleichgroße Sonne, die schließlich so nahe kommt, daß sie den Planeten mit der gleichen Kraft anzieht wie die ursprüngliche Sonne. Der Planet »weiß plötzlich nicht mehr« zu welcher Sonne er gehört, er taumelt wahllos zwischen zwei oder mehr Umlaufbahnen hin und her: es resultiert eine *chaotische Bewegung*. Kreisbahnen und Sinusschwingungen werden durch die irrationale Zahl $\pi = 3,141592...$ beschrieben, chaotische Übergänge bzw. Bifurkationen durch die Feigenbaumzahl $\delta = 4,669201...$. π steht gewissermaßen für zyklische Ordnung und Reversibilität, δ für Chaos und Irreversibilität. Mit diesen beiden universellen Zahlen kann man die beiden Zeitmodi, d.h. den irreversiblen Verlauf des Weltgeschehens im Prinzip beschreiben.[9] In unserer Modellvorstellung des Seltsamen Attraktors würde dann der hypothetische Planet schließlich im Schwerefeld der neuen Sonne (des neuen Attraktors) bleiben und dort wiederum eine reguläre Kreisbewegung (Sinusschwingungen) ausführen. Während der »Sprungperiode«, solange also die *Entscheidung noch offen ist*, hat die Bewegung natürlich noch eine gewisse Zyklizität: die beiden Zeitformen kooperieren und hängen voneinander ab. Die hier vorgeschlagene zweifache Struktur der Zeit kann im Prinzip auf jeden *lebendigen Prozeß* angewendet werden.

3. Struktur der Zeit und Mandelbrotprozeß

Es gibt kein ungestörtes zyklisches System. Sogar ein Wasserstoffatom mit seinen stabilen Eigenfrequenzen (im Bohrschen Atommodell die Umlaufbahnen des Elektrons) wird eines Tages in eine Sonne oder ein Schwarzes Loch fallen und dort irgendwelchen Kernreaktionen unterworfen sein. Alle zyklischen Prozesse sind Iterationen. Die Mathematik iterativer Prozesse hat in den letzten Jahren große Fortschritte gemacht. Die sogenannte Mandelbrot-Menge, auch Apfelmännchen genannt, entsteht in einem solchen iterativen Prozeß, den man mit der Iterationsgleichung

$$X_{n+1} = f((x_n) = X_n^2 + k_i$$

(__________________________)

beschreiben kann, worin k eine Konstante ist, die eine irrationale Zahl enthält. Bei bestimmten Verhältnissen von X und k entsteht nach vielen Iterationen in Serien von Bifurkationen die bekannte Mandelbrotmenge mit ihren bizarr-schönen Formen. Solche Figuren sind selbstähnlich und von fraktaler Dimension, das heißt, man kann ihre Ränder auch bei noch so hoher Auflösung nicht definieren, sie bilden die Grenze zwischen Ordnung und Chaos ab. Mandelbrot definiert die *fraktale Zeit* folgendermaßen: »Die Anzahl M(R) von Fehlern zwischen den Zeitpunkten 0 und r mißt die Zeit, indem sie solche Zeitpunkte zählt, in denen etwas Bemerkenswertes passiert. Sie ist ein Beispiel für eine *fraktale Zeit.*«[10]

Diese Definition von Zeit ist freilich vollkommen verschieden vom Konzept der Newtonschen Zeit, die gleichförmig dahinfließt und sich nicht um *bemerkenswerte Ereignisse* kümmert. Die fraktale Zeit ist aber eben diejenige Zeitform, die zur Beschreibung *neuer Ereignisse* erforderlich ist. Neue Ereignisse sind bemerkenswert, Prozesse wie Selbstorganisation oder Evolution und alle Prozesse des Lebendigen. Die Wissenschaft ist heute an einen Punkt gekommen, wo sie endlich die alte, vorwissenschaftliche Frage wieder neu stellen kann: *Wie entsteht Neues*? Die Newtonsche Wissenschaft (und das ist die gesamte Physik einschließlich der Quantenmechanik) kann nur die Frage stellen: Wie ist die Welt strukturiert, wie funktioniert sie? Die heute aktuellen Themen kommen aus der *Statistischen Dynamik, der Kosmologie, der Biologie, der Medizin, den Neurowissenschaften* und hier wird die Frage nach dem Neuen gestellt. Man könnte meinen, daß dies ein Rückweg zum aristotelischen Zeitkonzept sei und daß wir das Descartes-Newton-System wieder verließen. Ich bin nicht dieser Meinung. Jedes Konzept hat seinen Anwendungsbereich, erst die Kombination beider ergibt die neue Zeittheorie. Wenn man Strukturen behandelt, gilt die reversible Zeit t_r, wenn man dagegen Dynamik und Evolution behandeln will, gilt die irreversible Zeit t_i. In einer zukünftigen *Philosophie des Lebendigen* müßten Elemente der aristotelischen Philosophie des Lebendigen, wie sie sich z.B. bei Bergson andeuten, mit der mechanistischen Descartes-Newtonschen Philosophie verbunden werden. Kant hat sich in seinem späteren Werk Gedanken über eine Philosophie des Lebendigen gemacht; der Ausdruck *Selbstorganisation* stammt von ihm. In der *Kritik der Urteilskraft* schreibt er: »Daher bringt auch... noch weniger eine Uhr andere Uhren hervor, so daß sie andere Materie dazu benutzte (sie organisierte)«[11]. Hier ist die Tatsache, daß in der zyklischen Zeit, der Zeit der Uhren, nichts Neues entstehen kann, direkt angesprochen. Wir bemühen uns zur Zeit um eine *Philosophie des Lebendigen*, die Ergebnisse der modernen Biologie mit denen der *Chaosforschung* kombiniert.[12]

4. Zeit wird Struktur

Die beiden hier vorgeschlagenen Zeitmodi, t_i und t_r, kann man - getrennt - schon bei den Vorsokratikern finden. Wenn Anaximander im ältesten schriftlich überlieferten Dokument der griechischen Philosophie sagt: »Aus welchen (seienden Dingen) die seienden Dinge ihr Entstehen haben, dorthin findet auch ihr Vergehen statt, wie es in der Ordnung ist, denn sie leisten einander Genugtuung und Strafe gemäß der zeitlichen Ordnung«,[13] so ist damit ganz klar der Zeitmodus t_r angesprochen. Und mit Heraklits berühmten Wort: »Man kann nicht zweimal in denselben Fluß steigen«,[14] ist eindeutig die Zeit t_i gemeint. Mit der allmählichen Mechanisierung des Weltbildes seit dem ausgehenden Mittelalter und besonders mit Descartes und Newton wurden die offenen und vielfältigen, zum Teil bewußt widersprüchlichen und dialektischen Zeitkonzepte der griechischen Naturphilosophie nach und nach auf das zyklisch-repetitive Modell des Anaximander reduziert. Eine solche Reduktion ist jedoch die Voraussetzung für die Formulierung der Gesetze der klassischen Physik. Physik funktioniert nur mit linearen, reproduzierbaren Trajektorien, das heißt die Gesetze müssen invariant gegenüber der Zeitrichtung sein, $t = -t$. Zeit wird dadurch zu einer neutralen Maßzahl. Erst in der zweiten Hälfte des 19. Jahrhunderts, mit dem Konzept der Entropie (1886), hat man irreversible Prozesse wieder zur Erkenntnis genommen. Und seitdem müssen wir wieder die alte Frage stellen: *Was also ist die Zeit*? Die folgende, allerdings etwas unbefriedigende Antwort hat der Heilige Augustinus gegeben: *Wenn mich niemand darüber fragt, so weiß ich es; wenn ich es aber jemandem auf seine Frage erklären möchte, so weiß ich es nicht.*[15]

Eines jedenfalls ist gesichert: der Kosmos hat die Form eines Prozesses. Deshalb stellt sich die Frage: ein Prozeß von wo ausgehend und wohin führend? Nur wenn wir die Zukunft dieses Prozesses annähernd so gut kennten wie seine Vergangenheit, könnten wir diesen Prozeß vollständig beschreiben. Aber die Zukunft läßt sich physikalisch nicht voraussagen, da die Zeit sich über Bifurkationen entfaltet und einen irreversiblen, nicht wiederholbaren Verlauf nimmt. Das heißt aber: Der Kosmos ist ein unvollendeter Prozeß, der seine eigene Zukunft nicht kennt.

Das hat Konsequenzen für unsere Auffassung von Wahrheit. Wahrheit kann dann nur noch als ein Prozeß formuliert werden, der seine eigene Zukunft nicht kennt. Der Prozeß der Wahrheit ist nicht abgeschlossen, die reine, eine Wahrheit muß deshalb für uns immer verborgen bleiben. Der Begriff von Wahrheit umfaßt natürlich in der Philosophiegeschichte ein weites Spektrum, er reicht - etwas vereinfachend gesagt - von der absoluten Wahrheit des Idealismus von Plato und Hegel bis zum simplen »gentlemen agreement« des Empirismus. Wenn wir weiterhin an der alten Beziehung zwischen Sein und Wahrheit festhalten wollen, wie das auch in den modernen Ontologien von M. Heidegger und N. Hartmann der Fall ist, so muß man das Problem des

Seins für die dynamische, zeitlich evolvierende Welt umformulieren. Wenn Heidegger die folgende Frage zur Grundfrage der Metaphysik erklärt: *Warum ist überhaupt Seiendes und nicht vielmehr nichts?*[16] so müssen wir mit unserem dynamischen Zeitkonzept heute die Frage stellen: *Warum geschieht überhaupt etwas und nicht vielmehr nichts*? Wir wissen nur, daß die Zeit, wenn sie einmal in irgendeinem der möglichen Substrate begonnen hat - sei es das kosmologische, das thermodynamische, das biologische oder das historische -, zu prozedieren beginnt, und alle anderen Systeme dazu bringt, zu co-prozedieren entsprechend den individuellen Kriterien des jeweiligen Systems. Alle stabilen Strukturen, alles Seiende sind entweder zyklischer Natur oder harmonische Oszillatoren, und zwar nicht nur physikalische oder biologische, sondern auch soziale und geistige Strukturen. Diese Zyklen oder Schwingkreise stellen im Sinn der Chaostheorie *Iterationen* dar. Deshalb müssen sie früher oder später durch eine irreversible Bifurkation gehen. *Strukturen sind* in der Realität nichts als *Warteschleifen.*

5. Das Verhältnis von Zeit und Prozeß

Man könnte hier einwenden, daß ich nicht klar zwischen *Prozeß* und der *Zeit selbst* differenziere. Darauf kann ich entgegnen: »Die *Zeit selbst* gibt es nicht. Die *ab-solute Zeit*, nämlich die Zeit, die von jedem Substrat abgelöst ist, ist ein Newtonsches Artefakt. Das hatte schon Kant festgestellt, als er schrieb: Die Zeit ist nicht etwas, was für sich selbst bestünde oder den Dingen als objektive Bestimmung anhinge, mithin übrig bliebe, wenn man von allen subjektiven Bedingungen der Anschauung abstrahiert. ... Dagegen bestreiten wir der Zeit allen Anspruch auf absolute Realität, da(ß) sie nämlich, auch ohne auf die Form unserer sinnlichen Anschauung Rücksicht zu nehmen, schlechthin den Dingen als Bedingung oder Eigenschaft anhinge.«[17]

Ein Prozeß ist substantiierte Zeit, Zeit in einem bewegten Substrat. Zum Beispiel ist Geschwindigkeit definiert als Strecke pro Zeit, Leistung als Arbeit pro Zeit, Umsatz als materieller Flux pro Zeit, Radioaktivität als atomare Zerfälle pro Zeit. In diesen und vielen anderen Prozessen ist die Zeit die einzige gemeinsame Qualität in einer unendlichen Zahl von möglichen Prozessen. Deshalb können wir einfach von Zeit sprechen, ohne den jeweiligen, akzidentellen Prozeß anzugeben. Aber deswegen ist die Zeit noch lange nicht absolut, denn sie läßt sich nicht, wie oben ausgeführt, vom Substrat ablösen; *Zeit ist der gemein-*

same Nenner aller Prozesse. Auch in der Speziellen Relativitätstheorie gibt es keine isolierte, absolute Zeit. Zeit ist als *Raumzeit* untrennbar mit dem Raum verbunden; es könnte aber natürlich genausogut ein Energie- oder Materieprofil sein. Man kann versuchen, alle Prozesse *auf einen gemeinsamen Nenner zu bringen*, das ist dann der Versuch der Newtonschen »Principia«. Es erweist sich aber in den modernen Wissenschaften, daß die Welt zu vielfältig und zu stark rückgekoppelt ist, als daß sie auf einen gemeinsamen Nenner gebracht werden könnte. Wir haben deshalb die Theorie des Zeitbaumes und der Eigenzeiten entwickelt.

6. Der Zeitbaum - Eigenzeiten

Wie ist nun das Fortschreiten eines Prozesses in der Zeit und mit der Zeit zu verstehen? Schon eine oberflächliche Betrachtung zeitlicher Vorgänge zeigt uns, daß alle komplexeren Prozesse, vor allem die wichtigen Prozesse des Lebens von verzweigter Natur sind. Also ist *die Zeit* in ihnen *verzweigt.* Wenn wir einen Baum betrachten, ein Flußdelta, einen Blitz am Himmel, den Evolutionsstammbaum der biologischen Arten, dann beobachten wir den gleichen Formenkatalog. Obwohl die Systeme stofflich gänzlich verschieden sind und in vollkommen verschiedenen Zeitskalen ablaufen - von 10^9 Jahren bei der Evolution bis zu 10^{-3} Sekunden beim Blitz -, haben sie doch baumartige, verzweigte Strukturen. Mathematisch heißt das: sie gehen durch *Bifurkationen.* Am Bifurkations- (d.h. Verzweigungs-)-Punkt hat der Prozeß die freie Wahl, in der einen oder anderen Richtung zu verlaufen. Es ist die gleiche Situation wie beim Seltsamen Attraktor am Höhepunkt der »Zitterpartie«. Der Ausgang ist *grundsätzlich offen.* Ein baumartiges dynamisches System ist vor und nach den Verzweigungen streng deterministisch, dann geht es kurz vor der Bifurkation durch eine Chaoszone mit einem *irreversiblen Zeitsprung*, um sich schließlich wieder in einer linearen Umlaufbahn zu stabilisieren. Am Bifurkationspunkt ist die Zukunft offen. In der ganzen Erdgeschichte hat es keine zwei identischen Blitze gegeben. Die biologische Evolution könnte sich niemals in der gleichen Form wiederholen, sie ist eine Singularität. Nach diesem Baum- oder Evolutionsmodell kann man die Struktur aller komplexen, rückgekoppelten zeitlichen Prozesse - und alle realistischen Komplexe sind von dieser Art - darstellen. In den stetigen, strukturierten, »ungebrochenen« Zweigen verläuft die Zeit nach dem Modus t_r, jeder Zweig hat seine *Eigenzeit* oder *Eigenfrequenz*, z.B. den 24-Stunden-Rhythmus, die Pulsfrequenz oder die oben genannte Schwingung des Cäsium-Atoms. Irgendwann gerät diese iterative Eigenzeit (die Uhr des Systems) in die Situation eines Seltsamen Attraktors und gerät in eine chaotische Bifurkation. Hier gilt der Zeitmodus t_i, um sich danach wieder in der nächsten Eigenzeit zu stabilisieren. Mit der zunehmenden Differenzierung des Kosmos und seiner Geschichte *wächst der Zeitbaum*. Um ein Beispiel zu geben: Irgendein *kosmisches* Ereignis, ein Meteoriteneinschlag oder eine große vulkanische Staubwolke führte gegen Ende des zweiten vorchristlichen Jahrhunderts an der Nordsee zu einer Serie von Sturmflutkatastrophen und Meereseinbrüchen, die die dort wohnenden germanischen Stämme zwang, ihre Wohngebiete aus *klimatischen* Gründen zu verlassen. Deshalb brachen die Cimbern und Teutonen *kriegerisch* in das Römische Reich ein mit schweren *politischen* und *ökonomischen* Folgen. In der Schlacht von Verceia, 101 v. Chr., wurden sie von Marius *vernichtend* geschlagen, die meisten *getötet* und nur wenige, *zerstreute* konnten sich in entlegene Alpentäler retten. *Kosmos, Klima, Krieg, Politik, Ökonomie, Vernichtung, Tod und Zerstreuung* bilden einen *Zeitbaum*. Die einzelnen Zweige des Zeitbaums sind weder kohärent noch sind sie reversibel zu durchschreiten: Die trauernde Witwe des in der Schlacht von Verceia gefallenen römischen Legionärs hat keine Ahnung von Meteoriten.

Auf diese Weise prozediert das Universum in einer Art *Zeitgetriebe* zwischen relativ stabilen *Eigenzeiten*, t_r, die Stabilität garantieren, und diskontinuierlichen Zeitbrüchen, t_i, die die Möglichkeit zur *Innovation* geben. Deshalb kann man mit dem Prediger Salomo behaupten:

> Ein jegliches hat seine Zeit,
> und alles Vornehmen unter dem Himmel hat seine Stunde.
> Geboren werden und sterben,
> planzen und ausrotten, was gepflanzt ist,
> würgen und heilen, brechen und bauen,
> weinen und lachen, klagen und tanzen,
> Steine zerstreuen und Steine sammeln,
> herzen und ferne sein vom Herzen,
> suchen und verlieren, behalten und wegwerfen,
> zerreißen und zunähen, schweigen und reden,
> lieben und hassen,
> Streit und Friede hat seine Zeit ...

7. Naturwissenschaftliches und theologisches Weltbild

Sind die hier skizzierten, neuen Konzepte einer dynamischen, offenen Welt von transienten Strukturen, von Eigenzeiten, mit einem christlich-religiösen Weltbild vereinbar oder haben die Denkweisen sich nichts zu sagen oder widersprechen sie sich gar?

Nachdem Kant vor über zweihundert Jahren in der »Kritik der reinen Vernunft« gezeigt hat, daß die Existenz Gottes durch physikalische Theorien weder bewiesen noch widerlegt werden kann, wird niemand heute versuchen, göttliches Wirken in den Lücken der Forschung, im Unerforschten aufzusuchen. Ein solcher Lückenbüßer-Gott ist zudem in einer höchst prekären Situation: Wenn die betreffende Lücke, etwa in der Deutung der Quantentheorie, geschlossen würde, wäre Gott hinauskomplimentiert, und wenn gar, was ich nicht erwarte, die Grand Unifying Theory gefunden wäre, ist Er für alle Zeiten arbeitslos.

Stehen sich bei diesem »Kantschen Sachverhalt« deshalb Naturwissenschaften und Religion gewissermaßen teilnahmslos gegenüber? Ich glaube, daß das nicht so ist; die Welt ist immer ein Ganzes und gemeinsamen Zeitströmungen unterworfen. Die Aufklärung versuchte in naiver Weise mit der Religion »reinen Tisch« zu machen, die Romantik und der Idealismus haben häufig die Grenzen in unsauberer Weise verwischt, und der Positivismus hat unnötige Barrikaden errichtet, um nur drei Beispiele zu nennen. Die positivistische Position verlassen wir jetzt unwiderruflich. Das ist eine neue Situation. Wir wissen: Naturwissenschaft kann niemals die Sinnfrage stellen, aber sie darf immerhin *bis an die Grenze vorstoßen, wo die Sinnfrage in Erscheinung tritt.*[18]

Diese Grenze wird am deutlichsten dort, wo die Wissenschaft durch ihre eigenen Ergebnisse gezwungen wird, selbst über ihre axiomatischen Grundlagen nachzudenken. Das ist in der Physik bei der *Quantentheorie* der Fall, die bekanntlich einer *Deutung* bedarf (z.B. der Kopenhagener Deutung). Seit die Wissenschaft in den letzten Jahren den ernsthaften Versuch macht, das Leben physikalisch zu erklären, treten weitere begriffliche Schwierigkeiten auf. Ich will einige benennen:

Erstens: Der *Zweite Hauptsatz* der Thermodynamik, der den *Zeitpfeil* begründet und die Energie- und Informationsflüsse auch und gerade des Lebendigen regelt, ist letzten Endes physikalisch ungeklärt. Und man kann eine Erklärung von seiten der Physik auch gar nicht erwarten, Physik ist ja gerade darauf gegründet, daß die Zeit reversibel ist, wie ich oben ausgeführt habe; sie müßte sich ihre eigene Grundlage entziehen.

Zweitens: Es gibt keine grundsätzliche physikalische Erklärung der *Selbstorganisation*, die ja im Bereich des Lebendigen das wohl augenfälligste Phänomen ist. Offenbar hängt das mit unserer Auffassung von Materie zusammen, das Materiekonzept der Physik ist zu einfach.[19]

Drittens: Durch die *Chaostheorie* und einige andere neue Entwicklungen zeigt sich, daß einige *Grundkonzepte der Physik einer Revision* bedürfen: Eine ungestörte, reibungsfreie Bewegung gibt es in der Realität nicht. Wesentliche Strukturen sind nicht nach der euklidischen sondern nach der fraktalen Geometrie organisiert. Der Massenpunkt ist für viele Mikrostrukturen, insbesondere biologische, eine unerlaubte Vereinfachung.

Viertens: Physik befaßt sich ausschließlich mit dem *Gesetzmäßigen*, dem Allgemeinen. Zwar steht am Anfang der physikalischen Kosmologie die *Singularität* des Urknalls, die ein *Ursprungsmythos* ist von der gleichen Qualität wie alle anderen Schöpfungsmythen, vom Urknall an geht es aber gesetzmäßig weiter. Ich habe oben abgeleitet, daß *jedes einzelne Lebewesen eine Singularität* ist, vom einfachsten Bakterium bis zum Homo sapiens; Physik ist da nur sehr begrenzt anwendbar.

Brauchen wir also eine neue Physik? Wir müssen mindestens einige ihrer Grundlagen neu interpretieren. Das wird die bisherigen physikalischen Gesetze natürlich nicht außer Kraft setzen, aber sie könnten sich als Vereinfachungen, als Grenzfälle in einem weniger fundamentalistischen Denkgebäude erweisen, für das mit den hier vorgetragenen neuen Zeitkonzepten[20] oder mit Prigogines Überlegungen[21] oder mit Mandelbrots fraktaler Geometrie[21] gerade erste Grundsteine gelegt werden. Vielleicht entsteht eine *weichere Physik.* Das ist nicht »New Age« oder »Tao der Physik«; ich sehe es eher als einen Erweiterungs- und Reifungsprozeß in der Evolution der Wissenschaft selber an.

Was hat das mit dem Verhältnis von Naturwissenschaft und Religion zu tun? Eine selbstkritischere und in ihren Deutungsansprüchen weniger fundamentalistische Naturwissenschaft, die sich zudem darüber klar geworden ist, daß sie zur *Sinnfrage* nichts beizutragen hat, eine solche Wissenschaft kann sich gegenüber Religion viel freier verhalten. Das religiöse Bedürfnis, das nach unserer modernen christlichen Auffassung immer ein *Einzelbedürfnis* ist, braucht sich nicht mehr in der Scham-Ecke zu verkriechen; die Kompatibilität von Wissenschaft und Religion ist in einer *offenen Wissenschaft* wiederhergestellt.

Anmerkungen

1. Vgl. F. Cramer: Der Zeitbaum - Grundlegung einer allgemeinen Zeittheorie, Frankfurt a.M. 1993 sowie I. Prigogine, I. Stengers: Das Paradox der Zeit - Zeit, Chaos und Quanten, München 1993, engl. Edition: Time, Chaos and the Quantum - Towards the Resolution of the Time Paradox, in preparation.
2. Aristoteles: Physics IV, 11, 219 B, 1-2, Oxford 1947.
3. Vgl. G.J. Withrow: The Measurement of Time: Ist Role in Scientific Thought since Galileo, Interdisciplinary Science Reviews 16, p. 367-373 (1991).
4. L. Wittgenstein (1991): Tractatus logico-philosophicus 6.5, Frankfurt [8] 1971
5. Vgl. I. Kant: Allgemeine Naturgeschichte und Theorie des Himmels oder Versuch von der Verfassung und dem mechanischem Ursprunge des ganzen Weltgebäudes, nach Newtonischen Grundsätzen abgehandelt, Königsberg/Leipzig 1755, Al ff.
6. Vgl. F. Cramer, a.a.O. [wie Anm. 1].
7. L. Boltzmann: Über die Unentbehrlichkeit der Atomistik in der Naturwissenschaft, Annalen der Physik und Chemie 396 (1897) p. 232-247. sowie K. Popper: The Unended Quest. An Intellectual Autobiography. London 1974.
8. Vgl. E.N. Lorenz: Deterministic Nonperiodic Flow, J. Atmos. Sci. 20 (1963) p. 130ff.
9. Vgl. F. Cramer: Chaos und Ordnung - Die komplexe Struktur des Lebendigen, Stuttgart 1991; engl. Translation: Chaos and Order - The Complex Structure of Living Systems, Weinheim 1993.
10. B. Mandelbrot: Die fraktale Geometrie der Natur, Basel 1987. S. 90.
11. I. Kant: Kritik der Urteilskraft § 65 A289 (B 293).
12. Vgl. F. Cramer u. W. Kaempfer: Die Natur der Schönheit - zur Dynamik der schönen Formen, Frankfurt 1992.
13. Anaximander: Fragment B1 nach der Numerierung von H. Diels: Die Fragmente der Vorsokratiker, Hamburg 1957.
14. Herakleitos: Fragment 91 nach der Numerierung von H. Diels: Die Fragmente der Vorsokratiker, Hamburg 1957.
15. Augustinus: Confessiones Lib. XI.
16. M. Heidegger: Was ist Metaphysik, Bonn 1929.
17. I. Kant: Kritik der reinen Vernunft, Transzendentale Ästhetik, §6 (B 49, A 33 and B 52, A 35), Wiesbaden 1956, p. 80-82.
18. Vgl. F. Cramer, a.a.O. [wie Anm. 1], S. 58.
19. Vgl. a.a.O., S. 112-115.
20. Vgl. F. Cramer, a.a.O. [wie Anm. 1].
21. Vgl. I. Prigogine, a.a.O. [wie Anm. 2].
22. Vgl. B. Mandelbrot, a.a.O. [wie Anm. 10].

Tabelle 1: **Zeitschema**

Reversible Zeit t_r	Irreversible Zeit t_i
periodische, zyklische strukturierte Systeme	chaotische, verzweigte evolvierende Systeme
Maßzahl $\pi = 3{,}141...$	Maßzahl $\delta = 4.669...$
Uhren	Urknall
Atome	Supernova
Galaxien	Vulkanismus
Planetensysteme	Mutation
Pulsare	Evolution
Tag-Nacht	Geburt
Jahreszeiten	Krankheit, Altern
Zugfahrplan	Tod
Zellteilung	Geschichte
Metabolische Zyklen	Revolution
Herzrhythmus	Ideen
Neuronale Spikes	Träume
Rituale	Freude-Angst
Generationen	Kunst

Jürgen Hübner

Die Wirklichkeit der Natur im Streit zwischen Religion und Wissenschaft

I.

Was ist die Wirklichkeit der Natur? Ich will mich dieser Frage und ihrer Beantwortung nähern, indem ich einen Blick auf die Geschichte werfe und dabei wichtige Phasen der Entwicklung markiere. Wie sind Menschen mit der Natur umgegangen? Im Blick ist dabei zugleich die Frage nach der Geschichte der Menschheitsentwicklung (wobei ich mich hier freilich auf eine abendländische Perspektive beschränken muß). Manche Momente der Menschheitsgeschichte kehren auch in der individuellen Entwicklung der einzelnen Menschen wieder. So spielen auch im Streit oder im Diskurs zwischen Religion und Wissenschaft immer wieder neu Elemente dieser Geschichte eine Rolle. Das bedeutet: Wir können nur lernen, wenn wir uns dieser Geschichte zuwenden.

Zunächst ist die Natur wesentlich auch als Bedrohung empfunden worden. Schon ein Blick auf das Tierreich zeigt, wie das gesamte Verhalten von der Wirklichkeit ständiger Bedrohung her gesteuert wird. Ein Vogel, der Nahrung sucht und etwas Eßbares entdeckt hat oder zum Füttern ein Nest anfliegen will, sichert und schaut erst einmal um sich, und das über mehrere Etappen hin, bevor er sein Vorhaben ausführt. Auch wer einmal eine Eidechse beobachtet hat, weiß um solche Sicherungsmechanismen. Sie begegnen uns selbst bei Insekten. Am deutlichsten wird das natürlich bei den Säugetieren: Das Reh, das aus dem Wald hervortritt, ist in ständiger Fluchtbereitschaft.

Auch der Mensch hat an diesem Erbe teil. Deshalb ist in Genesis 1,28 auch von »herrschen« (einige übersetzen: »niedertrampeln«) die Rede. Die Jäger und die Sammler müssen sich ständig ihrer Gefährdung durch die Natur, die sie umgibt, bewußt sein. Anders können sie nicht überleben. Das wird mit der Seßhaftwerdung nicht anders. Hier können aber wirksame Schutzmaßnahmen ergriffen werden. Die frühen und einfachen Bauten bis heute machen das deutlich: Dörfer sehen im Nahen Osten oder etwa in Afrika aus wie Festungen. Auch die Äcker müssen durch »Einfriedungen« geschützt werden. Der nächste Entwicklungsschritt ist die Stadt. Auch sie ist bis in die Neuzeit hinein wehrhaft ummauert. Sie setzt sich ab von der bedrohlichen umgebenden Natur, sie ist aus ihr gewissermaßen ausgegrenzt. Das Land der Umgebung einschließlich derer, die es bebauen, werden dafür dienstbar gemacht, und dazu müssen sie unterworfen werden.

Bedrohlich werden freilich in dieser Entwicklung immer mehr die eigenen Artgenossen, die Mitmenschen, mit denen man zusammenleben muß. Aggressionshemmende Mechanismen, die regulierende Funktion für das Zusammenleben bei Tieren haben, nehmen mit dem Aufbrechen des Selbstbewußtseins ab. Jetzt werden gezielte Überlebensstrategien entwickelt. Es kommt zu bewußt geplanten Kriegen. Das gibt es nur unter Menschen. Kriege werden aber zunächst immer noch und immer wieder als etwas Naturhaftes angesehen. Das gilt hin bis zu modernen Wirtschaftskriegen. Darüber hinaus finden aber auch sie in dem Lebenszusammenhang statt, den wir Natur nennen: Sie werden von Naturgegebenheiten beeinflußt und wirken auf die Natur zurück. Auch die Produkte der Technik sind schließlich ein Stück Natur, gleichviel, ob sie zu kriegerischen oder friedlichen Zwecken eingesetzt werden. Das technische Naturverhältnis des Menschen ist so etwas wie eine zweite menschliche Natur.

Die Furcht vor der Natur spiegelt sich ursprünglich wider in der Religion. Die Verehrung von Tieren, auch die Ausgrenzung heiliger Pflanzen gehört in diesen Zusammenhang. Urtümliche Jagdriten reflektieren Naturzerstörung: Bei den Buschmännern leidet der Jäger wie von dem eigenen Giftpfeil getroffen, so lange, bis das Tier seiner Verwundung erlegen ist und noch darüber hinaus. In den Bäumen lebten vielfach die Ahnen. Der Indianer entschuldigt sich vor einem Baum, wenn er ihn fällen muß. Die Naturgottheiten schützen den Lebenszusammenhang der Welt. Das gilt von Fruchtbarkeitsgöttern, Muttergottheiten bis hin zu den Hochgottheiten. Aphrodite repräsentiert die kosmische Macht in Griechenland. Als Göttin des Meeres und des Wachstums wacht sie über den Naturzusammenhang. Sie unterhält heilige Gärten und offenbart sich im Leben der Tiere und Menschen, dort auch bis zum Wahnsinn der Liebe. Artemis als Göttin der Jagd wacht ihrerseits über die Natur. Ihr wird auch die Heimsuchung der Frauen zugeschrieben: »Zeus hat sie zur Löwin für die Frauen gemacht und ihr gegeben zu töten, welche sie will« (Homer, Ilias). Apollon dagegen erscheint als gebieterischer Wille zu Einsicht, Maß und Ordnung. Er wird deshalb erfahren als der Reinigende. Hier wird die »Unermeßlichkeit des Wirklichen als eine einzige anbetungswürdige Idee der Gottheit« offenbart (Walter F. Otto). Der Bund zwischen Dionysos, dem Gott der wiederkehrenden Urwelt und Apollon umfaßt das ganze Ausmaß der Welt.

Dieses zugleich Bedrohliche und Bergende der Naturerfahrung, wie es sich in religiösen Gottesvorstellungen und Kulten artikuliert, kehrt - in gewisser Weise postmodern - in der Gegenwart wieder. Wissenschafts- und Technikkritik führen zur Wiederbelebung religiöser Traditionen, oft freilich in der gleichen Zwiespältigkeit und Ambivalenz, die auch bei den alten Religionen zu beobachten ist. Sie vermitteln Geborgenheit wie gleichzeitig das Bewußtsein des Ausgeliefertseins. In der New-Age-Bewegung lassen sich solche Momente wiederfinden. Besonders deutlich ist das in der von Jim E. Lovelock entwickelten »Gaia-Hypothese«, die zu einer eigenen Religion mit eigener Überlebensstrategie ausdifferenziert worden ist.

Demgegenüber dominieren in der Glaubensüberlieferung Israels und dann in der jüdischen und christlichen Tradition die Rettungserfahrungen, die Errettung aus den Bedrohungen der Natur und der konkurrierenden Menschenvölker. Paradigmatisch dafür sind die Rettungserfahrungen des Exodus aus Ägypten, durch das Rote Meer, die Wüste bis hin zum Einzug in das palästinensische Kulturland. Der Auszug aus Ägypten bis zur Landnahme in Palästina ist eine einzige Kette von Bedrohungs- und Errettungsgeschehnissen: Von Hunger, Durst, wilden Tieren und Feinden (den Amalekitern) ist in Exodus 16-17 die Rede. Gegebenheiten der Natur erscheinen hier als Geschenk, Naturereignisse ebenso wie der neue Lebensraum des Kulturlandes.

Die Erfahrung, daß Menschen in der Natur leben können, wie sie im Alten Testament artikuliert worden ist, ist als »Grundgeschehen« (G. Liedke im Anschluß an C. Westermann) bezeichnet worden. Damit ist ein ursprünglicher Naturbezug angesprochen, der menschliches Leben bestimmt und in den es eingebettet ist, der zugleich aber auch die Unterwerfung, Veränderung und Gestaltung der Natur umfaßt. Die Welt wird hier als Schöpfung verstanden, als Schöpfung des Gottes, dem sich menschliches Leben, erfahren in der Gemeinschaft des Volkes Israel, verdankt. Wird die Welt als Schöpfung verstanden, so bedeutet das zugleich eine Entdämonisierung der Natur. Natur als Schöpfung ist nichts anderes als das Angebot des Lebens, das es im Zusammenleben von Mensch und Natur wahrzunehmen gilt.

Dieses Verständnis der Wirklichkeit der Natur schlägt sich nieder auch in Weltbildern. In Genesis 1 ist von der Erde und dem Firmament über ihr die Rede, eine Welt, die einen Lebensraum inmitten des andrängenden Chaos, repräsentiert durch die Wasser über dem Himmel und unter der Erde, gewährt. Dieser Lebensraum, von Gott geschaffen, hat das Bergende einer Heimat für die Menschen. Sie können sich in der Welt als Schöpfung von Gott behütet verstehen. Das ist Anlaß zu Staunen, Lob und Dank, wie es die Bibel artikuliert. Der Mensch ist dann aber auch Mandatar Gottes. Aus der Unterwerfung der Natur in ihrer Bedrohlichkeit erwächst die Verpflichtung, für sie zu sorgen, sie nicht nur zu bebauen, sondern auch zu bewahren, sie bei aller Gestaltung auch zu erhalten und zu ihrer Entfaltung beizutragen. Dem hat dann schließlich auch die Wissenschaft zu dienen.

In Begegnung mit der griechischen Tradition ist das jüdisch-christliche Schöpfungsverständnis dann weiter weltbildhaft expliziert worden. Die Natur begegnet hier als kosmischer Beziehungszusammenhang. Die Welt ist geometrisch geordnet. Vier Elemente, vier Körpersäfte, vier Temperamente entsprechen den Tages- und Jahreszeiten. Geometrische und musikalische Harmonien bilden die Grundstruktur des Universums. An den gestalterischen Kräften, die damit verbunden sind, hat das menschliche Leben teil. Auch das kann als Gottes besondere Gabe verstanden werden, als Gabe für die Gestaltung und Erfüllung menschlichen Lebens. Eine solche Weltanschauung kann in vielerlei Hinsicht differenziert werden. Eine Fülle solcher Beispiele begegnet im Mittelalter.

Ein Grundelement der griechischen und dann der mittelalterlich-christlichen Kosmologie sind die - wiederum vier - Ursachenzusammenhänge, die das Weltgeschehen bestimmen: Wirk- und Zielursache (causa efficiens und finalis) sowie Materie und Form (causa materialis und formalis). Die Wissenschaft, die sich im Abendland entwickelt, nimmt sie auf. Sie konzentriert sich freilich auf die Wirkursachen. Das führt die Gefahr herauf, die anderen Elemente der Wirklichkeit aus den Augen zu verlieren. So kann Wissenschaft zerstörerisch werden. Das beklagen wir im Zusammenhang der gegenwärtigen ökologischen Krise.

Führte in der biblischen Tradition die Aufgabe, die Schöpfung zu bebauen und zu bewahren, auch zur Notwendigkeit, Wissenschaft in Dienst zu nehmen und weiterzuentwickeln, so ist umgekehrt von der Entwicklung der Wissenschaft her, die sich auf Wirkursachen beschränkt hat, der Anschluß an ihre Herkunft und ihren philosophischen und religiösen Kontext wiederherzustellen. Das betrifft auch die Motivation moderner Wissenschaft, die aus dem jüdisch-christlichen Glauben heraus erwachsen ist. Die Väter der modernen Naturwissenschaft, Kopernikus, Kepler, Galilei, Newton, verstanden ihre wissenschaftliche Arbeit als Priesterdienst am Buch der Natur, neben dem Buch der Bibel, Quelle göttlicher Offenbarung, hier der Gottesoffenbarung der Natur. Wissenschaft war für sie die Aufgabe, Gottes Schöpfungsgedanken nachzudenken. Vorbereitet ist das in der Theologie der Kirchenväter und in der theologischen Tradition des Mittelalters und seiner Frömmigkeit. An den Schöpfungsdarstellungen der Buchmalerei und in der Kunstgeschichte von Architektur und bildender Kunst läßt sich das nachbuchstabieren. Die romanische Klosterkirche und die gotische Kathedrale bilden die Schöpfung so ab, wie sie gemeint war und wie sie im himmlischen Jerusalem zu erwarten ist. Das macht das mittelalterliche Weltbild aus. Die hier dargestellte und festgelegte Hierarchie des Kosmos reicht bis in die Ethik. Das Modell der Güterabwägung folgt noch heute diesem Schema.

II.

Für das Verständnis der Wirklichkeit von Natur hat es eine Wende gegeben, deren Folgen kaum unterschätzt werden können: die Wende von einem realistischen Wirklichkeitsverständnis zum Nominalismus. Im Sinne der Tradition, gerade auch der religiösen Tradition, und auf der Höhe des Mittelalters, der Philosophie Thomas von Aquins glaubte man, durch Wissenschaft und Kunst die Wirklichkeit so wahrzunehmen, wie sie in Wahrheit ist. Das thomistische Weltbild gab die Welt so wieder, wie man sie zu erkennen vermeinte. Der Nominalismus dagegen - einer seiner wichtigsten Vertreter ist Wilhelm von Ockham - unterschied zwischen der Wirklichkeit und den Begriffen und Vorstellungen, die wir uns von ihr machen. Danach folgt das begriffliche Denken seiner eigenen Gesetzlichkeit, die zwar mehr oder weniger Anhalt an der Wirklichkeit hat, diese jedoch nicht, zumindest nicht vollständig so erfassen kann, wie sie ist. Weltbilder sind also wirklich nur Bilder von der Welt, sie entwickeln und vermitteln Vorstellungen über die Welt, stellen aber nicht die Welt selbst in ihrer Einheit dar. Alles Wissen ist demnach partiell, nur ein Aspekt dessen, was es gibt. Man darf deshalb spekulieren, ohne doch dabei schon bei der Wahrheit zu sein. Alles

Wissen steht unter dem Vorbehalt, daß es in Wirklichkeit auch anders sein könnte.

In der Wissenschaft hat sich der Nominalismus durchgesetzt. Wissenschaft bleibt grundsätzlich hypothetisch; alle wissenschaftlichen Erkenntnisse sind damit grundsätzlich falsifizierbar. Sie können widerlegt werden. Dementsprechend bildet die Wissenschaft zunächst Hypothesen zu bestimmten Sachverhalten, versucht die Hypothesen zu belegen und zu beweisen, um ihre Wahrscheinlichkeit zu erhöhen. Bestätigte Hypthesen werden dann zu Theorien ausgebaut, die einen weiterreichenden Gültigkeitsanspruch erheben können, aber auch die bestbewährten Theorien bleiben im Prinzip falsifizierbar. Sind theoretische Modelle mit Beobachtungen der Wirklichkeit und experimentellen Forschungen nicht mehr hinreichend vereinbar, kann es zum Umbruch des ganzen Weltbildes kommen. Das ist das, was Thomas S. Kuhn einen Paradigmenwechsel genannt hat. Der Übergang vom ptolemäischen zum kopernikanischen (oder besser: brunoischen) Weltbild ist ein solcher Paradigmenwechsel. Die gegenwärtige Vielzahl von Theorien über das Universum zeigt, wie hinfällig wissenschaftliche Theorien sein können. Wenn man durch sie die Wirklichkeit der Natur letztgültig erfaßt wissen wollte, würde man in relativ kurzer Zeit enttäuscht. Insofern hat sich der Nominalismus bewährt.

Naturwissenschaft kann also schwerlich Lebensorientierung in einem umfassenden Sinn, existentielle Sinnerhellung bieten. Schon Karl Barth hat deshalb davor gewarnt, auf wissenschaftlichen Theorien so etwas wie eine Weltanschauung aufbauen zu wollen. Gleichwohl brauchen wir ein Weltbild, um uns in unserem Lebenszusammenhang zurechtfinden zu können. Weltbilder sind aber relativ und bedürfen der ständigen Überprüfung.

Zur modernen Naturwissenschaft gehört die Technik. Erst in der Neuzeit ist der Techniker als Künstler anerkannt worden. Im Altertum und auch noch im Mittelalter war er bestenfalls so etwas wie ein Handlanger. Jetzt gewinnt die Technik ihr eigenes Gewicht. Sie setzt Naturerkenntnis um und bietet Möglichkeiten, neue zu gewinnen. Mit Hilfe der Technik kann man probieren und experimentieren. Damit können wissenschaftliche Hypothesen bewiesen oder widerlegt werden. Naturwissenschaft und Technik sind miteinander verschwistert.

Diese Konstellation hat heute zur Technikkritik und darüber hinaus zur Kritik an der Naturwissenschaft überhaupt geführt. Heutige Großtechnik zerstört die Natur, und das kann bis zur Zerstörung von Lebensgrundlagen führen. Das wird aber nur dann der Fall sein, wenn sich Naturwissenschaft und Technik verselbständigen und nicht mehr berücksichtigen, daß sie selbst ein Stück Natur sind, in dem und von dem sie leben. In der »realistischen« Tradition ist das gegen den Nominalismus bewahrt, und deshalb ist ein solches Wirklichkeitsverständnis bis heute nicht überholt. Das gilt auch für das Wirklichkeitsverständnis der Religionen. Es kommt vielmehr darauf an, deren Wahrheitsgehalt neu zur Geltung zu bringen. Dabei muß man jedoch ideologischen Einseitigkeiten entgegentreten, insbesondere, wenn im Gegenzug dem Nominalismus jedes Wahrheitsmoment abgesprochen wird.

Die heutige Umweltkrise, zugleich verstanden als Krise von Naturwissenschaft und Technik, wird in der gegenwärtigen Diskussion vielfach dem Philosophen Descartes oder dem Cartesianismus, der Denkweise seiner Anhänger angelastet. Im Weltbildwandel vom geschlossenen zum offenen Universum bedurfte es jedoch der Selbstvergewisserung des Menschen, der Vergewisserung seiner Bedeutung und seines Ortes im Universum. Nach Giordano Bruno gibt es eine unendliche Vielzahl bewohnter Welten. Die unsere ist vor anderen nicht besonders ausgezeichnet. Lebte der Mensch bislang im Mittelpunkt des Kosmos, so mußte diese neue Sicht des Universums eine gefährliche Verunsicherung des Menschen bedeuten. Descartes versuchte dieser Bedrohung Herr zu werden, indem er die Denknotwendigkeit des menschlichen Ichs bewies: cogito ergo sum; ich denke, also bin ich. Das so seiner selbst vergewisserte Subjekt stellt sich im Erkennen die Welt als Objekt gegenüber. Damit war ein Koordinatensystem gewonnen, von dem her die Erkenntnis der Wirklichkeit neu aufgebaut werden konnte. Mit Hilfe des methodischen Prinzips der Vereinzelung konnte Baustein für Baustein, Argument für Argument auch die Wirklichkeit der Natur neu rekonstruiert werden. Um argumentieren zu können, mußte man im Bereich der rationalen Vernunft bleiben. Die Wissenschaft mußte sich damit auch von der Religion absetzen. Sie wurde ihrerseits zum Instrument der Selbstvergewisserung des Menschen. Der Rationalismus wurde zur Weltanschauung. Zu ihrem Teil hat die Wissenschaft davon erheblich profitiert und vieles, ja die ganze Welt so verändern können, wie sie uns heute begegnet.

Heute sehen wir freilich nicht nur Erfolge, sondern auch die problematischen Folgen des Fortschritts von Wissenschaft und Technik. Als

Gegenmodelle werden holistische, »ganzheitliche« Weltanschauungen entwickelt, die selektiv aus den Quellen religiöser Überlieferungen schöpfen und neu versuchen, so etwas wie eine Heiligkeit der Natur zu etablieren. Oft wirken solche Versuche diffus, weil sie auch ein Gegengewicht zur rationalen Logik bilden wollen. Es bleibt leicht bei einer Antithese zwischen Wissenschaft und wissenschaftskritischer Ganzheitsideologie. Eine Synthese oder Integration von Wissenschaft und neu entwickelter Religion gelingt nicht nur nicht, sondern wird von vornherein verworfen.

Wird aber die Tradition der Religionen nicht nur beliehen, sondern in unserem heutigen, von der Wissenschaft veränderten und geprägten Wirklichkeitsverständnis ernst genommen, so ist zu fragen: Kann es eine Rückkehr der alten Götter geben? Die Entwicklung eines Sensoriums für religiöse Traditionen kann zu einer Partizipation an ihrer Wahrheit führen. Doch ist dann auch wieder die Ambivalenz wahrzunehmen, die schon die alten Religionen bestimmte: Mit dem Angebot von Geborgenheit geht das Moment des Bedrohlichen einher. Religiös begründeter ökologischer Holismus kann unversehens zu so etwas wie Ökoterror werden.

So ist auf dem Hintergrund unserer Tradition, die Religion, christlichen Glauben und kirchliche Lehre ebenso umfaßt wie die moderne Naturwissenschaft, eine Rückbesinnung zu leisten. Zu fragen ist zum einen: Was ist Naturwissenschaft, und was kann sie leisten? Hier wäre ihre Perspektivität und notwendig reduktive Methode herauszustellen, die jeden Wissenschaftsglauben verbieten. Gibt es prinzipielle Grenzen der Wissenschaft? Methodisch sicher nicht. Doch stellen sich Widersprüche ein, wenn zutreffende Erkenntnisse konsequent weiterverfolgt werden. Der Dualismus von Welle und Korpuskel für das physikalische Verständnis des Lichtes hat zur Behauptung komplementärer Zusammengehörigkeit sich nach klassischer Logik widersprechender Theorien geführt und die Bedeutung des jeweils beobachtenden Subjekts für objektivierende Aussagen deutlich gemacht. Subjekt und Objekt, Mensch und Welt gehören zusammen. Doch das kann nicht eigentlich systematisch-schlüssig dargestellt werden. Auch in der modernen Kosmologie spielen solche Widersprüche eine Rolle. Die gegenwärtigen Theorien übersteigen weit alles menschliche Vorstellungsvermögen. Ein Weltbild im klassischen Sinne der Weltvorstellung läßt sich daraus nicht mehr ableiten.

Zum anderen ist zu fragen: Was liegt Naturwissenschaft zugrunde? Vor dem Einsatz methodischer Prinzipien und Richtlinien gibt es auch hier Interessen, Einstellungen, Wertentscheidungen. Sie bestimmen den Erwartungshorizont und damit die Auswahl bestimmter Methoden und Verfahren mit. Freilich gibt es eine immanente Gültigkeit naturwissenschaftlicher Methoden; insofern sind naturwissenschaftliche Forschungsergebnisse auch »richtig«. Eine wissenschaftsfeindliche Anti-Ideologie, die den Wahrheitsanspruch von Wissenschaft pauschal bestreitet, verfehlt ihrerseits die Wirklichkeit der Natur.

So bleibt die Frage nach dem Menschen: Wer ist der Mensch, der Naturwissenschaft und Technik betreibt? Die Wirklichkeit der Natur besteht zumindest auf unserer Erde, damit aber auch prinzipiell im Universum nicht ohne den Menschen. Wer ist dieser Mensch, der zur Welt gehört, sie sich aber auch gegenüberstellt und dann technisch verändert und gestaltet? Er ist sich selbst entzogen. Er »existiert« von »außen« (das »Ex« in "Existenz") her: Er ist schon biologisch angewiesen auf Mutter, Vater, auf Mitmenschen und Gesellschaft, auf seine und deren Lebenswelt, zu der auch Landschaft, Tiere und Pflanzen gehören. Er ist angewiesen auf die Wirklichkeit der Natur. Zugleich ist jeder einzelne Mensch darauf angelegt, unverwechselbar er selbst zu werden, er selbst in der Natur, in der Natur aber gerade auch er selbst.

Können wir uns diese Selbstwerdung durch Wissenschaft und Technik sichern? Das dürfte die Wirklichkeit der Natur, der wir zugehören, verfehlen, wenn es das einzige, Bestimmende bleibt. Vielmehr bedarf es der Selbstöffnung des Menschen auf das Leben um ihn herum, damit das eigene Leben gelingt und zur Erfüllung kommt. Diese Öffnung ist nicht selbstverständlich. Die Bedrohung durch die Umwelt läßt zumindest eine gewisse Selbstabschließung ratsam erscheinen.

Der christliche Glaube legt eine grundlegende Öffnung nahe, eine Öffnung auf die »letzte Wirklichkeit«, auf die Wirklichkeit Gottes. Hier besteht die Gefahr eines metaphysischen Gottesbegriffs: Gott als Letztursache, als erster Wirkgrund. Das kann zu der Vorstellung eines überdimensionalen Technikers führen. Das ist nicht gemeint. Die Wirklichkeit Gottes als letzte Wirklichkeit kann weder denkend noch religiös erfaßt werden. Letztlich gebührt ihr Anbetung; Ziel kann nach christlicher Überzeugung daher auch nicht sein, Gott als einem vollkommenen Wesen nachzueifern und so selbst Vollkommenheit zu erlangen. Die Theodizeefrage macht solches Mühen zunichte. Die Öffnung auf das Leben hin, letztlich die Öffnung auf die Wirklichkeit Gottes hin, kann nur bedeuten, Bedürftigkeiten wahrzunehmen, sich von ihnen ansprechen zu lassen und sich an dieser Stelle zu engagieren. Das heißt »Liebe«. Nicht zur Vollkommenheit zu kommen, ist das Ziel, sondern für bedürftige Menschen und Mitgeschöpfe einzutreten, Bedürfnissen, Mängeln abzuhelfen und Lebensmöglichkeiten zu erschließen und zu vertiefen. Nicht darum geht es, sich das Leben zu nehmen und zu sichern, sondern Leben zu schenken, sich das Leben schenken zu lassen, um Leben weiter schenken zu können. »Alles was ihr wollt, daß euch die Menschen tun, das tut ihr ihnen auch« (Mt 7,12). In dieser Grundhaltung beginnt die Schöpfung, beginnen die Mitgeschöpfe zu reden. Es entsteht mitkreatürliche Gemeinschaft. Es entsteht Solidarität und wird neu entdeckt. Das ist eine neue Art von Lebensqualität, Tiefgang, Erfüllung, Gelingen von Leben. So kommt auch die Rationalität in der Reichweite ihres Geltungszusammenhangs zu Ehren, gegen alle irrationalistischen oder rationalistischen Ideologisierungen.

Naturwissenschaft, aus einer geschöpflichen Grundhaltung des Glaubens heraus praktiziert, ermöglicht für den Umgang mit der Natur Weichenstellungen im Einverständnis mit der Schöpfung. An welcher Stelle, zu welchem Zweck, mit welchem Ziel, für wen werden naturwissenschaftliche Forschungen durchgeführt und technische Umsetzungen ins Werk gesetzt? Die Antwort auf solche Fragen ist konstitutiv. Naturwissenschaft kann nicht »an sich«, zumindest heute nicht mehr um ihrer selbst willen betrieben werden, so sehr innerhalb der Arbeitsprozesse methodische Sauberkeit und Effektivität geboten sind. Immanente sachliche Notwendigkeiten dürfen aber nicht ausufern in allgemeine, zumal gesellschaftliche »Sachzwänge«, vielmehr muß die Praxis von Naturwissenschaft und Technik aus dem umfassenderen Lebenszusammenhang heraus gesteuert werden. Anhand oder in Form einer Ethik für den Umgang mit Tieren ließe sich das im einzelnen explizieren.

In den Umgang mit den Möglichkeiten von Naturwissenschaft und Technik werden auch religiöse Momente zu integrieren sein, nicht freilich als Selbstzweck und auch nicht als Mittel zum Zweck, sondern als Elemente der Wahrnehmung der Wirklichkeit. Sie können dazu beitragen, daß Wissenschaft und Technik der Liebe dienstbar bleiben und Ehrfurcht vor der Schöpfung wahrnehmen, deren Teil sie selber sind.

III.

Auf dem geschilderten Hintergrund kann das Verhältnis von Wissenschaft und Religion im Blick auf die Wirklichkeit der Natur präziser diskutiert werden. Das geschieht auf der reflexiven Ebene des Verhältnisses von Naturwissenschaft und Theologie. Christlicher Glaube und Theologie sind voneinander zu unterscheiden, ebenso wie gelebte Religion und Religionswissenschaft. In gleicher Weise ist die Erfahrung der Natur zu unterscheiden von Naturwissenschaft. Theologie ist demnach verantwortete Rechenschaft über den Glauben, Naturwissenschaft verantwortete Rechenschaft über die Natur. Der Gegenstand der Theologie erlaubt keine Deduktionen in Richtung Naturwissenschaft, so wie Naturwissenschaft keine Ausschließlichkeit ihrer Erkenntnismöglichkeiten beanspruchen kann. Verbunden sind beide in der Verantwortung vor der und für die Wirklichkeit, auch der Wirklichkeit der Natur. Verantwortung setzt ein Hören, eine Wahrnehmung voraus, auf die geantwortet werden kann. Wahrzunehmen ist die Wirklichkeit so, wie sie begegnet. In christlicher Perspektive geht es in solcher Wirklichkeitsbegegnung letztlich um ein Hören und Antworten auf Gott, in und auch mit der Natur. Ein solches Hören und Antworten ist dann aber zwischenmenschlich und zwischenkreatürlich zu verwirklichen. Es gilt, in der Welt aufeinander zu hören und einander zu antworten und so Leben zu gestalten. Naturwissenschaft und Theologie haben in ihrer Rationalität daran teil. Bezogen sind sie jedoch auf das Leben selbst und seine Aspekte, die sie zu bedenken haben. Dieser Beziehungswirklichkeit gilt es, gerecht zu werden.

Konkretisiert werden kann das am Beispiel der Ethik. Entscheidend für ethische Orientierung ist nicht so sehr die objektivierende Identifikation von Werten und die Deduktion normativer Prinzipien. Es gilt vielmehr, im Aufeinander-Hören und Einander-Antworten aller betroffener Partner jeweils eine lebensdienliche Entscheidung zu finden. Fundamental ist deshalb das ethische Gespräch. Es gilt, sich partnerschaftlich jeweils auf die entscheidungsbedürftige Situation einzulassen und in ihr nach einer Lösung zu suchen, die den vorliegenden Gegebenheiten und ihren Implikationen für die Zukunft gerecht wird. Das kann nur kommunikativ geleistet werden, bloße rationale Argumentation reicht nicht aus, so sehr ihr ein wichtiger Stellenwert zukommt.

In einem solidarisch geführten ethischen Gespräch kommt die Wirklichkeit der Natur in das Blickfeld nicht als »Substanz«, in abstrakten Kategorien der Substanzmetaphysik, sondern als Lebensraum und gewährte Zeit des Lebens. »Natur« kann in diesem Gesprächszusammenhang verstanden werden als Angebot des Lebens. Dies gilt es zu bewahren, und in diesem Sinne wäre »Natur« bewahrend zu bebauen und zu gestalten.

So kann die Themaformulierung geradezu umgekehrt werden: Die Wirklichkeit der Natur im Streit zwischen Religion und Wissenschaft führt zu Religion und Wissenschaft im Streit um die Wirklichkeit. Zu thematisieren sind Religionswissenschaft, Theologie und Naturwissenschaft, die ihrerseits Religion, christlichen Glauben und Natur zum Thema haben. Was Wirklichkeit der Natur ist, steht nicht fest, sie ist nicht nur vorgegeben, sondern zugleich auch aufgegeben. Wissenschaft gehört zum Umgang mit der Natur. Sie nimmt Vorgegebenes auf, schafft aber zugleich auch neue Konstellationen und birgt insofern ein kreatives Moment. Das entspricht der Evolution des Lebens. Was die Wirklichkeit des Lebens und seine Wahrheit ist, wie Leben weitergehen soll - das ist strittig.

Darum geht in der Tat der Streit, auch der Streit zwischen Theologie und Naturwissenschaft wie zwischen Religion, Glaube und Wissenschaft. Ein Streit muß kein Gegeneinander sein, sondern kann durchaus als eine Weise des Miteinanders verstanden werden, geht es doch um die Wahrheit der Wirklichkeit. Miteinander zu streiten, kann durchaus in Solidarität geschehen. Es gibt so etwas wie einen solidarischen Streit. Letztlich geht es ja um das gleiche Leben, das in der Religion verehrt wird, das der Glaube befreit, das die Wissenschaft zu erkennen versucht und das die Technik zu gestalten hilft.

Lebensgestaltung ist eine all diesen Bemühungen gemeinsame Aufgabe. Dieser gilt es in Ehrfurcht und Liebe gerecht zu werden. Nach christlichem Verständnis setzt der Gottesglaube dazu instand. Er ermächtigt dazu. Das Resultat ist eine Wirklichkeit der Natur in umfassenderem Sinn, eine Wirklichkeit, der wir alle zuhören: Wir sind Natur. In der so verstandenen Natur geht es um keinen göttlichen, sondern um einen geschöpflichen Zusammenhang. Darin liegt unsere menschliche Zukunft: geschöpflich leben zu dürfen. Diese Aufgabe gilt es wahrzunehmen und wahr zu machen.

Ulrich Barth

Gehirn und Geist

Die Evolutionstheorie und der Begriff des Selbstbewußtseins

Der Streit um die Evolutionstheorie wird mancherorts - daran hat sich seit ihrer Entstehung bis auf den heutigen Tag kaum etwas geändert - mit einer Heftigkeit ausgefochten, als gelte es, die Evolution selber voranzutreiben oder umgekehrt aufzuhalten. Deshalb eine nüchterne Tatsachenfeststellung vorab: Die biologische Evolution des homo sapiens sapiens ist seit 40.000 Jahren so gut wie abgeschlossen. Seine weitere Entwicklung, die Geschichte im engeren Sinn des Wortes, ist kultureller Art. Auf dieser Ebene ist auch die im folgenden zu erörternde Frage anzusiedeln, welche Rolle der Evolutionstheorie im Zusammenhang der Selbstdeutung des Menschen zukommt.

Von Kirche und Theologie ist sie weitgehend so rezipiert worden, als handle es sich um einen Totalangriff auf Religion und Christentum[1]. Davon kann jedoch, was ihren Ursprung anbelangt, nicht entfernt die Rede sein. Im Schlußkapitel seines 1859 erstmalig erschienenen Hauptwerkes »Die Entstehung der Arten durch natürliche Zuchtwahl« schreibt Ch. Darwin: »Ich sehe keinen triftigen Grund, warum die in diesem Buch aufgestellten Ansichten gegen irgend jemandes religiöse Gefühle verstoßen sollten. ... Unsere Klassifikationen werden, so weit wie möglich, zu Genealogien werden und dann erst den wirklichen sogenannten Schöpfungsplan darlegen. ... Es ist wahrhaftig eine großartige Ansicht, daß der Schöpfer den Keim alles Lebens, das uns umgibt, nur wenigen oder nur einer einzigen Form eingehaucht hat, und daß ... aus so einfachem Anfange sich eine endlose Reihe der schönsten und wundervollsten Formen entwickelt hat und noch immer entwickelt«[2].

Ist bei Darwin noch etwas zu spüren von der frommen Naturergriffenheit aufgeklärter Physikotheologie, so ist ebenso unübersehbar, daß in der nachfolgenden Rezeption und Ausgestaltung der Evolutionstheorie das Interesse an ihr sich nicht selten verbunden hat mit prinzipieller Religionskritik und geradezu militanter Metaphysikfeindlichkeit, die sich etwa manifest machen in Behauptungen wie: »Leben ist nichts anderes als eine Funktion der Materie«, oder: »Geist ist nichts anderes als ein Epiphänomen der Nervenmaschinerie des Gehirns«, oder »Wahrheitserkenntnis ist nichts anderes als ein Mittel der Arterhaltung im Daseinskampf des Menschen«. Nicht die Einsichten der Evolutionstheorie selber, sondern derartige in sie hineinverwobene Reduktionismen machen es unumgänglich, fachwissenschaftliche Forschungsergebnisse und weltanschauliche Plädoyers immer wieder kritisch zu sondieren.

Diese Aufgabe ist in methodisch kontrollierbarer Form nur zu leisten, wenn man sich die verschiedenen Fassungen vor Augen hält, die die Evolutionstheorie im Laufe ihrer Entwicklung durchlaufen hat. Mindestens vier Stufen lassen sich hier unterscheiden:

1.Von ihrem Ursprung her ist die Evolutionstheorie eine Theorie biologischer Differenzierung. Ihr eigentlicher Widerpart ist die Klassifikationsbiologie des ausgehenden 18. und beginnenden 19. Jahrhunderts. Gegen deren starres System ursprünglicher Gattungen kann Darwin nachweisen, daß sich die einzelnen Arten in einem langen Prozeß allmählich auseinander entwickelt haben. Die Prinzipien dieses Differenzierungsmodells sind Vererbung, Mutation, Anpassung und Selektion, die in ihrem Zusammenwirken auf einen ganz neuen, dynamischen Begriff der belebten Natur führen[3].

2.War Darwins Grundanschauung nahezu ausschließlich an Beobachtungen der Tierwelt orientiert, so äußert er doch bereits in der oben zitierten Schrift die Vermutung, daß sie sicherlich auch auf die Entwicklung geistiger Fähigkeiten anwendbar sei; und er fügt lakonisch hinzu: »Licht wird fallen auf den Ursprung des Menschen und seine Geschichte«[4]. Diese Hypothese konnte er dann einlösen in seinem zweiten großen Werk »Die Abstammung des Menschen« aus dem Jahre 1871. Damit geht die Evolutionstheorie über in ihre zweite, anhropologisch-stammesgeschichtliche Phase. Sie verbindet sich alsbald mit anderen, parallel gelagerten Forschungen, etwa der Biogenetik Ernst Haeckels, und vervollkommnet sich mehr und mehr zu einer fächerübergreifenden Naturgeschichte des Menschen: Geologie, Paläontologie, Anatomie, vergleichende Verhaltensforschung und eine Vielfalt weiterer Disziplinen liefern ihre unterschiedlichsten Beiträge[5]. Wachsende Bedeutung erhält speziell die Erforschung des Gehirns; denn im Übergang von den Hominoiden über die Hominiden, homo habilis, erectus und sapiens, bis hin zum homo sapiens sapiens kommt der

Ausbildung des Gehirns eine Schlüsselrolle zu. Die Notwendigkeit, die immer komplexer werdenden Verarbeitungsvorgänge effizient zu integrieren und zu kontrollieren, führt zu einer stufenweisen Weiterentwicklung der von den höheren Tieren übernommenen Gehirnfunktionen. So wird die morphologische Abstammungslehre eingebettet in einen umfassenden neurophysiologisch-medizinischen Rahmen. Ein Gesamtbild der Entstehung der Nervenzelle, der Ausbildung neuronaler Netzwerke samt des zentralen Nervensystems und der schließlichen Enzephalisation und Kortikalisation seiner Hauptfunktionen tritt dem klassischen Abstammungsbaum gegenüber. Auf dieser Stufe der Evolutionstheorie hat sich eine Fülle so komplizierter Fragen ergeben, daß aus ihnen wiederum ganz eigene Forschungsbereiche erwuchsen. Und schließlich haben sich an die stammesgeschichtliche Fragestellung dann auch die Soziobiologie und evolutionäre Erkenntnistheorie angeschlossen, wie umgekehrt mit dem Fortgang der neurophysiologischen Gehirnforschung sich das Problem der künstlichen Intelligenz verschränkt hat - der einleuchtenden Überlegung folgend, daß, was neurologisch formalisierbar sei, im Prinzip auch mechanisierbar und d.h. technisch rekonstruierbar sein müsse[6].

3. Darwins Theorie biologischer Differenzierung hat neben der Abstammungstheorie aber noch einen ganz anderen Weg eingeschlagen, der zu ihrer weiteren Bestätigung führte. Er betrifft den elementaren Aufbau von Leben. Vom 18. bis ins 20. Jahrhundert schreitet die Mikroforschung mit innerer Konsequenz fort von der Faserntheorie über die Zellulartheorie und Gentheorie zur Molekularbiologie[7]. Der entscheidende Impuls zur Ausbildung der letztgenannten Phase kam von außerhalb der Biologie, nämlich einerseits von der Quantenphysik, andererseits von der mathematischen Kybernetik. Erstere ermöglichte die Rekonstruktion der Molekülstruktur lebender Zellen in einer zuvor unbekannten Exaktheit. Letztere führte dazu, den von den Genen gesteuerten Vererbungsprozeß mit Hilfe informationstheoretischer Modelle präzise beschreiben zu können. Beide Tendenzen verschränken sich Mitte des 20. Jahrhunderts in der Entdeckung des genetischen Code's und der Proteinsynthese. Vererbung ist nichts anderes als die Weitergabe einer chemischen Botschaft, die in der Nucletoidsequenz der Nucleinsäure symbolisch codiert ist[8]. Damit tritt die Evolutionstheorie in ihre makromoleküItheoretische Phase, womit sie als Disziplin zugleich in die Biophysik übergeht. Die Rückwirkung auf die Abstam-

mungslehre ist nicht unerheblich, läßt sich doch nun der geschichtliche Gang der Dinge, der naturgemäß nur höchst lückenhaft überliefert ist, seinem erbgenetischen Verlauf nach im Experiment rekonstruieren. Wesentlich folgenreicher ist jedoch, daß der Übergang zwischen Lebendigem und Leblosem in methodischer Hinsicht fließend geworden ist, weil sich sämtliche biologischen Grundmerkmale von Leben wie Vererbung, Stoffwechsel und Population, Mutation, Anpassung und Selektion wenigstens in den Grundzügen rein physikalisch erklären lassen.

4. Die Leistungskraft physikalischer Erklärung ist aber damit noch nicht erschöpft. Auf den unterschiedlichsten Feldern der Erforschung des Materieverhaltens, etwa in der Neufassung der Thermodynamik als allgemeinster mathematischer Theorie irreversibler Prozesse bei I. Prigogine[9], in der Synergetik H. Hakens[10] oder der Hyperzyklustheorie von M. Eigen[11], mehren sich die Anzeichen dafür, daß der biologische Vorgang der Selbstreproduktion von Zellen durchaus in der Sphäre des Leblosen eine strukturelle Entsprechung hat, nämlich in der Selbstorganisation thermodynamisch instabiler Materiezustände durch autokatalytische Rückkopplungsprozesse. Ein solcher Befund, der in seiner sachlichen Tragweite heute noch nicht durchschaubar ist, würde bedeuten, daß das gemäß der Molekularbiologie für Leben konstitutive Merkmal eines genetischen Code's selber noch einmal abgeleitet werden kann. Die biophysikalische Fassung der Evolutionstheorie wäre überschritten und gleichsam auf eine Metastufe gehoben, indem nun nicht mehr das Werden von Leben aus genetischer Information, sondern deren Entstehung aus der Selbstorganisation von Materie erklärt wird. Zugleich wäre damit eine der Grundannahmen der klassischen Evolutionstheorie, die These der äußeren Zufälligkeit von Anpassungsprozessen, korrigiert, wenn sich allgemein bestätigen sollte, daß die in der autokatalytischen Replikation beobachtbare Selektion einer internen, projektiven Steuerung gehorcht[12].

So stellt sich die Evolutionstheorie heute in einer Vielfalt von Fassungen dar, die in den unterschiedlichsten Forschungsbereichen mit jeweils einer ganzen Fülle von Hilfsdiziplinen verhandelt werden. Die geradezu schlagwortartige Faszination, die von ihrem bloßen Titel auszugehen scheint, dürfte nicht zuletzt damit zusammenhängen, daß sich darunter ein Bündel heterogenster Theorieansätze zu versammeln vermag, die sich in methodischer Hinsicht freilich bloß prima facie einem vereinheitlichenden Gesichtspunkt unterordnen lassen.

Immerhin ist daraus die Konsequenz zu ziehen, daß das Verhältnis von Gehirn und Geist bzw. von Evolutionstheorie und Selbstbewußtseinstheorie sich nur dann sinnvoll traktieren läßt, wenn es - soweit es die gebotene Kürze verstattet - mit der entsprechenden Differenziertheit behandelt wird. Die nachfolgenden Überlegungen gliedern sich demgemäß in vier Abschnitte:

I. Die Problematisierung der Transzendentalphilosophie durch die evolutionäre Erkenntnistheorie.
II. Das Problem der Abgrenzung von Leben und Nichtleben.
III. Das neurophysiologische Problem des Bewußtseins.
IV. Der Begriff des Selbstbewußtseins.

I.

Ein Sonderzweig der stammesgeschichtlichen Fassung der Evolutionstheorie ist die evolutionäre Erkenntnistheorie. Sie wird heute im wesentlichen von G. Vollmer[13], R. Riedl[14] und F. M. Wuketits[15] vertreten[16]. Alle drei Autoren stehen in der Nachfolge des wissenschaftlichen Lebenswerks von Konrad Lorenz. Nach dem Vorgang der »klassischen Vertreter der evolutionären Erkenntnistheorie«[17], J.F. Fries, F. Nietzsche, H. Spencer und G. Simmel, die sich durchaus als Exponenten einer philosophischen Gesamtauffassung verstanden, hat Lorenz erstmals versucht, jenen Ansatz rein fachwissenschaftlich zu begründen, nämlich auf streng biologischer Grundlage[18]. Ausgangspunkt war für ihn jedoch nicht die Abstammungslehre selber, sondern die tierische Verhaltensforschung.

Von besonderer Bedeutung für den vorliegenden Zusammenhang ist der Sachverhalt, daß die Programmatik seines neuen Verständnisses von evolutionärer Erkenntnistheorie in unmittelbarer Auseinandersetzung mit der transzendentalphilosophischen Erkenntnistheorie Kants entstanden ist.[19]. Als Lorenz seinen ersten Beitrag zum Thema veröffentlichte, nämlich im Jahre 1941, war er Professor für vergleichende Psychologie an der Universität Königsberg und als solcher Angehöriger der philosophischen Fakultät, also derjenigen, der auch Kant einst angehört hatte. Rückblickend konnte er sich - zusammen mit dem Kollegen Eduard Baumgarten - darum sogar als »letzte[n] seiner Nachfolger«[20] bezeichnen. So hat der eigene Überbietungsanspruch nicht nur einen sachlichen Grund, sondern ebensowohl einen gleichsam äußeren Anlaß[21].

In einer frühen Abhandlung[22] geht es Lorenz um die »grundsätzliche Gegenüberstellung von transzendentalem Idealismus und jenem Standpunkt, den der Biologe in der Aprioritätslehre einnimmt«[23]. Mit dem biologischen Standpunkt meint Lorenz die Position der Evolutionstheorie. Die Transzendentalphilosophie soll überprüft werden in der Perspektive der »immer dringlicher werdenden Fragestellungen des Entwicklungsgedankens«. Und darum erfolgt ihre Kritik in der Weise, daß die von ihr analysierte Vernunft samt ihren vielfältigen kognitiven Funktionen eingereiht wird in die »Tatsächlichkeit des großen schöpferischen Entwicklungsgeschehens in der Natur«. Das menschliche Erkenntnisvermögen wird als »etwas organisch ... Entstandenes« thematisiert, seiner »historischen Entstehungsweise«[24] gilt das Interesse. Die Lorenzsche Grundthese lautet kurz und bündig: Kants transzendentales Apriori ist in Wahrheit ein phylogenetisches Aposteriori.

Bereits an dieser Stelle ergeben sich methodische Rückfragen. Sicherlich ist unbestreitbar, daß die Gehirnfunktionen des menschlichen Bewußtseins sich wie alle anderen Funktionen der Gattung homo sapiens sapiens in einem langen Entwicklungsprozeß herausgebildet haben. Insofern ist der »Versuch einer Naturgeschichte menschlichen Erkennens« ein sinnvoller und notwendiger Beitrag zum Verständnis der Evolution des Menschen. Aber ist es darum auch schon ein Beitrag zur Erkenntnistheorie?

Der Titel »Erkenntnistheorie« ist relativ jung, der in dieser philosophischen Disziplin erörterte Fragenkomplex jedoch sehr alt. Von ihren Anfängen in der griechischen Philosophie bis hin zu den klassischen Entwürfen der Neuzeit geht es in der Erkenntnistheorie nicht um Fragen der Entstehung von Wissen, sondern um die Bedingungen seiner Gültigkeit. Ob Parmenides die Differenz von Wahrheit und Schein, Platon den grundsätzlichen Unterschied von Meinung und Ideenhypothesis oder Begriffswissen, Aristoteles die verschiedenen kategorialen Aspekte einer Aussage darlegt, oder ob Descartes die Frage nach der Realität der Außenwelt stellt, Locke die Funktionsweise des Verstandes analysiert, Kant die objektive Bedeutung der Kategorien zum Gegenstand einer Deduktion macht - immer geht es darum, strukturelle Gründe dafür anzugeben, warum bestimmte Formen kognitiver Bezugnahme auf Wirklichkeit den Anspruch auf Gültigkeit zu Recht erheben können. Erkenntnistheorie im traditionellen Sinne ist methodisch kontrollierte Geltungsreflexion, nicht eine irgendwie geartete höhere Stufe von Tatsachenwissen. Indem die sogenannte evolutionäre Erkenntnisheorie diese Differenz von Geltung und Genesis teils mißversteht, teils verschleiert, teils programmatisch verabschiedet, macht sie auf ihre Weise deutlich, daß sie gemessen am soeben dargelegten Begriff eigentlich gar keine Erkenntnistheorie ist, sondern eine Darstellung der Entwicklungsgeschichte der menschlichen Erkenntnisorgane. Auch wenn nun Begriffe der philosophischen Bildungssprache wie »Erkenntnistheorie« einer Bedeutungsnormierung weder unterliegen noch unterliegen können, so scheint es gleichwohl sinnvoll zu sein, aus wissenschaftlicher Arbeitsteilung resultierende unterschiedliche Aufgabenstellungen und Disziplinenunterschiede auch terminologisch festzumachen, anstatt unnötigerweise zur Dauerkonfusion von Fragestellungen beizutragen.

Jene Verwechslung von Genesis und Geltung bzw. Tatsachen- und Gültigkeitsfragen hat in der Auseinandersetzung der evolutionären Erkenntnistheorie mit der Transzendentalphilosophie jedenfalls zu einer Fülle von Mißverständnissen geführt, wie sich an der Lorenzschen Kant-Rezeption leicht zeigen läßt[25]. Apriorität wird hier aufgefaßt als materiale Eigenschaft des Erkenntnisvermögens, während sie für Kant lediglich eine formale Eigenschaft darstellt, nämlich logische Allgemeinheit und Notwendigkeit. Apriorische Merkmale der Erkenntnis werden als gegenständliche Merkmale verstanden, während sie für Kant operationale Formen kognitiver Aktivität verkörpern. Transzendentale Strukturen werden als tatsächliche Gegebenheiten gedeutet, während sie für Kant notwendige Ermöglichungsbedingungen sind. Transzendentale Bestimmungen werden als Tatsachenaussagen über das menschliche Erkenntnisorgan genommen, während sie für Kant schlechterdings nichts zu tun haben mit Existenzbehauptungen, sondern reine Funktionsprädikate darstellen. Und Kants bloßer Grenzbegriff eines Dinges an sich wird schließlich zur Setzung realer Existenz uminterpretiert. Die Reihe solcher Abenteuerlichkeiten ließe sich unschwer fortsetzen.

Aber wesentlich aufschlußreicher als die Fehldeutung Kants ist der Umstand, daß die Verwechslung von Genesis und Geltung Lorenz' eigenes Programm in eine tiefe Zweideutigkeit bringt. Auf der einen Seite bestreitet er - radikaler als selbst der hartgesottenste Positivist - dem menschlichen Erkenntnisvermögen jede Konstitutionsfunktion im

Hinblick auf die Struktur der Erfahrungswelt. Die »zentralnervöse Apparatur schreibt keineswegs der Natur ihr Gesetz vor, sie tut das genausowenig, wie der Huf des Pferdes dem Erdboden seine Form vorschreibt«. Sämtliche Kategorien und Anschauungsformen sind vielmehr in einem langen stammesgeschichtlichen Anpassungsprozeß entstanden. Sie »passen aus ganz denselben Gründen auf die Außenwelt, aus denen der Huf des Pferdes schon vor seiner Geburt auf den Steppenboden, die Flosse des Fisches, schon ehe er dem Ei entschlüpft, ins Wasser paßt«[26]. Der treibende Faktor ihrer stetigen evolutionären Vervollkommnung ist allein der Selektionsvorteil, den sie ihren Inhabern gewährt haben. Der Wert der menschlichen Erkenntnisfunktionen besteht darin, daß sie sich »in den biologisch-praktischen Belangen des Arterhaltungskampfes durchaus bewährt haben und noch bewähren«[27]. Von hier aus betrachtet hält Lorenz es für »einen nicht zu rechtfertigenden Anthropomorphismus«[28], die Grenzen des menschlichen Verstandes mit den Grenzen der Erkennbarkeit der Welt gleichzusetzen. Der Anspruch apriorischer Gültigkeit ist für ihn nichts weiter als Ausdruck »anthropozentrischer Vermessenheit«; denn »nichts was unser Hirn denken kann, hat absolute, im eigentlichen Wortsinn apriorische Geltung. Auch nicht die Mathematik mit allen ihren Gesetzen«[29]. So gelangt Lorenz am Ende zu einem Wahrheitsbegriff, wie ihn - aus ganz anderen Gründen freilich - bereits der angelsächsische Pragmatismus formuliert hatte, auf welchen er sich denn auch ausdrücklich beruft: »Wahr ist für uns diejenige Arbeitshypothese, die uns den Weg zum nächsten derartigen Erkenntnisschritt ebnet«[30]. Wahrheit erschließt sich nur im Prozeß fortwährender praktischer Bewährung.

Dieser gegen die Transzendentalphilosophie ins Feld geführte relativistische Skeptizismus ist nun aber nur die eine Seite der evolutionären Erkenntnistheorie. Daneben finden sich - und zwar innerhalb ein und desselben Argumentationsgangs - diametral entgegengesetzte Grundannahmen. Letztere resultieren aus Lorenz' Ansinnen, mit Hilfe der evolutions- bzw. verhaltenstheoretischen Kritik des Aprioritätsbegriffs einer »grundsätzlichen Veränderung des Begriffs vom An-sich-Seienden«[31] den Weg zu bahnen. Diese Gedankenreihe bildet gewissermaßen die Umkehrung der ersten. Wenn man wirklich pointiert erkenntnistheoretische Überlegungen bei Lorenz sucht, dann sind sie wohl eher hier zu finden.

Der Aufbau von Erkenntnis, den Lorenz realistisch als Widerspiegelungsvorgang interpretiert, wird gemäß dem oben skizzierten Anpassungsbegriff näherbestimmt. In einem komplexen Vorgang kognitiver Wechselwirkung paßt sich das Bewußtsein an die Gesetze der Außenwelt an. Die Resultate dieses Abstimmungsprozesses sind aber keineswegs invariant, sondern verändern sich stetig im Laufe der Evolution. Letzteres gilt nicht nur für die elementaren Wahrnehmungsfähigkeiten der Tiere, sondern auch für die höheren Gehirnfunktionen des Menschen. Daraus ergibt sich zunächst, daß die Grenzen der Wirklichkeitserfahrung, im Fall des Menschen: die sinnlichen und kategorialen Formen des Erkennens, von Spezies zu Spezies verschieden sind. Und daraus folgt zugleich - dies ist der weiterführende Gedanke -, daß jeder kognitive Apparat nur einen Ausschnitt der Wirklichkeit erschließt.

Genau an dieser Stelle greift Lorenz nun zurück auf die Kantische Unterscheidung von Ding-an-sich und Erscheinung - allerdings, wie sich gleich herausstellen wird, in einem ganz unkantischen Sinne. Alle möglichen Formen tierischer oder menschlicher Erfahrung erfassen immer nur einzelne »Seiten des An-sich-Bestehenden«. Das An-sich-Bestehende muß gegenüber diesen relativen Gestalten seiner kognitiven Abschattungen als »das absolut Existente« gedacht werden. Lorenz geht sogar soweit, daß er dieser Instanz völlige Bewußtseinsunabhängigkeit zuschreibt. »Die Frage, wie weit das absolut Existente durch ein bestimmtes Wesen aus der unendlichen Fülle lebender Organismen erfahrbar sei, kann auf sein grundsätzliches Wesen selbstverständlich nicht den geringsten Einfluß haben«[32]. »Das absolut Wirkliche kann in keiner Weise von der Frage betroffen werden, ob und bis zu welchem Grade es sich just im Hirn einer menschlichen oder sonstigen Eintagsfliege widerspiegelt«[33].

Die internen Schwierigkeiten dieses Gedankengangs - sieht man von der grundsätzlichen Problematik dieser Position einmal gänzlich ab - ergeben sich nun daraus, daß Lorenz, um möglichen idealistischen Konsequenzen zu entgehen, die Beziehung zwischen dem absolut existenten Ding-an-sich und den Formen seiner kognitiven Erscheinung als »reales«[34] Verhältnis denken muß, wodurch sich die Wechselwirkungsformen der kognitiven Anpassungsprozesse, aus denen jene hervorgegangen sind, auf das Verhältnis von absolut Wirklichem und kognitivem Apparat überträgt. Und so spricht Lorenz tatsächlich von einer Rückbedingtheit des ersteren durch letzteren. »Ganz sicher 'affiziert' nicht nur das Ding an sich unsere Rezeptoren, sondern ganz ebenso auch umgekehrt unsere Effektoren ihrerseits die absolute Realität«[35]. Und in Entsprechung dazu wird den kognitiven Funktionen des Bewußtseins bescheinigt, nicht nur »Gefäße zur Aufnahme«, sondern zugleich auch Instrumente der »rückwirkenden Verarbeitung jener gesetzmäßigen Auswirkungen des An-sich-Seienden« [36] zu verkörpern. Darüber, wie der innerbegriffliche Widerspruch zwischen einem absoluten, d.h. vom Bewußtsein unabhängigen und zugleich mit ihm in Wechselwirkung stehenden Ding-an-sich aufzulösen sei, schweigt Lorenz sich aus, und dies, obwohl es ihm bei seiner Neufassung des Ding-an-sich-Begriffs erklärtermaßen um eine adäquate Realisierung der »Definition des Absoluten«[37] geht. Stattdessen huldigt er einem unausgewiesenen, geradezu theologisch überhöhten Realitätsglauben, der weit unterhalb der Explikationsstandards des vorkritischen ontologischen Dogmatismus verbleibt.

Das eigentliche Defizit dieses für alle nachfolgenden Fassungen evolutionärer Erkenntnisheorie maßgeblichen Ansatzes von Lorenz liegt im Ganzen betrachtet deshalb weniger darin, daß die Überbietungsanstrengungen gegenüber Kant wenig Überzeugungskraft besitzen, als vielmehr darin, daß der Entwurf rein für sich genommen offenkundig schwankt zwischen einem relativistischen Skeptizismus auf der einen und einem absolutistischen Dogmatismus auf der anderen Seite.

Beides schlägt sich auch im erkenntnistheoretischen Problembewußtsein dieser Theorie nieder. Die inhaltliche Schranke besteht darin, daß ihr das Problem der Objektivität der Erfahrungswelt, aus der sie via Anpassung die Weltbildapparatur sämtlicher animalischen Wesen hervorgehen läßt, selbst nirgends zum Thema wird. Der Wechselwirkungsprozeß der Anpassung, aus dem die einzelnen Realitätsmuster der verschiedenen Arten hervorgehen sollen, setzt jedoch die Objektivität der Außenwelt immer schon voraus, könnte sie also auch niemals erklären. Eng damit verwandt ist die methodische Schranke. Die evolutionäre Erkenntnistheorie problematisiert nicht den Sachverhalt, daß auch sie selbst formell betrachtet unter den allgemeinen Begriff der Theorie fällt, d.h. mit dem Anspruch erkennender Bezugnahme auf Wirklichkeit auftritt. Selbst wenn sie sich im Ergebnis auf einen pragmatischen Begriff hypothetischer Wahrheitserkenntnis zurücknimmt: sofern sie diesen jedenfalls aus dem realen Anpassungsverhalten ihrer Träger abzuleiten beansprucht, setzt sie immer schon den Gegenstandsbezug ihrer eigenen Behauptungen voraus. Es ist demgegenüber die singuläre Stärke der von ihr so hartnäckig kritisierten Transzendentalphilosophie, daß sie die beiden inneren Voraussetzungen neuzeitlicher Naturwissenschaft, die Frage der Objektivität der Erfahrungswelt und ineins damit die Frage der Wahrheitsfähigkeit von Erfahrungserkenntnis, zum zentralen Begründungsproblem erhoben hat. Es ist allerdings ohne weiteres zuzugeben, daß der aufseiten der evolutionären »Erkenntnistheorie« in beiderlei Hinsicht zu konstatierende Mangel an kritischer Selbstreflexion nicht notwendigerweise deren anthropologischen, stammesgeschichtlichen oder verhaltenstheoretischen Erkenntniswert relativiert.

II.

In seinem 1932 gehaltenen Kopenhagener Kongreßvortrag »Licht und Leben« vertrat Niels Bohr die These, daß »die Existenz des Lebens als eine Elementartatsache aufgefaßt werden [muß], für die keine nähere Begründung gegeben werden kann und die als Ausgangspunkt für die Biologie genommen werden muß«[38]. Im Gegensatz zu dieser doch noch gar nicht sehr alten Auffassung scheint die heutige Grundlagenbiologie dadurch gekennzeichnet zu sein, daß sie nicht nur jene Voraussetzung preisgegeben, sondern darüberhinaus die in ihr implizierte Beweislast geradezu vertauscht hat. Heute steht nicht mehr die Legitimität der physikalischen Erklärung von Leben zur Debatte, sondern die Frage lautet umgekehrt: »Gibt es Leben als ein besonderes Phänomen oberhalb der bloßen Materie?«[39].

Bezieht man die Frage wieder zurück auf Kants transzendentale Grundlegung der Naturwissenschaft, in diesem Fall auf die Wissenschaftstheorie der Biologie, dann erweist sich letztere als erstaunlich modern. Lange bevor die moderne Biologie sich Gedanken gemacht hat über die mögliche Abgrenzung von Physik und Biologie, hat Kant eine grundsätzliche Neuorientierung dieses Verhältnisses eingeleitet, indem er den Schnitt zwischen Leben und Nichtleben nicht mehr - wie die traditionelle Naturwissenschaft von der Antike bis in die frühe Neuzeit - als primär inhaltliches, sondern als methodisches Problem faßte. In transzendentalphilosophischer Perspektive konnte die Schlüsselfrage nicht mehr lauten: »Bildet Leben eine spezifische Gegenstandsklasse der Wirklichkeit?«, vielmehr war vorab zu klären, ob es für die naturwissenschaftliche Erforschung von Leben eigener, über die Physik hinausreichender Begriffe und Prinzipien bedarf. Vor dem Hintergrund der Newtonschen Physik und der Biologie seiner Zeit mußte Kant diese Frage mit einem eindeutigen Ja beantworten.

Aber auch in inhaltlicher Hinsicht ist Kants Verständnis der Biologie erstaunlich aktuell, zumal wenn man es auf diejenige Problemlage bezieht, die oben unter der Rubrik der sogenannten dritten und vierten Stufe der Evolutionstheorie angedeutet wurde, also auf die neueren Theorien der autokatalytischen Selbstreproduktion von Leben und der Selbstorganisation von Materie. Im Mittelpunkt steht für Kant nämlich der Begriff des Organismus, ein Gedankenmodell, das im Übergang vom 18. zum 19. Jahrhundert die Rolle eines biologischen Grundbegriffs zu übernehmen begann[40]. Kants besonderer Beitrag zur Wissenschaftstheorie nicht nur der zeitgenössischen, sondern auch der heutigen Biologie besteht darin, daß er diesen Begriff nicht morphologisch, sondern strukturell bestimmt hat. Leben erschließt sich nicht von seinen körperlichen Einzelmerkmalen und deren Mechanismen her, sondern allein von dem Funktionszusammenhang, in dem alle Elemente und Prozesse eines lebendigen Phänomens zueinander stehen. Organismen sind Gebilde, deren Momente so aufeinander abgestimmt sind, daß sie sich zur Einheit eines Gesamtsystems fügen. Die Ganzheit eines solchen Individuums, und sie allein, bildet den Zweck seiner einzelnen Teile; organische Einheit ist somit teleologische Einheit. Dieser Zweck ist also ein dem Organismus selber innewohnender Zweck, der voll und ganz darin aufgeht, die Wechselwirkung der Teilfunktionen zu steuern, und deren Zielausrichtung ist eine rein interne Zweckmäßigkeit. Es ist darum - nebenbei bemerkt - höchst irreführend, wenn man, wie es in manchen neueren Publikationen zur Wissenschaftstheorie der Biologie immer noch geschieht, Kant in Verbindung bringt mit der Naturteleologie aristotelisch-scholastischer Provenienz. Kants Gedanke des zweckmäßigen Aufbaus von Organismen hat schlechterdings nichts zu tun mit der Frage eines Endzwecks der Welt oder der Schöpfung, vielmehr handelt es sich ausschließlich um diejenige interne Finalität, ohne die eine selbstbezügliche Ganzheit von Organismen nicht gedacht werden kann.

Das wissenschaftstheoretische Problem der Biologie lautet darum: Wie ist die allen Lebensprozessen zugrundeliegende und sie ermöglichende organische Ganzheit zu denken? Solche Wechselwirkung, Finalität und Selbstbezüglichkeit widerspricht offenkundig dem physikalischen Gesetz der Kausalität mit seiner strikt asymmetrischen Determination von Naturprozessen. Aus diesem Grund stufte Kant die für biologische Naturbetrachtung notwendige Voraussetzung von Organismusstrukturen als lediglich methodisches Prinzip bzw. als regulative Idee ein - im Unterschied zu den gegenstandskonstitutiven Prinzipien der Physik.

Mit dieser formalen Bestimmung des Organismusbegriffs als der selbstbezüglichen Struktur interner Finalität und Wechselwirkung hat Kant diejenigen Systemeigenschaften von Leben benannt, die dann für die gesamte weitere Entwicklung der Biologie bis hin zur gegenwärtigen Biophysik - vielleicht nicht zureichend reflektiert, so doch faktisch[41] - leitend geworden sind. Denn jene Eigenschaften lassen sich nicht nur am Verhältnis von Körperorganen zueinander festmachen, sondern reichen hinab bis in die grundlegendsten Aufbaumomente derselben: Gewebeformen, Zellen, Organellen, Gene und Makromolekülstrukturen. Alles Leben hat in diesem Sinne seinen Ursprung in Strukturen der Selbstorganisation.

Kants formale Fassung des Organismusbegriffs hat in der modernen evolutionstheoretischen Molekularbiologie geradezu seine Apotheose erfahren, sowohl was den kybernetischen als auch was den teleologischen Aspekt der hier verhandelten Grundstrukturen betrifft. Im berühmten § 65 der »Kritik der Urteilskraft« heißt es: »Ein organisiertes Wesen ist ... nicht bloß Maschine, denn die hat lediglich bewegende Kraft, sondern es besitzt in sich bildende Kraft, und zwar eine solche, die es den Materien mitteilt, welche sie nicht haben (sie organisiert), also eine sich fortpflanzende bildende Kraft«[42]. Die von Kant geltend gemachte mitteilende und als solche bildende Kraft der Selbstorganisation konnte von der modernen Biophysik mit Hilfe der informationstheoretischen Präzisierung des Vererbungsbegriffs bis in die Replikase von Makromolekülen hinein verfolgt werden. Deren Vererbung beruht vor allem auf der Weitergabe genetischer Information und vollzieht sich jenseits ihres kinetisch-energetischen Aufbaus und Verfalls. Die Selbstreproduktion beschränkt sich also auf die Weitergabe der Symbolabfolge in den Nukletoidsequenzen und läßt Ort und Geschwindigkeit der Atome der Nukleinsäure unberücksichtigt[43].

Auch Kants Nachweis der internen Zweckmäßigkeit von Organismen findet im molekularbiologischen Begriff der Selbstreproduktion eine Entsprechung. Die Kopierung der Erbsubstanz und ihre Übersetzung in Aminosäuresequenzen führt zum Aufbau von Proteinen. Diese sind als

Enzyme durch Rückkopplung an der Schnelligkeit des Übersetzungsvorgangs, aus dem sie als Syntheseresultate hervorgehen, beteiligt. M.a.W. sie wirken autokatalytisch. Aber gleichgültig, ob sie hemmend oder beschleunigend tätig werden, immer ist das im genetischen Code festgelegte Muster der Zelle das Ziel ihrer enzymatischen Aktivität. Genau hierin liegt das teleologische Moment molekularer Selbstreproduktion, deren interne Teleonomie[44]. Der Genotyp der Zelle ist die einzige Zielbestimmung der rückgekoppelten Proteintätigkeit des Zellapparates. Insofern weist die autokatalytische Funktion dieser Enzyme eine teleonome Struktur auf[45].

Sieht man einmal ab von der horrenden Fülle an Erkenntnissen in die physikalischen Grundlagen des Lebens, die die Molekularbiologie hervorgebracht hat, und beschränkt sich stattdessen auf die von ihr selbst in den Vordergrund gerückte Struktur der Selbstorganisation, dann dürften es weniger die darin enthaltenen Momente der Selbstreproduktion und Selbststeuerung sein, die sie von Kants formalem Organismusbegriff unterscheiden, als vielmehr ganz neue, erst mit der Begründung der Biophysik ihrerseits zutage getretene Probleme, nämlich solche, die die Reichweite der Erklärungskraft des Prinzips der Selbstorganisation im Ganzen betreffen. Der hier entscheidende Punkt wird am einfachsten sichtbar, wenn man Kants Abgrenzung der Biologie von der Physik auf den weiteren Gang des Verhältnisses beider Disziplinen bezieht.

Kants Entgegensetzung von interner Wechselwirkung und asymmetrischer Determiniertheit stand ganz unter dem Eindruck des klassischen Kausalitätsprinzips als des - neben dem Substanzerhaltungsprinzip - umfassendsten Naturgesetzes. Die Problemlage mußte sich schlagartig ändern in dem Moment, als diese beiden Prinzipien und mit ihnen die klassische Mechanik in der zweiten Hälfte des 19. Jahrhunderts durch die Entdeckung der Thermodynamik aus ihrer Schlüsselrolle gedrängt wurden. Im vorliegenden Zusammenhang kommt es insbesondere auf den 2. Hauptsatz an[46]. Er besagt in seiner kinetischen Fassung, daß Wärmebewegungen zwischen Zuständen unterschiedlichen Energieniveaus sich dem Gleichgewicht nähern. Entropie, das Maß dieser Bewegung, ist darum zugleich ein Maß für die Energieverteilung in einem System.

Von besonderer Bedeutung ist nun, daß bereits L. Boltzmann dieser kinetischen Fassung des zweiten Hauptsatzes eine informationstheoretische zur Seite gestellt hat[47]. Entropiezunahme als Annäherung an den Wärmetod ist Abnahme von Ordnung. Information kann somit themodynamisch als negative Entropie definiert werden. Das Entropieprinzip beschreibt den irreversiblen Prozeß der Abnahme von Ordnung bis zur Erreichung der Stabilität des Gleichgewichtszustandes. Der zweite Hauptsatz der Thermodynamik stellt demzufolge ein fundamentales Asymmetrieprinzip der Natur dar - ähnlich dem klassischen Kausalitätsprinzip-, nur daß es sich bei ersterem um ein Attraktionsprinzip[48], im Falle des letzteren hingegen um ein Determinationsprinzip handelt.

Auf der Grundlage dieser Überlegungen gelang es E. Schrödinger in den 40er Jahren dieses Jahrhunderts erstmalig, dem Begriff des Lebens einen physikalisch präzisen Sinn zu geben: Leben kann sich gegen die Tendenz der Materie, in Unordnung überzugehen, durchsetzen, weil es seiner Umwelt Ordnung zu entnehmen vermag, um sich selbst dadurch auf einer tiefen Entropiestufe zu halten. Leben entzieht sich dem Abfall in den thermodynamischen Gleichgewichtszustand, indem es sich aus negativer Entropie ernährt[49].

Die weitere Präzisierung des Verhältnisses zwischen dem thermodynamischen und dem informationstheoretischen Aspekt der Selbstreproduktion von Makromolekülen hat schließlich zu einer Beschreibung der physikalischen Grundlage von Leben geführt, die formell der Kantischen Entgegensetzung von interner Wechselwirkung und asymmetrischer Außendeterminiertheit durchaus analog ist: Eine Zelle vermag ihre chemische Stabilität nur dadurch aufrechtzuerhalten, daß sie ihrem Milieu Materie, Ordnung und Energie entzieht. Insofern steht auch der Prozeß ihrer Selbstreproduktion in einem asymmetrischen Verhältnis zur Umwelt. Ihre genetische Stabilität, vermöge deren sie Zellen gleichen Gentyps zu erzeugen vermag, verdankt sie hingegen allein dem Informationsgehalt ihrer Vererbungssubstanz. Ihre genetische Selbstreproduktion ist also »metastabil«[50] bezüglich der Entropie des sie umgebenden Systems. Leben kann demnach physikalisch definiert werden als die genetisch verursachte lokale Außerkraftsetzung von Entropie[51].

Dieses von der Molekularbiologie erzielte Kriterium krankt nun allerdings daran, daß die eingangs skizzierte 4. Phase der Evolutionstheorie die Entstehung von Selbstreproduktion ermöglichender biologischer Erbinformation ihrerseits noch einmal auf allgemeinere Gesetzmäßigkeiten der Selbstorganisation von Materie zurückzuführen tendiert. Selbststrukturierung und Gestaltbildung durch autokatalytische

Rückkopplungsprozesse lassen sich demzufolge bereits auf der Ebene nicht genetisch codierter Molekülstrukturen ausmachen. Unter dieser Voraussetzung würde es sich nahelegen, die gerade gegebene Teildefinition von Leben noch stärker einzuschränken. Leben wäre demnach aufzufassen als ein Sonderfall der Selbstorganisation weit vom thermodynamischen Gleichgewicht entfernter Materiezustände.

Damit ist der entscheidende Punkt der Abgrenzung von Leben und Nichtleben scharf bezeichnet. Er hat wohl immer noch zu tun mit der von Kant herausgearbeiteten Organismusstruktur von Leben. Aber er betrifft nicht mehr den Gegensatz von organisiert und nichtorganisiert, sondern eine Differenzierung innerhalb jener. Die Frage lautet jetzt: Läßt sich genetische Information, der Ursprung biologischer Selbstreproduktion, aus der Selbstorganisation der Materie erklären oder nicht? Die Frage kann an dieser Stelle selbstverständlich nicht beantwortet werden, wenn sie sich überhaupt entscheiden läßt[52]. Aber auf einige metaphysische Implikationen einer möglicherweise positiven Antwort ist an dieser Stelle gleichwohl aufmerksam zu machen.

Es lassen sich nämlich aus dem gerade skizzierten Überschritt von der 3. zur 4. Stufe der Evolutionstheorie, was die Abgrenzung von Leben und Nichtleben betrifft, ganz unterschiedliche Konsequenzen ziehen. B.-O. Küppers, ein Schüler und Mitarbeiter Eigens, hat den Sachverhalt der Entstehung biologischer Information durch Selbstorganisation von Materie als Berechtigungsgrund dafür genommen, die Biophysik als Ganze unter die Forschungsmaxime eines »methodische[n] Reduktionismus«[53] zu stellen, der seinerseits einen methodischen Materialismus zu implizieren scheint, da jenem Reduktionismus zufolge die evolutionäre Entstehung von Leben letztlich auf Selbstorganisationsprozesse »im molekularen, a priori unbelebten Bereich der Materie«[54] zurückzuführen wäre. F. Cramer hingegen hat aus eben denselben Forschungsergebnissen der Hyperzyklustheorie Eigens[55] umgekehrt eine grundlegende Revision des überkommenen Materiebegriffs gefolgert, im Sinne einer ursprünglichen Einheit von Geist und Materie, die er auf den Begriff des Evolutionsfeldes bringt[56]. Das erkenntnistheoretisch Angemessene dürfte in der Mitte liegen.

Es scheint Küppers entgangen zu sein, daß die auch sonst - von anderen und ihm selbstvertretene, plausible These einer vollständigen Gültigkeit der Physik im Bereich der Molekularbiologie nicht gleichbedeutend ist mit der wesentlich weitergehenden These, »daß die biologischen Phänomene grundsätzlich auf die uns bekannten Gesetzmäßigkeiten von Physik und Chemie zurückgeführt werden können«[57] bzw. sich »vollständig auf physikalische Prinzipien und Gesetzmäßigkeiten zurückführen lassen«[58]. Zu diesem Mißverständnis eines reduktionistisch verabsolutierten Theorieanspruchs der Physik kommt offenbar eine erkenntnistheoretische Unklarheit hinsichtlich des Materiebegriffs hinzu. Ihrem kritisch reflektierten Begriff zufolge - wie er bereits der griechischen Philosophie entnommen werden kann - ist Materie rein als solche gar nicht aussagbar. Erkennbar wird sie erst, sofern sie unter Prädikate fällt. Damit tritt in aufsteigender Reihe - angefangen von den sinnlichen Qualitäten, über abstrakte Prädikate, theoretische Begriffe bis hin zu umfassenden Strukturmodellen - stufenweise ein ideelles Moment in den erkannten Gegenstand. Die Unhaltbarkeit jener Reduktionismusoption von Küppers wird vollends deutlich, wenn man in Rechnung stellt, daß es sich bei den von der Theorie makromolekularer Selbstorganisation in Ansatz gebrachten Strukturmodellen um kybernetische Strukturen, also um hochgradig ideelle Gebilde handelt. Autokatalytische Strukturen sind alles andere als Materie. Die Physik führt Erscheinungen nicht auf materielle Prozesse zurück, sondern überführt diese allererst in Bestimmtheit, und zwar mit Hilfe selbstkonstruierter Modelle informationsstrukturierter Materie. Eigen selbst hat darum gerade im Hinblick auf die Molekularphysik wiederholt auf den Doppelcharakter von Modell und Experiment hingewiesen - ganz im Sinne der Erkenntnistheorie Kants. Im übrigen bleibt an dieser Stelle immer noch die Warnung beherzigenswert, die N. Wiener - neben Cl. Shannon einer der Väter der Kybernetik - bereits 1948 ausgesprochen hat: »Information ist Information, weder Materie noch Energie. Kein Materialismus, der dieses nicht berücksichtigt, kann den heutigen Tag überleben«.[59]

Ein ganz ähnlicher Fehlschluß, nur gewissermaßen in entgegengesetzter Richtung, scheint im Falle Cramers vorzuliegen. Hier wird aus der ideellen Komponente informationsstrukturierter Materie allzuschnell auf eine geistgeeinte Materie geschlossen. Die ideelle Dimension von Bestimmtheit ist aber noch nicht Geist, weder im ideenmetaphysischen, noch im substanzontologische noch im konstitutionsidealistischen Begriff des Geistes. Auch hier erweist es sich - wiederum mit Kant - als erkenntnistheoretisch sachgemäßer, den Sachverhalt Geist nicht in der Objektsphäre der Naturwissenschaft zu suchen, sondern umgekehrt gleichsam im Rücken des epistemischen Subjektes derselben, nämlich am Ort des Erkenntnis ermöglichenden Bewußtseins.

III.

Daß das menschliche Selbstbewußtsein die höchste Stufe der Kognitionsapparatur endlicher Lebewesen darstellt, ist die gemeinsame Grundüberzeugung sowohl der klassischen Vertreter der Transzendentalphilosophie, die seinen Begriff erstmalig systematisch entfaltet haben, als auch der meisten der heutigen Verfechter der Evolutionstheorie[60]. Der Streit beginnt allerdings dort, wo es um die Frage geht, ob mit der Anerkennung jenes Sachverhaltes auch zugleich schon die Autonomie des Geistes behauptet sei. Die Auseinandersetzung über diesen wichtigen Punkt ist keineswegs auf die Debatte zwischen Transzendentalphilosophie und Evolutionstheorie[61] beschränkt, sondern hat auch in der fachwissenschaftlichen Gehirnforschung selber Platz gegriffen[62]. Bezüglich des Verhältnisses von Gehirn und Geist sind hier unterschiedliche Ansätze vorgelegt worden. Die verbreitetsten Zuordnungsmodelle lassen sich unter den beiden abstrakten Titeln »Identitätstheorie« und »Psychophysischer Parallelismus« zusammenfassen - Theorieformen, die sich selbst mehr oder weniger als materialistische Positionen begreifen.

Gegen diesen angeblich rein fachwissenschaftlich begründeten, weltanschaulichen Materialismus hat der berühmte australische Gehirnforscher J.C. Eccles vehementen Protest eingelegt und ihm - unter Rückgriff auf die Ontologie K. Poppers - ein Alternativmodell entgegengesetzt, den sogenannten dualistischen Interaktionismus[63]. Selbstbewußter Geist und physikalischer Gehirnmechanismus verkörpern ihm zufolge zwei heterogene Wirklichkeitsbereiche, die in der Form der Wechselwirkung miteinander kooperieren. Die Funktion des selbstbewußten Geistes innerhalb des Ganzen des Bewußtseins bestehe darin, die verschiedenen neuronalen Leistungszentren zu integrieren und zu kontrollieren[64]. Eccles hat allerdings große Schwierigkeiten, jenen Vorgang der Wechselwirkung, insbesondere was die Einwirkung des Geistes auf die Nervenmodule betrifft, genau zu beschreiben. Und so gerät er in der ersten Fassung seiner Theorie über die bloße Versicherung und monotone Wiederholung der Grundthese kaum hinaus[65]. Darum hat er wenig später einen erneuten Anlauf unternommen, um seine These zu präzisieren und neurologisch plausibel zu machen[66].

Im Mittelpunkt steht jetzt der in der Großhirnrinde lokalisierte Vorgang der Exozytose, also die Ausschüttung der Transmittersubstanz in den synaptischen Spalt, wodurch Kettenimpulse von Neuronenaktivität ausgelöst werden[67]. In präsynaptisch verdichteten Versikelgittern stehen Versikel bereit, die im Falle der Aktivierung durch mentale Inputs ausgewählt werden, sich zu entleeren. Der Kunstgriff, mit dem Eccles nun arbeitet, um die Beeinflussung neuronaler Ereignisse durch rein immaterielle Ereignisse nachzuweisen, besteht darin, daß er - wegen der verschwindend geringen Größe solcher Effekte - die Heisenbergsche Unschärferelation als allgemeinen Erklärungsrahmen heranzieht und den ganzen Vorgang unter den von H. Margenau geprägten quantenmechanischen Begriff des Wahrscheinlichkeitsfeldes subsumiert: Sogenannte Psychonen sollen in einem Mikrobereich, der sich den Erhaltungssätzen der Physik entzieht, ohne sie zu verletzten, die fragliche Versikelentleerung auslösen.

Die inhaltlichen und methodischen Schwächen dieser Hypthese können hier selbstverständlich nicht diskutiert werden. Nur soviel sei beiläufig angemerkt: Den Kenner erinnert ihre angebliche Erklärungsleistung sehr an die bekannte Methode der Lückensuche auf dem Felde traditioneller theologischer Wunderapologetik. Sie dürfte für kritisches Denken im Bereich der neurologischen Forschung wohl ebensowenig Überzeugungskraft besitzen wie auf ihrem angestammten Gebiet. Und so ist es keineswegs verwunderlich, daß sich die letztgenannte Spezialhypothese Eccles' im Unterschied zu seinen sonstigen großen Forschungsleistungen auf dem Gebiet der Gehirnneurologie nicht durchsetzen konnte.

Es wäre nun aber falsch, aus der Kritik an Eccles' dualistischem Interaktionsmodell den voreiligen Schluß zu ziehen, entweder daß Selbstbewußtsein in der neuronalen Maschinerie des Gehirns keinerlei Anhaltspunkte habe, noch daß es umgekehrt vollständig auf diese reduzierbar sei. Zu beiden Extrempositionen besteht aus kritischer Sicht der neurophysiologischen Forschungsergebnisse keine Veranlassung.

Folgt man der heute gängigen Lehrmeinung[68], dann lassen sich für die physikalische Funktionsweise des menschlichen Gehirns mindestens drei Eigenschaften benennen:

(a) Die spezifischen Leistungen des Gehirns bauen sich auf in einer Abfolge neuronaler Projektionsfelder, die es zu einem in sich gestuften komplexen Repräsentationsorgan machen.

(b) Diese Projektionsfelder sind keine statischen Abbildungsstrukturen, sondern dynamische Aktivitätsmuster, so daß das Gehirnsystem verstanden werden kann als eine Sequenz aktiver Module.

(c) Die Reihe dieser Aktivitätsmuster gehorcht bestimmten Integrationsmechanismen, die die Abfolge der einzelnen Bewußtseinszustände zu einem »Fokus der Aufmerksamkeit«[69] synthetisieren.

Bereits diese drei Merkmale, nämlich in sich gestufte Repräsentation, Aktivität und Integration, machen deutlich, wie primitiv letztlich das noch vielerorts gebrauchte Widerspiegelungsmodell zur Beschreibung des menschlichen Kognitionsapparates ist. Sie sind aber zugleich auch ein Einwand gegen eine auf naturwissenschaftlicher Seite nicht selten zu beobachtende Überheblichkeit herkömmlichen philosophischen Theorien des Geistes gegenüber, war es doch nicht zuletzt die Transzendentalphilosophie Kants, die auf rein erkenntnistheoretischem Wege die gestufte Repräsentation, den Aktivitätscharakter und die Integrationsfunktion als spezifische Merkmale von Bewußtsein herausgearbeitet hat. Will man an dieser Stelle also falsche Entgegensetzungen vermeiden, dann wird die Frage allein lauten können, wie das Verhältnis jener drei physikalischen Eigenschaften des Gehirns zum philosophischen Begriff des Bewußtseins genau zu bestimmen ist.

Es ist das besondere Verdienst des jüngst verstorbenen Göttinger Neurologen O. Creutzfeldt, vor jedwedem kurzschlüssigen Reduktionismus nachhaltig gewarnt zu haben[70]. Die fragliche Reduktion betrifft vor allem die Beschreibung desjenigen Sachverhalts, der die Grundeigenschaft von Bewußtsein bildet, nämlich Intentionalität: das Vermögen des Vorstellens, auf selbstproduzierte Vorstellungen als von ihm unterschiedene und zugleich die seinen sich beziehen zu können. Unmittelbar darin involviert ist die Frage der gehirnphysiologischen Einordnung der Möglichkeit von Selbstbewußtsein.

Ein erstes Problem entsteht bereits auf der methodischen Ebene. Der herkömmlichen psychologisch-mentalen Beschreibungsweise entlehnte Modellvorstellungen tendieren dazu, die einzelnen Gehirnfunktionen nach Art eines Stufenbaus einander zuzuordnen und sie in einer obersten Integrationsinstanz gipfeln zu lassen. Beides entspricht jedoch nicht dem neurophysiologischen Bild der entsprechenden kortikalen Funktionen. Die verschiedenen Projektionsfelder der Hirnrinde sind nicht linear hierarchisch aufgebaut, sondern arbeiten nach dem Prinzip der multiplen parallelen Repräsentation. Deren Synthese wiederum verdankt sich nicht einem alles Mannigfaltige zur Einheit bringenden Agenten, sondern resultiert aus Quervernetzungen und Rückkopplungsschleifen auf den unterschiedlichsten Stufen des gesamten Gehirnsystems. Damit aber scheitert jeder Versuch, einen letzten Träger der Einheit des Bewußtseins auf physikalische Weise identifizieren zu wollen. Der Neurophysiologe hat sich nach Auffassung Creutzfeldts stattdessen mit dem selbstkritischen Befund zu bescheiden, daß seine Wissenschaft - zumindest unter den Bedingungen der gegenwärtigen Forschungslage - »keine Mechanismen und kein Modell anbieten kann, auf welche Weise die über weite Bereiche des Gehirns und über eine Unzahl von Neuronen verteilte Information zu einer Einheit, wie wir sie im Bewußtsein erfahren, zusammengefaßt wird«[71].

Ein zweites Einfallstor für den Reduktionismus liegt in der kybernetischen Beschreibung des Gehirnsystems. Wohl lassen sich alle neurobiologischen Informationsprozesse nach den Gesetzen der Informatik rekonstruieren. Aber die so erfaßten Signalkonfigurationen der neuronalen Aktivitätsmuster und die Strukturen ihrer Netzwerkverschaltungen stehen kategorial auf einer ganz anderen Ebene als die sinnhafte Signifikationsleistung symbolischer Bewußtseinsaktivität. Erstere lassen sich rein syntaktisch darstellen[72], während für letztere neben der syntaktischen die semantische Relation konstitutiv ist. Dies hat rückwirkend zur Folge, daß auch auf der Ebene der Syntax die Logik semantischer Symbolisierung nicht mit jenen Prozessen ausschließlich syntaktischer Informationsverarbeitung gleichgesetzt werden kann.

Das hier vorliegende Problem könnte auf den ersten Blick als gelöst erscheinen, würde man sich neueren Entwicklungen auf dem Felde der makromolekülphysikalischen Evolutionstheorie anschließen, die aus ähnlichen Fragestellungen heraus für die semantische Qualität genetischer Information plädieren und mit ihrer Auffassung zugleich eine Kritik am klassischen, von Cl. Shannon geprägten Informationsbegriff[73], der ausschließlich syntaktisch konzipiert ist, verbinden[74]. Zugunsten der semantischen Qualität Selbstorganisation ermöglichender Codierungssysteme wird hier allerdings nicht sehr viel mehr vorgebracht, als daß die jeweilige Message für den betreffenden Empfänger eine tatsächlich relevante Bedeutung besitze. Dieses Argument läßt sich jedoch leicht entkräften, da es offenkundig mit einem ganz unspezifischen Bedeutungsbegriff arbeitet, der nicht erst bei semantischen, sondern bereits bei syntaktischen Übermittlungsvorgängen erfüllt ist.

Hinsichtlich der Notwendigkeit der Sinn-Relation gemäß der formalen Semantik, also Beziehung eines Zeichens auf den durch ihn augedrückten Sinn, für das Verständnis makromolekularer Informationsprozesse ist damit also nichts bewiesen.

Doch kehren wir zurück zur Neurophysiologie. Creutzfeldt plädiert angesichts des hier vorliegenden Problems für eine strikt operationale Fassung des Informationsbegriffs. »Der Begriff der Information bezieht sich ganz und gar darauf, in welchem Kontext diese Information definiert und formuliert ist«[75]. Nur ein solch vieldimensionaler Informationsbegriff ist in der Lage, so unterschiedlichen Repräsentationsstrukturen wie neuronalen Kodierungsprozessen und semantisch-syntaktischer Symbolisierung sachlich Rechnung zu tragen. Diese Problematik darf nicht vorschnell übersprungen werden. Denn zumindest nach dem gegenwärtigen Stand der Forschung spricht alles dafür, daß »der Algorithmus, den das Gehirn verwendet, um Probleme zu lösen, ein anderer ist als der, wie er sich aus der Analyse unseres Denkens selbst gibt«[76]. Das bedeutet, daß es keinen Übergang gibt, keine Homogeneität besteht zwischen der intentionalen Bewußtseinstätigkeit in Vorstellungen und Begriffen und den neurobiologischen Informationsprozessen, auf welchen jene aufruht: »die Bedeutung und die logischen Bezüge der Symbole zueinander sind nicht durch die Organisation unseres Gehirns vorgeschrieben«[77].

Nimmt man beide Gesichtspunkte zusammen, die neurophysiologische Nichtidentifizierbarkeit eines Trägers der Einheit des Bewußtseins und die Heterogeneität neuromodulatorischer und sinnsymbolisierender Repräsentation, dann ergeben sich wichtige Konsequenzen für das Verhältnis von neuronaler und intentionaler Repräsentation bzw. Selbstrepräsentation. Creutzfeldt geht - mit anderen Neurophysiologen - davon aus, daß die für Bewußtsein und Selbstbewußtsein konstitutive Struktur der Objektbezogenheit und Selbstbezüglichkeit in der Tat ein neuronales Äquivalent im Aufbau des Gehirns besitzt. Aber dabei handelt es sich - wie bereits erwähnt - nicht um besondere, eigengeartete Teilorgane, sondern um Rückkopplungsstrukturen, die den gesamten dominanten Bereich der Großhirnrinde durchziehen und deren physikalische Gesetzlichkeit im Prinzip nicht anders funktioniert als die anderen Synapsenverschaltungen des übrigen Nervensystems. Vor allem zweien dieser sogenannten Rückkopplungsschleifen, der Wahrnehmungsschleife und der Reflexionsschleife, verdankt das Gehirn sein Vermögen integrativer Repräsentation und Selbstrepräsentation.

Beide dürfen nun aber nicht gleichgesetzt werden mit dem, was man herkömmlicherweise unter Bewußtsein und Selbstbewußtsein versteht. Denn der gesamte Bereich der Afferenz-Efferenz-Zellen, ihrer Verschaltungsmechanismen, des zentralen Nervensystems und der Cortex cerebralis verkörpert ein in sich gestuftes Netzwerk neuronaler Informationsverarbeitung. Funktionen wie Wahrnehmung, Lernen, Gedächtnis, Selbstbeobachtung sind darum hochkomplexe Chiffrierungsvorgänge. Die einzelnen Aktionspotentiale der Hirnrinde bilden nicht physikalische Daten eines Objektes der Außenwelt oder des Subjektes unmittelbar ab, sondern verarbeiten jeweils bereits hochchiffrierte neuronale Information. Die hier erbrachte aktive Projektionsleistung kann aus dem Grunde nicht mit der Subjekt- oder Objektvorstellung des Bewußtseins verglichen werden, weil in ihr ja keineswegs intentionale Gehalte repräsentiert werden, sondern neuronale Information unterschiedlichsten Verarbeitungsgrades. Und umgekehrt gelangen im Bewußtsein keineswegs Gehirnströme, Nervenschaltungen, Transmittersubstanzen oder dergleichen zur Bewußtheit, sondern, wenn man so will, deren Verarbeitungsprodukte, nämlich Körperreize, Empfindungen, Objektvorstellungen, Selbstvorstellungen und dergleichen. Der intentionale Gehalt des Selbstbewußtseins läßt sich ebensowenig in eine physikalische Beschreibung überführen, wie beispielsweise der Erlebnisgehalt einer Farbwahrnehmung, etwa der Farbe Blau, durch die Angaben des elektrischen Impulses, den elektromagnetische Schwingungen eines bestimmten Spektralwertes auf der Retina auslösen, erfaßt wird. Das Ergebnis dieser Überlegungen kann also dahingehend zusammengefaßt werden, daß die Intentionalität des Objektbewußtseins und des Selbstbewußtseins sich nicht aus denjenigen Repräsentations- und Selbstrepräsentationsstrukturen erklären läßt, die jenen als physikalische Träger dienen.

Wegen dieser grundsätzlichen Heterogenität von intentionaler Bewußtseinsstruktur und neurophysiologischer Gehirnstruktur muß Creutzfeldt das interaktionsdualistische Theoriemodell ebenso ablehnen wie das materialistische-monistische. Beide weisen nicht nur sachlich gravierende Erklärungslücken auf, sondern werden auch den methodischen Zuordnungsproblemen nicht gerecht. Stattdessen plädiert er im Anschluß an Kant für einen konsequenten Perspektivendualismus.

Dessen Unterscheidung und Verknüpfung von empirischem Realismus und transzendentalem Idealismus wird dahingehend konkretisiert[78], daß neurologische Gehirnforschung und intentionale Bewußtseinsanalyse zwei miteinander verträgliche und einander ergänzende Beschreibungsformen ein und desselben Phänomens darstellen, das sich anders als in dieser Duplizität nicht fassen läßt. Man könnte hier zwar nicht von einem inhaltlich, wohl aber von einem methodischen psychophysischen Parallelismus sprechen: »die Reflexion über die transzendentalen Bedingungen unserer Erfahrung und unserer Vernunft will und kann nichts über den materiellen Apparat, durch den Vernunft sich darstellt, aussagen. ... Umgekehrt kann die naturwissenschaftliche Analyse der Materie des Gehirns weder das Bewußtsein (als Erfahrung) noch den Geist erklären«[79]. Das Thema »Bewußtsein« ist also nicht deswegen ein selbständiges Forschungsgebiet der Philosophie, weil es im Gehirn Vorgänge gäbe, die sich einer naturwissenschaftlichen Erklärung prinzipiell entzögen, sondern Bewußtsein ist, obwohl die Physik im Gehirn vollständig gilt[80], aus dem Grunde nicht auf einen physikalischen Sachverhalt reduzierbar, weil sich Intentionalität, die Verfaßtheit von Bewußtsein gemäß dessen Binnenperspektive nicht objektivieren und damit auch nicht physikalisch erklären läßt. Auf der Ebene der Selbstaufklärung des Bewußtseins geht es nicht mehr um das Verhältnis gegenständlicher Eigenschaften zueinander, sei es des Subjekts oder des Objekts, sondern darum, wie die Gegenstandsvorstellung und die Selbstvorstellung ihrerseits in der Struktur des Bewußtseins konstituiert sind.

So verkörpern neurologische Gehirnphysiologie und philosophische Bewußtseinsforschung zwei völlig verschiedene, weil unterschiedlichen epistemischen Einstellungen entspringende, zugleich aber auch einander ergänzende Formen der Thematisierung von Geist. Um echte Komplementärformen handelt es sich deshalb, weil nur die eine der beiden Theorieformen die physikalische Beschaffenheit der Existenzbedingungen von Bewußtsein zu analysieren in der Lage ist, diese ihrerseits jedoch immer schon die Erfülltheit jener bewußtseinsstrukturellen Wahrheitsbedingungen von Theorie überhaupt voraussetzt, die das exklusive Thema der anderen bilden.

IV.

Gibt es nun innerhalb des Bereichs des Intentionalen, jenseits des bloß subjektiven innerpsychischen Geschehens seiner Träger und unabhängig von den evolutionären Fluktuationen desselben, einen archimedischen Punkt, von dem aus sich der Begriff des Selbstbewußtseins rekonstruieren ließe? Kann dessen Strukturbeschreibung auf einen tragfähigeren Boden gestellt werden als auf den bloßen Vollzug der Introspektion? Zur Bewältigung eben dieser Schwierigkeiten haben sich die klassischen Entwürfe der Theorie der Subjektivität des Logischen bedient, um auf seiner Grundlage die kognitive Struktur des Bewußtseins zu erhellen und von hier aus die Verfaßtheit von Selbstbewußtsein aufzuklären. Die Logik wird zum Leitfaden der Transzendentalphilosophie erhoben. Um diesen methodischen Zusammenhang auch begrifflich zum Ausdruck zu bringen, hat man als Bezeichnung dieses Typs von Erkenntnistheorie den allgemeinen Titel »Transzendentale Logik« gewählt.

Nun wird man gegen dieses Vorgehen aus evolutionstheoretischer Perspektive vielleicht das Argument vorbringen, daß auch die logisch-semantische Struktur der Sprache ein Ergebnis, und zwar ein recht spätes Ergebnis, des Entwicklungsprozesses gehirnausgestatteter Säugetiere darstelle und somit alles andere als geeignet sei, als apriorischer Leitfaden einer apriorischen Strukturtheorie von Bewußtsein und Selbstbewußtsein zu fungieren. Dieser Einwand - einmal ganz abgesehen davon, daß er zu seiner Formulierung voraussetzen muß, wessen Allgemeinheit und Notwendigkeit er bestreitet, nämlich des Logischen - verkennt offensichtlich dessen methodischen Status. Die überempirische Gültigkeit der logisch-semantischen Struktur der Sprache beruht nämlich nicht darauf, daß sie die faktische Gesetzmäßigkeit des Denkens oder die faktische Akzeptanz seiner intersubjektiv verbindlichen Regeln zum Ausdruck brächte, sondern allein auf dem Sachverhalt, daß sie diejenigen formalen Wahrheitsbedingungen formuliert, denen jede sprachliche Bezugnahme auf Wirklichkeit genügen muß, die mit dem Anspruch auf Erkenntnis auftritt. Lediglich deshalb, weil die Logik apriorische Voraussetzungen von Erkenntnis in diesem Sinne enthält, kann sie ihrerseits von der Erkenntnistheorie wiederum als apriorische Bedingung der Exposition des Begriffs dessen, wodurch sich Erkenntnis aufbaut, nämlich Bewußtsein, in Anspruch genommen werden.

Irgendeine Existenzannahme, die durch die Evolutionstheorie selbstverständlich jederzeit relativierbar wäre, ist darin nicht impliziert. Die logisch-semantische Struktur der Sprache bildet gleichsam die Matrix, anhand deren der erkenntnistheoretische Begriff des Geistes gewonnen werden kann.

Für einen solchen Leitfaden der Theorie des Selbstbewußtseins ist in erster Linie die logische Struktur der prädikativen Aussage bzw. des Urteils einschlägig. Kant hat diesen Zusammenhang von Urteils- und Selbstbewußtseinsstruktur einmal in einer berühmten Nachlaßreflexion knapp und prägnant zusammengefaßt. Demzufolge läßt sich jedes Urteil von der logischen Form »A ist B« oder »A hat die Eigenschaft B« erkenntnistheoretisch umformulieren in die Aussage: »Dasjenige x, welches ich unter der Bestimmung A kenne, kenne ich auch unter der Bestimmung B«. An dieser Transformation wird vor allem dreierlei deutlich: Erstens, jede prädikative Bezugnahme auf etwas stellt eine aktive Synthesisleistung derjenigen kognitiven Instanz dar, die den Bezug herstellt. Zweitens, die zweifache Identifizierung des x, nämlich einerseits als A, andererseits als B, steht unter der Bedingung, daß die identifizierende kognitive Instanz mit sich identisch bleibt. Drittens, die Selbstidentität der kognitiven Instanz ist nicht substantieller, sondern funktionaler Art, nämlich eine solche, die ausschließlich für die betreffende kognitive Leistung in Ansatz zu bringen ist.

Es wäre nun ohne weiteres möglich, würde aber an dieser Stelle zu weit führen, die an der Form des Subjekt/Prädikat-Urteils aufgewiesenen drei Sachverhalte auch an anderen Urteilsformen, etwa an der Form der elementaren Prädikation oder an der Form der Regelaussage, zu demonstrieren. Faßt man das Ergebnis solcher Überlegungen zusammen, dann ergibt sich folgende erkenntnistheoretische Struktur der Selbstbeziehung: Selbstbewußtsein ist die Vorstellung seiner selbst als identischer Synthesisinstanz gegenständlicher Bestimmtheit. Selbstbewußtsein ist somit die Selbstbeziehung von Subjekten, wodurch und worin sich diese als aktive Wissensinstanz vorstellig werden. Diese interne Stufung des Bewußtseins qua Selbstbewußtsein vollzieht sich wie die Bezugnahme des Bewußtseins auf seine Vorstellungen überhaupt gänzlich innerhalb der intentionalen Sphäre. Weil das »Sein« jener Instanz vollkommen im Vollzug von Synthesisaktivität aufgeht, ist die Selbstvorstellung von diesem Akt unablösbar. Das bedeutet, daß die Ich-Vorstellung niemals eine Gegebenheit, sondern grundsätzlich ein spontanes Erzeugnis von Bewußtsein ist.

Die Struktur vorstellender Selbstbeziehung, aus der die Ich-Vorstellung hervorgeht, läßt sich nun aber auch noch in einer anderen Richtung lesen. Gegenständliche Bestimmtheit ist immer das Resultat der Synthesisaktivität des Bewußtseins. Auch letztere kann als solche zum Inhalt der Selbstvorstellung werden. In diesem Fall liegt dasjenige Bewußtseinsphänomen vor, das wir im allgemeinen als »Reflexion« bezeichnen. Reflexion ist diejenige metastufige Einstellung des Bewußtseins zu sich selbst, worin die eigene Leistung gegenständlichen Bestimmens thematisch wird. Objektive Bestimmtheit wird gleichsam zurückgeholt in die Instanz, die sie erzeugt hat, um sie so nach den in sie eingegangenen Synthesishandlungen transparent zu machen. Das Bewußtsein sieht nachträglich noch einmal seiner eigenen Wissensproduktion zu. Reflexion kann ebensowenig wie die Ich-Vorstellung vergegenständlicht werden, weil sowohl der Intentionalitätscharakter der Reflexionssphäre als auch der Spontaneitätscharakter des Reflexionsvollzugs eine Objektivierung ausschließen.

Reflexion und Ich-Vorstellung als die beiden gleichursprünglichen Dimensionen spontaner Selbstbeziehung bilden somit die Grundstruktur dessen, was man unter den Bedingungen neuzeitlicher Erkenntnistheorie als »Geist« zu bezeichnen hätte. Dieser transzendentalidealistische Begriff des selbstbewußten Geistes hat schlechterdings nichts zu tun mit den Geist-Modellen vorkritischer Metapyhsik, geschweige denn mit den immer wieder auftauchenden, scheinbar so einleuchtenden vitalistischen Geistoptionen reflexionsentwöhnter Provenienz. Man stellt keine übertriebenen Anforderungen an die Standards der gegenwärtigen Debatte über »Gehirn und Geist«, wenn man, was den Geistbegriff anbelangt, das Niveau der vertretenen Positionen in erster Linie danach bemißt, inwieweit sie in der Lage sind, seiner spezifisch transzendentalen Fassung Genüge zu tun.

Gegen die gesamte Tradition neuzeitlicher Selbstbewußtseinstheorien ist nun allerdings in der Philosophie des 20. Jahrhunderts, nämlich bei M. Heidegger, der Einwand erhoben worden, daß sie mit ihrer Orientierung an der Vorstellungsstruktur des Bewußtseins unausgewiesenermaßen von der Priorität der theoretischen Welteinstellung ausgehe, während letztere in Wahrheit eine sekundäre Abstraktion aus dem praktischen Weltumgang darstelle. Dementsprechend sei Intentionalität fundiert in der komplexen Struktur entscheidungshaften In-der-Welt-Seins. Und Selbstbeziehung sei zu bestimmen als die konkrete Struktur der Selbstauslegung der Existenz nach ihren faktizitären Verhaltensbezügen. Heidegger proklamiert darum den Übergang vom reflexionstheoretischen zum verstehenstheoretischen Begriff der Subjektivität.

Richtig an diesem - wie der frühe Heidegger zeigt - im Grunde pragmatisch-lebensphilosophischen Einwand ist sicherlich, daß durch den transzendentalen Begriff des Selbstbewußtseins noch kein angemessenes Verständnis derjenigen Beziehung bereitgestellt wird, in der die Spontaneität der Selbstbeziehung und das lebensweltliche Selbstverständnis des in ihr mitgesetzten Trägers zueinander stehen. Insofern darf Heideggers Hinweis auf die unhintergehbare Faktizität alltäglichen Existierens als entschiedenes Plädoyer für eine Philosophie der konkreten Subjektivität gelesen werden. Wenn Heidegger allerdings meint, mit dem Hinweis auf die mundane Ausgelegtheit von Intentionalität zugleich auch deren mentale Produktions- und Reflexionsstruktur widerlegt zu haben, so erliegt er einem Selbstmißverständnis hinsichtlich der argumentativen Tragfähigkeit seiner Kritik. Auch wenn das vorstellende Bewußtsein und seine Selbstbeziehung sich lediglich als »abkünftige Modi« entscheidungshaften Existierens erweisen sollten, wäre deren innere Möglichkeit gleichwohl verständlich zu machen.

Eine Theorie des Selbstbewußtseins wird ihren Gegenstand somit nur dann adäquat zur Geltung bringen können, wenn sie die konstitutionsidealistische Funktion von Bewußtsein zu der lebensweltlichen Ausgelegtheit von Subjektivität in eine konstruktive Beziehung setzt. Dies würde bedeuten, daß das Bewußtsein seiner selbst als einer Synthesisinstanz möglicher Objektbestimmung nur die Form des Selbstbewußtseins ausmacht, die jedoch von der materialen Bestimmtheit der Selbstverhältnisse des durch sie konstituierten empirischen Trägers unablösbar ist. Und umgekehrt müßte gelten: Eine nach raum-zeitlichen Bestimmungen leiblichen In-der-Welt-seins spezifizierte qualitative Ich-Identität ist nur möglich auf der Grundlage des Vollzugs von Selbstreflexion. Beide Aspekte von Subjektivität, der formale und der konkrete, lassen sich in der Tat auch miteinander vereinigen, nämlich im Begriff der Selbstdeutung. Als Verschränkung beider Momente bezeichnet der Begriff der Selbstdeutung offenkundig ein komplexes Strukturgefüge unterschiedlichster Teilfunktionen.

Selbstdeutung ist eine Reflexionsform des Bewußtseins. Das Bewußtsein zielt darin nicht auf die Welt der Gegenstände, deren Bestimmtheit es hervorbringt, sondern auf sich selbst. Es richtet sich aber auch nicht etwa auf das Subjekt, welches als seine Trägerinstanz fungiert, sondern lediglich auf sich selbst als Bewußtsein. Selbstdeutung setzt also offenkundig eine Spaltung innerhalb des Selbstbewußtseins voraus, nämlich in eine reflektierende und eine reflektierte Seite. Beide, sowohl die reflektierende als auch die reflektierte Seite, repräsentieren je auf ihre Weise Bewußtsein. Die reflektierte Seite ist darum nicht etwas schlechterdings Unbewußtes oder Unterbewußtes, sondern lediglich ein mit Bezug auf den infrage stehenden Selbstdeutungsvorgang relativ unbewußtes, also ein Vorbewußtes. Beide Seiten trennt nicht der kategoriale Gegensatz bewußt/bewußtlos, sondern allein die Stufendifferenz der Reflexion. Selbstdeutung ist aufgrund dieser Verschieblichkeit reflektierender Selbsterfassung ein in sich gestufter Prozeß der Überführung von »seiendem« Bewußtsein in bestimmtes Bewußtsein. Dieser für die Struktur der Selbstdeutung konstitutive Grundsachverhalt kann bezeichnet werden als die Differenz von Erleben und Deutung. Bewußtsein als Erleben wird im Vorgang reflektierender Deutung zum Gegenstand expliziter Selbsterfassung. Darin liegt zugleich, daß allen Operationen der Selbstdeutung Bestimmbarkeitskorrelate korrespondieren, die in den Bereich der Subjektivität selber fallen. Jedes Bewußtseinserlebnis als bestimmtes ist dann bereits das Resultat der Interaktion von Erleben und Deuten.

Infolge der Verschieblichkeit der Stufendifferenz der Reflexion tritt sich die Subjektivität an keiner Stelle des Prozesses der Selbstdeutung in nackter Unbestimmtheit gegenüber, sondern reichert immer nur vorhandene Bestimmtheit mit weiterer Bestimmtheit an. Selbstdeutung ist Fortbestimmung seiner selbst. Die Bestimmtheit, die der Subjektivität bereits eignen muß, wenn das durch sie Qualifizierte zum Bestimmbaren weiterer Selbstexplikation wird, darf nun aber keineswegs verwechselt werden mit Seinsbestimmtheit. Denn auch sie kann - wenn anders es sich hier tatsächlich um Selbstbestimmung handeln soll - nur als ausschließliches Produkt der bestimmenden Tätigkeit dieses Bewußtseins selber, d.h. als eigenerzeugte Bestimmtheit, gedacht werden. Die konstitutionsidealistische Funktion der Subjektivität schließt es notwendig aus, nicht nur die Objektivität der Gegenstandswelt, sondern auch die strukturierte Vorfindlichkeit menschlichen Selbstverständnisses als Gegebenheit aufzufassen. Die faktizitäre Ausgelegtheit, in der Subjekte sich lebensweltlich immer schon vorfinden - und die Heidegger meint gegen den Produktionscharakter der Reflexion ausspielen zu können -, ist eine aus vorgängigen Akten der Selbstreflexion resultierende und als solche bewußt oder unbewußt angeeignete Bestimmtheit des Selbst. Damit tritt ein weiteres Strukturmerkmal von Selbstdeutung zutage. Selbstdeutung geht nicht auf in reiner Bewußtseinsaktuosität, sondern besitzt neben der Spontaneität solcher Vollzüge auch noch eine habituelle Seite. Die faktizitäre Ausgelegtheit des sich je vorfindenden Selbstverständnisses ist nichts anderes als dessen eigene habitualisierte Deutungsleistung. Jede einzelne Station des Gesamtkontinuums humaner Selbstauslegung steht darum in der unauflöslichen Spannung zwischen dem Sich-Binden an ursprünglich spontan erzeugte, danach jedoch habituell verinnerlichte Selbstbilder und dem Sich-Losreißen davon in neuen Aktionen spontaner Selbstbestimmung, deren Resultate sich dann wiederum als Bestimmtheitssedimente ablagern. Der Entwurfscharakter und der Faktizitätscharakter der Selbstdeutung fallen also gleichermaßen in den Bereich der Selbstbestimmung und verhalten sich zueinander wie Akt und Habitus. Beide Momente fordern sich wechselseitig, weil ihre Polarität nur eine Erscheinung jener für Reflexion überhaupt konstitutiven Stufendifferenz darstellt, nämlich deren Anwendung auf die Handlungsstruktur von Selbstbestimmungstätigkeit.

Die Struktur der Selbstdeutung läßt sich aber noch genauer beschreiben. Sofern sowohl die spontane als auch die habituelle Seite derselben jeweils Momente von Selbstbestimmung darstellen, unterliegen sie den kategorialen Ausdifferenzierungsmöglichkeiten, die im Begriff der Bestimmung enthalten sind. Jedes beliebige X läßt sich in mindestens zwei Richtungen bestimmen: Es kann bestimmt werden als etwas und es kann bestimmt werden zu etwas. Auf der sprachlichen Ebene bedienen wir uns dazu einerseits prädikativer Sätze (»Das Individuum a hat die Eigenschaft F«), andererseits normativer Sätze (»Das Individuum a soll die Eigenschaft F haben«). Diese logisch-semantische Differenz läßt sich unschwer übertragen auf die mentale Aktivität reflektierender Selbstbestimmung. Im Fall der deskriptiven Selbstdeutung bestimmt sich ein Selbst als das, was es ist, im Fall der präskriptiven Selbstdeutung bestimmt es sich zu dem, was es sein soll. Dieser Strukturgegensatz betrifft aber keineswegs nur die partikularen und kontingenten

Merkmale von Subjektivität, sondern reicht hinauf bis zur Bestimmung ihrer komplexen wesentlichen Lebensganzheit samt deren je verschiedenen Kohärenzbedingungen. Die konkrete Selbstdeutung eines Ich steht darum immer in der Spannung zwischen identifizierter und projektierter Ich-Identität.

Ein weiteres Strukturmerkmal ebensowohl deskriptiver wie normativer Selbstdeutung, das sich auf deren spontane und habituelle Seite gleichermaßen auswirkt, ergibt sich noch aus einem anderen logischen Aspekt des Bestimmungsbegriffs. Jede Bestimmungsoperation impliziert ein Allgemeinheitsmoment. Bestimmung ist gemäß ihrer logischen Elementarstruktur die Subsumtion eines Individuums unter einen Begriff. Ohne ein solches Allgemeinheitsmoment kann nun auch die Struktur reflektierender Selbstdeutung nicht gedacht werden. Jenes kann zwar von dem Subjekt des Reflexionsvollzugs selbsttätig konstruiert werden, aber auch in diesem Fall differiert die konzeptionelle Setzung des Allgemeinen von der Selbstsubsumtion unter es. Diese Differenz verschärft sich, wenn das Allgemeinheitsmoment nicht selbstätig erzeugt, sondern auf dem Wege sozialer Lernprozesse erworben wird. Dann treten interpersonal oder gesellschaftlich vorgegebene Deutungsmuster in den individuellen Selbstauslegungsvollzug, die nach Maßgabe ihrer Anerkennung und Aneignung den eigenen Selbstdeutungshorizont prägen. Gleichgültig wie das Ergebnis dieses Rezeptionsvorgangs inhaltlich ausfallen mag, auf jeden Fall vollzieht sich die Selbstdeutung in einer Spannung zwischen dem Rekurs auf vorgegebene, allgemeine Deuteschemata einerseits und deren individueller Selbstzuschreibung andererseits. Die konkreten Sinnbezüge des eigenen Selbstverständnisses ergeben sich gewissermaßen nach Maßgabe der operationalen Semantik, deren sich das betreffende Individuum bedient. Nicht nur die öffentlich institutionalisierten Formen der Kultur wie Familie, Staat, Kunst, Religion, Wissenschaft, Recht, Politik und Wirtschaft fungieren in diesem Sinne als allgemeine Deuteschemata der Selbstauslegung, sondern sogar die Begriffe personaler Identität und Individualität können noch dieser Kategorie zugerechnet werden, sofern sich nämlich in ihnen ebenfalls allgemeine Vorstellungen, etwa der Grundwert der je eigenen Lebensführung, aussprechen. Aber unbeschadet ihrer kulturellen Vorgegebenheit werden auch derartige Deuteschemata immer nur dann zu prägenden Formen eigener Selbstauslegung, wenn das betreffende Individuum selber sie als für sich verbindlich anerkennt und sich zu eigen macht. Die sozialpsychologische These der gesellschaftlichen Vermitteltheit von Ich-Identität und die transzendentalphilosophische These der Spontaneität ichhafter Selbstbeziehung brauchen sich demnach keineswegs auszuschließen, sofern man nur die Differenz zwischen dem Rekurs auf Deuteschemata und deren Selbstzuschreibung sowie die inneren Ermöglichungsbedingungen solcher Selbstzuschreibung angemessen in Rechnung stellt.

Eine durchgeführte Theorie der konkreten Subjektivität müßte nun die verschiedenen Beziehungen herstellen zwischen den einzelnen strukturellen Grundspannungen: Deuten und Erleben, spontane und habitualisierte Selbstdeutung, deskriptive und normative Selbstdeutung, Verwendung allgemeiner Deuteschemata und individuelle Selbstzuschreibung derselben. Auch wäre eine genauere Abgrenzung zwischen den Begriffen Selbstbestimmung, Selbstauslegung, Selbstdeutung vonnöten, welche ihrerseits eine Klärung des Verhältnisses von Selbstvorstellung und Selbstbestimmung erforderlich machen würde. All dies kann im vorliegenden Zusammenhang nicht geleistet werden. Immerhin läßt sich unter Inanspruchnahme des bereits Erarbeiteten der noch etwas vage gebliebene zweite Begriff in der Formulierung unseres Gesamtthemas ein wenig präziser angeben. Menschlicher Geist, nicht nach seinen institutionellen Objektivationen, sondern als subjektive Vollzugsgestalt betrachtet, läßt sich definieren als Inbegriff menschlicher Selbstdeutungskultur.

Unter diesen Begriff läßt sich dann auch die subjektive Seite der Religion subsumieren, nämlich religiöses Bewußtsein. In subjektivitätstheoretischer Perspektive kann Religion verstanden werden als Inbegriff derjenigen Selbstdeutungskultur, worin die Unbedingtheitsdimension von Lebenssinn thematisiert wird. Religiöses Bewußtsein gewinnt konkrete Lebensgestalt, indem die Vorstellungskomplexe religiöser Kommunikation in Gegenwart und Frömmigkeitsgeschichte zu Deuteschemata der eigenen Selbstauslegung werden. Diesen Begriff religiöser Deutungskultur auszuführen, würde wiederum ein eigenes Thema darstellen.

Als Gesamtergebnis unserer Überlegungen kann somit festgehalten werden: Die biologisch-genetische Erklärung von Leben und die physikalisch-neurologische Zergliederung des menschlichen Gehirns bedeuten in all ihrer Fülle an konkreten Erkenntnissen über die Existenzbedingungen des Geistes ebensowenig das Ende seiner Autonomie - sie setzen diese als transzendentale Wahrheitsbedingung der eigenen Theoriekompetenz vielmehr voraus -, wie sie als objektivierende und verobjektivierbare Wissensgestalten jemals dessen eigentümliche Form der Selbstreflexion zu ersetzen in der Lage sind. Wie die moderne Anthropologie gezeigt hat, muß sich der Mensch deshalb mit objektiven Kulturgebilden umgeben, weil er das Wesen der Selbstdeutung ist. Um sie vollbringen und sich dessen vergewissern zu können, bildet sein Bewußtsein eigene Formen des Geistes aus und reflektiert sich in ihnen. Dazu gehört auch die Religion. Ein angeblich im Namen der Wissenschaft sprechender Reduktionismus, der meint, diesen Sachverhalt wegerklären zu können, verfehlt in Wahrheit die neuzeitlichen Standards erkenntnis-theoretischer Selbstkritik. Aber selbst ein solcher Vorgang, sofern er nämlich ein Ereignis unserer kulturellen, nicht der biologischen Evolution darstellte, würde auch und gerade in seinem defizienten Modus noch einmal unfreiwillig Zeugnis davon ablegen, daß kulturell gestaltete Selbstdeutung mit dem bloßen Bestehen menschlichen Lebens nicht schon gegeben, sondern allererst aufgegeben ist. Auch bezüglich solcher Ambivalenzen im Gesamtfortschritt der Wissenschaften erweist sich ein kritisches Wort aus alter Zeit als höchst unverbraucht und erstaunlich aktuell: »Was hülfe es dem Menschen, wenn er die ganze Welt gewönne und nähme doch Schaden an seiner Seele«.

Anmerkungen

1. Wolfhart Pannenberg erblickt darin zurecht eine der »folgenschwersten Fehlentwicklungen im Verhältnis vonTheologie und Naturwissenschaften« (Systematische Theologie, Bd. 2, Göttingen 1991, 143). Ob sein eigener Versuch der »Anwendung des Gedankens der Schöpfung auf die Evolution« (a.a.O., 146) allerdings in der Lage ist, angemessene theoretische Perspektiven zur Lösung der hier anstehenden Probleme bereitzustellen, insbesondere was den schwierigsten Punkt, die Fassung des Geistbegriffs, anbelangt, darf ernsthaft bezweifelt werden.
2. Charles Darwin: Die Entstehung der Arten durch natürliche Zuchtwahl, hrsg. v. H. Schmidt, Stuttgart o.J., 292. 296 f.
3. Eine dem neueren Forschungsstand gemäße Darstellung der Evolutionstheorie als Theorie biologischer Differenzierung gibt Ernst Mayr: Artbegriff und Evolution, Hamburg/Berlin 1967.
4. Darwin, a.a.O., 296.
5. Vgl. dazu die zusammenfassenden Ausführungen von Bernhard Rensch: Homosapiens. Vom Tier zum Halbgott, Göttingen ^{3}1970; ders.: Die stammesgeschichtliche Sonderstellung des Menschen, Köln/Opladen o.J. (Arbeitsgemeinschaft für Forschung des Landes Nordrhein-Westfalen H. 64).
6. Vgl. Alfred Gierer: Die Physik, das Leben und die Seele, München ^{5}1991, 181. 188.
7. Vgl. dazu Francois Jacob: Die Logik des Lebenden, Frankfurt/Main 1972.
8. Eine knapp zusammengefaßte Darstellung des informationstheoretischen Modells der Vererbung gibt Hans Sachsse: Die Erkenntnis des Lebendigen, Braunschweig 1968, 153-166.
9. Vgl. Ilya Prigogine: Vom Sein zum Werden, München/Zürich ^{6}1992; ders./Isabelle Stengers: Dialog mit der Natur, München/Zürich ^{6}1990
10. Vgl. Hermann Haken: Erfolgsgeheimnisse der Natur, Stuttgart 1981; ders.: Synergetik. Eine Einführung, Berlin ^{2}1983; ders./Maria Hagen-Krell: Entstehung von biologischer Information und Ordnung, Darmstadt 1989; ders./Arne Wunderlin: Die Selbststrukturierung der Materie, Braunschweig 1991.
11. Vgl. Manfred Eigen: Wie entsteht Information? Prinzipien der Selbstorganisation in der Biologie, in: Berichte der Bunsen-Gesellschaft für Physikalische Chemie 80 (1976), 1059-1081; ders.: Stufen zum Leben, München/Zürich ^{3}1993, 225-237. 257 f.; ders.: Jenseits von Ideologien und Wunschdenken, Neuaufl., München/Zürich 1991, 139-171; ders./Ruthild Winkler: Das Spiel, München/Zürich ^{9}1990, 259-263. Vgl. dazu auch den Sammelband: Ordnung aus dem Chaos. Prinzipien der Selbstorganisation und Evolution des Lebens, hrsg. v. B.-O. Küppers, München/Zürich ^{3}1991.
12. Vgl. dazu Eigen (1993), a.a.O., 256.
13. Vgl. Gerhard Vollmer: Evolutionäre Erkenntnistheorie, Stuttgart 1975.
14. Vgl. Rupert Riedl: Biologie der Erkenntnis, Berlin/Hamburg ^{2} 1980.

15. Vgl. Franz M. Wuketits: Evolution, Erkenntnis, Ethik. Folgerungen aus der modernen Biologie, Darmstadt 1984.

16. Vgl. dazu auch R. Riedl/F. M. Wuketits: Die evolutionäre Erkenntnistheorie, Berlin/Hamburg 1987, sowie die in Anm. 17 zitierte Aufsatzsammlung.

17. Vgl. Reinhard Löw: Evolution und Erkenntnis - Tragweite und Grenzen der evolutionären Erkenntnistheorie, in: K. Lorenz/F.M. Wuketits (Hrsg.): Die Evolution des Denkens, München/Zürich 1983, 331-360; hier 335.

18. Vgl. Konrad Lorenz: Die Rückseite des Spiegels. Versuch einer Naturgeschichte menschlichen Erkennens, München/Zürich 1973.

19. Über den gegenwärtigen Stand dieser Debatte orientieren die beiden Sammelbände W. Lütterfelds (Hrsg.): Transzendentale oder evolutionäre Erkenntnistheorie? Darmstadt 1987, sowie: Fichte-Studien, Bd. 4: Transzendentalphilosophie und Evolutionstheorie, hrsg. v. K. Hammacher/R. Schottky/W.H. Schrader, Amsterdam/Atlanta 1992.

20. Lorenz, a.a..O. [wie Anm. 18], 20.

21. Das Thema wird dann später doch einmal aufgegriffen in: Konrad Lorenz: Evolution und Apriori, in: Riedl/Wuketits, a.a.O. [wie Anm. 16], 13-18.

22. Kants Lehre vom Apriorischen im Lichte gegenwärtiger Biologie, nachgedruckt in: Konrad Lorenz: Das Wirkungsgefüge der Natur und des Menschen, München/Zürich ^{6}1990, 82-110.

23. A.a.O., 83.

24. A.a.O., 82.

25. Die im folgenden festgestellten Fehldeutungen Kants finden sich exemplarisch gebündelt in der Abhandlung von 1941.

26. A.a.O., 86..

27. A.a.O., 90.

28. A.a.O., 84.

29. A.a.O., 89 f.

30. A.a.O., 95.

31. A.a.O., 84.

32. Ebd.

33. A.a.O., 85.

34. Ebd.

35. A.a.O., 88.

36. A.a.O., 89.

37. A.a.O., 85.

38. Wieder abgedruckt in: Leben = Physik + Chemie? Das Lebendige aus der Sicht bedeutender Physiker, hrsg. v. B.-O. Küppers, München/Zürich ^{2}1990, 35-47; hier 44.

39. So Carl Friedrich von Weizsäcker in seinem Vorwort zu Jacob, a.a.O., [wie Anm. 7], 5.

40. Vgl. dazu Jacob, a.a.O. [wie Anm. 7], 86-144.

41. Darauf hat jüngst in einer subtilen Studie hingewiesen Traugott Koch: Das göttliche Gesetz der Natur, Zürich 1991. »Kants begriffliche Beschreibung der Selbstlebendigkeit des Organischen gibt dem nachfolgenden Denken auf, ein 'Selbst' in der Natur zu denken, das nicht ein bewußtes, seiner selbst bewußtes ist. Denn an dieser Selbstheit hängt der Begriff des Lebens. ... Die naturwissenschaftliche Biologie spricht bis heute ganz selbstverständlich von 'Selbstorganisation' und ähnlichen Termini - ohne doch zu klären, was dieses 'Selbst' in der Natur ist« (28). Nicht recht verständlich wird allerdings, warum Koch meint, aus einer Hegelschen Perspektive heraus jene auch von ihm geteilte Grundeinsicht Kants wieder relativieren zu müssen.

42. Kritik der Urteilskraft B 292 f.

43. Vgl. Eigen (1993), a.a.O. [wie Anm. 11], 250.

44. Vgl. Jacques Monod: Zufall und Notwendigkeit, München ^{9}1991, 31ff. 55ff. 93ff.

45. Monods Aufweis der Teleonomie von Enzymen in autokatalytischen Prozessen bleibt auch dann gültig, wenn ihnen aus anderen Gründen die Funktion Maxwellscher Dämonen abgesprochen werden muß, auf welch letzterer Monods Biometaphysik des Zufalls im wesentlichen basiert; vgl. dazu Eigen (1993), a.a.O. [wie Anm. 11], 249 ff.

46. Eine eingängige Zusammenfassung seiner physikalischen Bedeutung findet sich in der 1886 gehaltenen Berliner Akademierede von Ludwig Boltzmann: Der zweite Hauptsatz der mechanischen Wärmetheorie, wiederabgedruckt in: Ders.: Populäre Schriften, Leipzig 1905, 25-50. Vgl. auch Max Planck: Vorlesungen über Thermodynamik, Berlin/Leipzig ^{9}1930, 77-119.

47. Vgl. Prigogine, a.a.O. [wie Anm. 9], 33f.; vgl. dazu auch Eigen/Winkler, a.a.O. [wie Anm. 11], 162-181. Eine detaillierte Analyse des informationstheoretischen Aspekts des Entropiebegriffs gibt Norbert Wiener: Kybernetik, Düsseldorf/Wien/New York/Moskau 1992, 38. 97-101. 105. 108f. 143.

48. Zum Begriff »Attraktor« für die thermodynamische Wirkung von Zuständen gleichförmiger Temperaturverteilung auf Anfangszustände nichtgleichförmiger Verteilung vgl. den Hinweis bei Prigogine, a.a.O. [wie Anm. 9], 32.

49. Vgl. Erwin Schrödinger: Was ist Leben?, München ^{3}1989, 120-132.

50. Vgl. Wiener, a.a.O. [wie Anm. 47], 101.

51. Vgl. Jacob, a.a.O. [wie Anm. 7], 270.

52. Wie weitreichend eventuelle Theorieperspektiven anzusetzen wären, ist angedeutet in dem - I. Prigogine gewidmeten - Buch von Erich Jantsch: Die Selbstorganisation des Universums. Vom Urknall zum menschlichen Geist, München/ Wien 1979.

53. Vgl. Bernd-Olaf Küppers: Der Ursprung biologischer Information, München/ Zürich ^{2}1990, 169.

54. A.a.O., 165.

55. Vgl. Friedrich Cramer: Chaos und Ordnung, Stuttgart [3]1989, 125 ff, 147. 228 ff.

56. Vgl. a.a.O., 235-238.

57. Küppers, a.a.O. [wie Anm. 53], 195.

58. A.a.O., 165.

59. Wiener, a.a.O. [wie Anm. 47], 192.

60. Vgl. z.B. Eigen (1993), a.a.O. [wie Anm. 11], 258.

61. Vgl. dazu die beiden in Anm. 19 zitierten Sammelbände.

62. Vgl. dazu die Beiträge in: E. Pöppel (Hrsg.): Gehirn und Bewußtsein, Weinheim 1989; K.A. Klivington (Hrsg.): Gehirn und Geist, Heidelberg/Berlin/New York 1992; Spektrum der Wissenschaft, November 1992.

63. Vgl. Karl R. Popper/John C. Eccles: Das Ich und sein Gehirn, München [10]1991.

64. Ein solches »Integron« postuliert auch Jacob, a.a.O. [wie Anm. 7], 318-143.

65. Vgl. Popper/Eccles, a.a.O., 428-452.

66. Vgl. John C. Eccles: Die Evolution des Gehirns - die Erschaffung des Selbst, München [2]1993.

67. Vgl. a.a.O., 296-310.

68. Vgl. dazu die zusammenfassenden Darstellungen von Franz Seitelberger: Neurobiologische Aspekte der Intelligenz, in: Lorenz/Wuketits, a.a.O. [wie Anm. 17], 167-196; Gerald Wolf: Das Gehirn, München 1992; Ernst Pöppel: Eine neuropsychologische Definition des Zustands 'bewußt', in: Ders., a.a.O. [wie Anm. 62], 17-32.

69. Pöppel, a.a.O., 30.

70. Vgl. zum Folgenden Otto Creutzfeldt: Bewußtsein und Selbstbewußtsein als neurophysiologisches Problem der Philosophie, in: Reproduktion des Menschen, hrsg. v. A. Preisl/A. Mohler, Frankfurt (M)/Berlin/Wien 1981 (a), 29-54; ders: Philosophische Probleme der Neurophysiologie, in: Rückblick in die Zukunft, hrsg. v. H. Rössner, Berlin 1981 (b), 256-278; ders.: Cortex Cerebri. Leistung, strukturelle und funktionelle Organisation der Hirnrinde, Berlin/Heidelberg/New York 1983; ders.: Gehirn und Geist, Göttingen 1986; ders.: Prinzipien der Hirnorganisation als Bedingung von Wahrnehmen, Denken, Handeln, in: Fichte-Studien (1992), a.a.O. [wie Anm. 19], 13-52.

71. Creutzfeldt (1981 b), a.a.O., 274.

72. Vgl. Seitelberger, a.a.O. [wie Anm. 68], 177.

73. Vgl. Claude E. Shannon/Warren Weaver: Mathematische Grundlagen der Informationstheorie, München/Wien 1976.

74. Vgl. Haken/Hagen-Krell, a.a.O. [wie Anm. 10], 14. 37-41. 50-54; Eigen (1993), a.a.O. [wie Anm. 11], 34. 41f. 49. 257; Eigen/Winkler, a.a.O. [wie Anm. 11], 292-295. 304-310; Küppers, a.a.O. [wie Anm. 53], 22. 61-92. 132. 158f. 195. 220. 251f.

75. Creutzfeldt (1981 a), a.a.O., 50.

76. Creutzfeldt (1986), a.a.O., 16.

77. Creutzfeldt (1992), a.a.O., 28.

78. Dabei ist anzumerken, daß Creutzfeldts erkenntnistheoretischer Rückgriff auf Kants transzendentale Bewußtseinstheorie eine spezifische Farbe und Tönung erhält durch die Einbeziehung des Husserlschen Intentionalitätsbegriffs.

79. Creutzfeldt (1981 b), a.a.O., 274f. Zu einem ganz ähnlichen Sachergebnis gelangt auch Seitelberger: »Die der naturwissenschaftlichen Untersuchung zugänglichen Gehirnvorgänge entsprechen nicht den subjektiven Bewußtseinserlebnissen. ... Psychologisches Hirngeschehen und hirngetragenes psychisches Erleben sind zwar zweifellos interdependet, haben aber als selbständige Phänomenebenen keine konkrete funktionale Beziehung und interferieren nicht miteinander« (a.a.O. [wie Anm. 68], 178). Vgl. dazu auch die nachdenklichen Erwägungen von Peter Bieri: Was macht Bewußtsein zu einem Rätsel?, in: Spektrum der Wissenschaft, Oktober 1992, 48-56.

80. Vgl. Gierer, a.a.O. [wie Anm. 6], 212. 217. 225.

Wolfhart Pannenberg

Das Wirken Gottes und die Dynamik des Naturgeschehens

Der Gott, von dem die Christen glauben, daß er sich endgültig und unüberholbar in Jesus Christus offenbart hat, ist kein anderer als der Schöpfer der Welt, den das Alte Testament bezeugt. Daß der Vater, dessen kommendes Reich Jesus verkündete, der Schöpfer der Welt ist, das ist die erste und fundamentale Aussage des christlichen Glaubens über Gott. Sie bildet die Grundlage aller christlichen Mission seit den Anfängen der Kirche.

Mit dem Glauben an Gott den Schöpfer ist auch die Behauptung verbunden, daß Gott seine Geschöpfe im Dasein erhält und den Lauf des Weltgeschehens regiert. Die christliche Theologie hat die Zusammenhänge zwischen Schöpfung, Erhaltung und Regierung der Welt durch Gott eingehend erörtert und auch die Konsequenzen daraus für das Verständnis der Welt gezogen. Konsequenz des Schöpfungsglaubens ist, daß alle Geschöpfe nicht nur an ihrem Anfang, sondern auch in jedem Augenblick ihres Daseins von Gottes schöpferischem Wirken abhängen. Die Erhaltung der Geschöpfe im Dasein ist nur die fortgesetzte Wirksamkeit der schöpferischen Tätigkeit Gottes. Ohne sie müßten die Geschöpfe im Nichts versinken. Unbeschadet der kreatürlichen Selbständigkeit ihres Daseins sind sie daher in jedem Moment auf Gottes Wirken angewiesen.

Alle diese Aussagen beziehen sich auf dieselbe Welt, die auch Gegenstand naturwissenschaftlicher Untersuchungen und Beschreibungen ist und für deren Erkenntnis die Naturwissenschaften in erster Linie zuständig sind. Die Theologie muß darum den Versuch machen, ihre Aussagen über die Welt als Schöpfung und über die Angewiesenheit der Geschöpfe auf Gottes erhaltendes Wirken, sowie auf seine Mitwirkung in allem geschöpflichen Geschehen, auf die naturwissenschaftliche Weltbeschreibung zu beziehen. Geschieht das nicht, dann ist nicht mehr deutlich, daß die Welt, die der christliche Glaube als Schöpfung Gottes bekennt, dieselbe Welt ist, in der wir uns alltäglich bewegen und für deren Erforschung die Naturwissenschaften zuständig sind. Das Reden von der Schöpfung der Welt durch Gott würde dann zur Leerformel. Es muß gesagt werden können, was es heißt, daß diese Welt Schöpfung Gottes ist. Es muß deutlich werden, daß das für das Verständnis der Welt einen Unterschied macht. Dabei ist selbstverständlich zu beachten, daß die Beschreibungen der Naturvorgänge durch die Gleichungen der Naturwissenschaften und die Aussagen der Theologie sich auf verschiedenen gedanklichen Ebenen bewegen. Doch diese verschiedenen Ebenen des methodischen Zugangs und der Beschreibungsform müssen in ihrem Verhältnis zueinander bedacht werden. Das ist eine Aufgabe, die den Naturwissenschaftler als solchen nicht zu beschäftigen braucht. Sie stellt sich erst im Rahmen philosophischer Reflexion auf die naturwissenschaftliche Arbeit, auf ihre Grundbegriffe, Methoden und Ergebnisse. Auf dieser Ebene philosophischer Reflexion auf die naturwissenschaftliche Beschreibung der Welt können sich auch Naturwissenschaftler und Theologen begegnen.

Die christliche Theologie bewegt sich seit ihrer Entstehung immer schon in dieser Sphäre philosophischer Reflexion. Sie bedarf des Gesprächs und der Auseinandersetzung mit der Philosophie, um den Wahrheitsanspruch des christlichen Glaubens argumentativ darlegen zu können. Darum muß christliche Theologie auch versuchen, die Grundbegriffe, Verfahren und Ergebnisse der Naturwissenschaften beim theologischen Reden von der Welt als Schöpfung Gottes so zu berücksichtigen, daß die naturwissenschaftliche Weltbeschreibung als eine besondere Zugangsweise zur Schöpfungswirklichkeit der Welt verstanden werden kann. Das bedeutet nicht, daß die Theologie sich in die Arbeit der Naturwissenschaftler einmischen dürfte, die sich auf der für diese Wissenschaft spezifischen methodischen Ebene vollzieht. Jede Wissenschaft muß auf ihrer eigenen Ebene methodisch selbständig, autonom verfahren. Das muß nicht hindern, daß dieses Verfahren, sowie die dabei zur Anwendung kommenden Grundbegriffe und die gewonnenen Ergebnisse, in andere gedankliche Zusammenhänge integriert werden. Das geschieht bei jeder philosophischen Reflexion auf die Arbeit der Wissenschaften, und das sollte auch in der Theologie geschehen, insbesondere bei der Behandlung der Schöpfungslehre.

Nach diesen einleitenden Bemerkungen wende ich mich der Frage zu: Wie wird die Realität der Welt verstanden, wenn sie als Schöpfung des Gottes der Bibel aufgefaßt wird? Welche Beziehungen zur naturwissenschaftlichen Beschreibung der Weltwirklichkeit sind damit verbunden? Diese Frage soll hier unter drei Gesichtspunkten behandelt werden:

Erstens enthält der Schöpfungsglaube die Behauptung der Zufälligkeit der Welt im ganzen und in allen ihren Teilen, unbeschadet der Ordnung des Geschehens, die die Gesetzesformeln der Naturwissenschaften beschreiben. *Zweitens* braucht die Behauptung der Schöpfung der Welt durch den Gott der Bibel nicht die Vorstellung einzuschließen, daß die Ordnung der Welt bereits von Anfang an festgelegt ist. Der Schöpfungsglaube ist durchaus mit der Vorstellung einer Entwicklung der Welt und ihrer Ordnung vereinbar, und die Schöpfungsaussage bezieht sich dann auf das Ganze dieser Entwicklung. Damit ist gesagt, daß die Schöpfung nicht von Anfang an fertig ist. Sie ist im Prozeß der Entwicklung des Kosmos selber noch unabgeschlossen. *Drittens* schließlich begründet der Schöpfungsglaube die Erwartung, daß die Grundbegriffe unserer Weltauffassung einer theologischen Interpretation zugänglich sind. Das läßt sich verdeutlichen an Begriffen wie Zeit und Raum, sowie besonders auch am Begriff der Kraft oder der Energie. Diese drei Gesichtspunkte sollen im folgenden erläutert werden.

Wenn *erstens* von der Zufälligkeit der Welt im ganzen und in allen ihren Teilen gesprochen wird, dann bedeutet das: Die Welt könnte auch nicht sein. Es gibt keine zwingende Notwendigkeit dafür, daß überhaupt etwas außer Gott existiert. Nur Gott selbst in der Freiheit seines Schöpfungshandelns ist der Grund dafür, daß es geschöpfliches Dasein gibt. Das gilt für die Welt im ganzen und für jeden ihrer Bestandteile. Darum ist auch unser menschliches Leben in jedem Augenblick unseres Daseins abhängig von Gott. Jeder neue Tag ist Gottes Gabe. Nichts, was geschieht, ist selbstverständlich. Es könnte auch ausbleiben. Es könnte auch gar nichts geschehen.

Die Behauptung solcher Zufälligkeit alles Geschehens und aller Gestalten geschöpflichen Daseins steht nicht im Gegensatz zur Möglichkeit naturgesetzlicher Beschreibung und Voraussage künftiger Ereignisse. Alle Naturgesetze beschreiben Regelmäßigkeiten, die sich unbeschadet der Zufälligkeit der Ereignisse und ihrer Abfolge an ihnen aufweisen lassen. Für den Aufweis solcher Regelmäßigkeiten ist aber schon vorausgesetzt, daß überhaupt etwas geschieht. Dasselbe gilt für Voraussagen, die auf Grund der Gesetzeserkenntnis gemacht werden. Die naturgesetzliche Ordnung des Geschehens ist die Grundbedingung für das Entstehen und Bestehen dauerhafter Gestalten geschöpflicher Wirklichkeit. Sie ist für die Lebewesen und für uns Menschen die Basis der Verläßlichkeit der Welt, in der wir leben. Sie erlaubt es uns, damit zu rechnen, daß morgen die Sonne wieder aufgehen und ein neuer Sommer aufs neue Wachstum und Ernte bringen wird. Daß es regelmäßig in der Welt zugeht, ist die Voraussetzung unseres Planens und Handelns. Dennoch ist diese naturgesetzliche Ordnung ebenso kontingent, also ebenso zufällig, wie die Ereignisse selbst, an denen die Regelmäßigkeiten auftreten, die sich durch Gesetzesformeln beschreiben lassen. Das ist ein ganz wichtiger Punkt: Zufällig ist nicht etwa nur das, für dessen Eintreten keine Notwendigkeit aufgrund eines Gesetzes angebbar ist, sondern zufällig sind auch die Regelmäßigkeiten im Ablauf des Geschehens, die durch Gesetzesformeln beschrieben werden. Sie sind uns darum nur empirisch bekannt, durch Erfahrung. Und umgekehrt: Die Tatsache, daß wir nur aufgrund von empirischen Befunden Naturgesetze behaupten können, ist gleichbedeutend mit der Zufälligkeit der durch sie beschriebenen Regelmäßigkeiten oder Gleichförmigkeiten im Geschehensablauf.

Wie weit reicht nun unsere menschliche Erkenntnis der Ordnung der Natur? Wir verhalten uns so, als ob wir vom Stande unserer jeweiligen Erkenntnis des Naturgeschehens und seiner Gesetzlichkeit unbegrenzt extrapolieren könnten. Die Wissenschaftler nehmen an, daß die von uns erkannten Regeln des Geschehens über beliebig große Distanzen in Raum und Zeit hinweg angewandt werden können. Darin steckt ein ganz erstaunliches Zutrauen zur Beständigkeit des Naturgeschehens, und wir werden dazu ermutigt, weil die Erfahrung solches Zutrauen immer wieder bestätigt hat. Dennoch haben unsere Kenntnisse nur den Wert von *Annäherungen* an die tatsächliche Ordnung des Geschehens. Das lehrt schon ein Blick auf die Geschichte der Wissenschaft: Die Kenntnis des Naturgeschehens konnte in den letzten dreihundert Jahren in atemberaubender Weise erweitert werden. Damit veränderte sich das Weltbild immer wieder, und es ist kaum anzunehmen, daß derartige Veränderungen uns nicht auch in Zukunft bevorstehen. Der *Näherungscharakter* naturwissenschaftlicher Gesetzeserkenntnis ergibt sich aber auch aus einer einfachen Überlegung im Hinblick auf das Verhältnis von Naturgesetz und Zeit. Die Gesetzesformeln abstrahieren von allen besonderen Bedingungen der Zeit. Sie müssen jederzeit experimentell nachweisbar sein. Der Zeitunterschied der Nachprüfung wird dabei als gleichgültig behandelt, wenn nur die Bedingungen für die Anwendbarkeit des Gesetzes im allgemeinen gegeben sind. Es gibt nun aber Gründe für die Annahme, daß der Unterschied der Zeit, zu der Ereignisse eintreten, in Wirklichkeit nicht so gleichgültig ist. Wenn der Ablauf der Zeit nicht umkehrbar ist, dann ergibt sich schon aus der verschiedenen Zeitstelle, an der ein Ereignis auftritt, daß es in Wirklichkeit nicht völlig gleich irgendeinem andern Ereignis ist. Schon aus diesem Grunde können Gesetzesformeln, die sich auf beliebig wiederholbare Abläufe beziehen und diese als identisch behandeln, nur Näherungen darstellen an ein Geschehen, in dessen Abfolge jedes einzelne Ereignis letztlich einmalig ist und das dabei dennoch Regelmäßigkeiten aufweist, die einer Beschreibung durch Gesetzesformeln zugänglich sind.

Wenn die Abfolge von Ereignissen in der Realität unumkehrbar, jedes einzelne Ereignis daher streng genommen einmalig ist, dann ist die Ordnung der Ereignisfolge letztlich eine geschichtliche Ordnung, die Ordnung einer geschichtlichen Abfolge. Wenn die in dieser geschichtlichen Abfolge von Ereignissen auftretenden Regelmäßigkeiten den Gegenstand naturgesetzlicher Beschreibung des Geschehens bilden, dann ist nicht nur klar, daß solche Beschreibung des Geschehens bloße Annäherung an die wirkliche Ordnung des Naturgeschehens in seinem einmaligen Ablauf bleibt, sondern dann läßt sich auch der theologische Begriff für die alles Geschehen und alle Gestalten der Schöpfung umfassende Ordnung im Verhältnis zur naturgesetzlichen Ordnung angeben: Der theologische Begriff für die Ordnung der Schöpfung ist der des göttlichen Logos, von dem der christliche Glaube mit dem Johannesevangelium sagt, daß er in dem Menschen Jesus Fleisch geworden ist. Ähnlich heißt es im Epheserbrief, der Plan Gottes mit seiner Schöpfung (also doch wohl deren Ordnung) habe von Anfang an darauf abgezielt, alles in Jesus Christus zusammenzufassen (Eph 1,10). Es ist das also eine Ordnung, die selber die Form einer Geschichte hat. In dieser Geschichte nimmt dasjenige Verhältnis zum Schöpfer in den Geschöpfen Gestalt an, das im Verhältnis Jesu zu seinem himmlischen Vater definitiv in Erscheinung getreten ist.

So - denke ich - werden wir als Christen die biblischen Aussagen über den göttlichen Logos verstehen müssen, der bei der Erschaffung der Welt mitgewirkt hat, die Ordnung dieser Welt begründet und in Jesus erschienen ist. Im Verhältnis dazu vermittelt die Gesetzeserkenntnis der Naturwissenschaften nur Näherungsbegriffe von der Ordnung des Naturgeschehens, und der damit bezeichnete Abstand von einer endgültig adäquaten Auffassung der Natur hängt gerade mit der Allgemeinheit naturwissenschaftlicher Gesetzeserkenntnis zusammen.

Mit der Behauptung, daß im Unterschied zur abstrakten Gleichförmigkeit der Gesetzesformeln der göttliche Logos Inbegriff der Ordnung des Naturgeschehens in seiner unumkehrbaren Geschichtlichkeit ist, stehe ich schon bei dem zweiten Gesichtspunkt, der einleitend angekündigt wurde. Die Schöpfung der Welt hat es nicht nur mit deren Anfang zu tun und mit einer am Anfang festgelegten Ordnung der Dinge. Auch in der weiteren Geschichte der Welt ist Gott fortgesetzt schöpferisch tätig. Er bringt fortgesetzt Neues hervor. So hat besonders der zu Beginn der Perserzeit in Babylon wirkende zweite Jesaja das Geschichtshandeln Gottes als ein immer wieder neues Schöpfungshandeln verstanden (Jes 45,7f. u.ö.). Er verwendet dabei dasselbe hebräische Wort *bara*, das im ersten Kapitel der Bibel für das Schöpfungshandeln Gottes am Anfang gebraucht wurde. Eine ähnliche Auffassung spricht aus dem durch das Johannesevangelium Jesus zugeschriebenen Wort: »Mein Vater wirkt bisher, und ich wirke auch« (Joh 5,17). Im ersten Kapitel der Bibel dagegen wird das Schöpfungshandeln Gottes ganz auf den Anfang der Welt konzentriert. Diese Sicht der Dinge entspricht der Denkform der Mythen, die von einem urzeitlichen Handeln der Götter berichten, durch das alle gegenwärtig bestehende Ordnung begründet wurde. Sicherlich ist der biblische Bericht vom Sechstagewerk der Weltschöpfung kein Mythos im eigentlichen Sinne mehr. Das erste Kapitel der Bibel versucht vielmehr, mit den Mitteln damaliger Naturerkenntnis die Entstehung der Welt und die Abfolge der verschiedenen Gestalten geschöpflichen Daseins zu beschreiben. Aber in den sechs Schöpfungstagen ist nach dieser Darstellung der Grundbestand aller Gattungen und Arten geschöpflichen Daseins vollendet, so daß die Folgezeit daran nichts mehr ändert. Das entspricht noch der Denkweise, die im Schöpfungsmythos der Babylonier zum Ausdruck kam. Dazu gehört auch die Vorstellung, daß die Grundlegung der Welt und ihrer Ordnung in sieben Tagen vollendet wurde. Denn das ist für das erste Kapitel der Bibel zugleich die urzeitliche Begründung für die Einteilung der Zeit, nämlich für die Siebentagewoche: Jede neue Woche wiederholt die 7-Tage-Periode, in der die Welt geschaffen wurde.

Diese mythische Denkform, wonach die Ordnungen der Welt in einer abgeschlossenen Anfangsphase für alle Folgezeit festgelegt worden sind, so daß danach keine neuen Formen geschöpflichen Daseins mehr entstehen, befindet sich in einer Spannung zu der für das Alte Testament sonst charakteristischen Auffassung, daß Gott immer neu schöpferisch handelt in der Geschichte seines Volkes und der Welt. Die Beschränkung des göttlichen Schöpfungshandelns auf den Anfang der Welt entspricht darum nicht dem Gesamtzeugnis der Bibel von der Art des göttlichen Handelns. Trotz des großen Einflusses, den das erste Kapitel der Bibel in der Geschichte der christlichen Theologie auf die Vorstellungen von der Schöpfung der Welt gehabt hat, ist die christliche Theologie daher berechtigt, auch anders von der Schöpfung zu reden, nämlich im Sinne eines kontinuierlichen schöpferischen Wirkens Gottes in der ganzen zeitlichen Ausdehnung des Daseins der Welt. Eine solche Betrachtungsweise entspricht auch der neutestamentlichen Auffassung besser, die alles unter dem Gesichtspunkt der künftigen Weltvollendung sieht und das Ganze des Weltgeschehens angelegt denkt auf die mit Jesus Christus schon angebrochene Zukunft Gottes. Auch unter diesem Gesichtspunkt läßt sich das göttliche Schöpfungshandeln als Einheit verstehen. Doch die Einheit des Schöpfungsaktes umfaßt bei dieser Betrachtungsweise den ganzen Prozeß des Weltgeschehens bis hin zu seiner künftigen Vollendung. Ein solches Verständnis des göttlichen Schöpfungshandelns bietet daher auch Raum für eine Evolution nicht nur der Lebensformen, sondern des ganzen Universums. Das Bild eines von Anfang an fertigen und in der Folgezeit nicht mehr veränderten Bestandes von Gattungen und Arten geschöpflichen Daseins dagegen steht im Gegensatz zu unseren heutigen Erkenntnissen über die Evolution der Lebensformen, aber auch des Universums insgesamt. Wäre die christliche Theologie festgelegt auf die Vorstellung von einer in der Anfangsphase der Welt für alle Zeit fest etablierten Ordnung, dann würde an dieser Stelle eine kaum zu überbrückende Kluft zum Weltverständnis der modernen Wissenschaft bestehen. Anders steht es, wenn der Gedanke der Weltschöpfung auf das Universum in seiner ganzen zeitlichen Ausdehnung zu beziehen ist. Das ist auch die Perspektive für eine theologische Interpretation von Grundbegriffen der Weltauffassung, die auch Grundbegriffe wissenschaftlicher Naturbeschreibung sind, nämlich für die Begriffe von Zeit und Raum, sowie von Kraft und Energie als Ursprung der Bewegungen. Es sind das Begriffe, die nicht erst von der modernen Naturwissenschaft entwickelt worden sind. Sie hatten bereits eine lange Vorgeschichte in der Naturphilosophie hinter sich, bevor sie in einer mehr oder weniger formalisierten Gestalt in den Dienst der modernen physikalischen Naturbeschreibung übernommen wurden. Die Berücksichtigung dieses philosophischen Kontextes und insbesondere der Vorgeschichte der naturwissenschaftlichen Begriffsbildung ist für das Gespräch zwischen Theologie und Naturwissenschaft besonders wichtig, weil dieses Gespräch sich ja - wie schon eingangs betont wurde - auf der Ebene einer philosophischen Reflexion auf die Arbeit der Naturwissenschaft vollziehen muß.

An erster Stelle handelt es sich hier um die Begriffe der Zeit und des Raumes; denn alles Naturgeschehen spielt sich in Zeit und Raum ab. Die Zeit als die Form des Nacheinander, der Raum als Ordnung des Nebeneinander der Erscheinungen werden heute nicht mehr als von einander unabhängige Größen behandelt, sondern als unterschiedliche Aspekte der einen, mehrdimensionalen Raumzeit. Unter dem Gesichtspunkt der Messung sind Raum und Zeit relativ aufeinander; denn jede Messung von Raumdistanzen braucht Zeit, und die Zeit wird gemessen durch im Raum stattfindende Bewegung, sei es durch die Himmelsbewegungen, sei es durch andere Uhren. Doch der Sache nach ist die Zeit im Verhältnis zum Raum fundamental; denn das Nebeneinander im Raum ist selber schon definiert durch Gleichzeitigkeit. Nun ist Gleichzeitigkeit, wie man seit Einstein weiß, ein physikalisch schwieriger Begriff. Die Relativität aller Angaben über Gleichzeitigkeit ändert aber nichts an ihrer grundlegenden Bedeutung für den Begriff des Raumes. Sie hat nur die Relativität auch der Raumverhältnisse zur Folge. Der Begriff der Zeit wird nun seinerseits nicht erst durch die Zeitmessung bestimmt, obwohl solche Auffassungen seit Aristoteles immer wieder verfochten worden sind. Vielmehr hat schon Plotin in seiner großen Abhandlung zum Zeitbegriff gezeigt, in eingehender Auseinandersetzung mit den verschiedenen antiken Zeittheorien, daß der Begriff der Zeit immer schon die Ewigkeit voraussetzt. Ewigkeit ist das unendliche Ganze der Zeit bzw. des in der Zeit stattfindenden Lebens. Ohne Voraussetzung der Ewigkeit als des unendlichen Ganzen dessen, was in der Zeit nacheinander und getrennt durch die Abfolge der Zeitmomente in Erscheinung tritt, läßt sich der Übergang von einem Augenblick zum andern gar nicht verstehen. Ähnlich hat auch Kant noch argumentiert, obwohl er für die Vorstellung des unendlichen Ganzen der Zeit nicht mehr den Begriff der Ewigkeit verwendet hat, so daß die theologische Bedeutung des Sachverhalts bei Kant nicht mehr offen zutage trat. Theologisch bedeutsam ist der Sachverhalt darum, weil damit deutlich wird, daß Gott in jedem Zeitmoment gegenwärtig ist, indem seine

Ewigkeit den Übergang zum nächsten Zeitmoment vermittelt und den Zusammenhang mit allem Vorangegangenen festhält. Das ist ein Zusammenhang, der uns endlichen Wesen durch den Fortgang der Zeit immer wieder entgleitet und allenfalls in der Erinnerung bewahrt wird. In Gottes Ewigkeit ist alles im Nacheinander der Zeit Getrennte gleichzeitig. Darum ist in der Ewigkeit auch die Differenz von Zeit und Raum aufgehoben. Umgekehrt ist Gott in seiner Ewigkeit seinen Geschöpfen nicht nur jenseitig, sondern auch an ihrem je besonderen Ort im Raume schöpferisch gegenwärtig. Das war der Gedanke des großen Isaac Newton in seiner Lehre vom absoluten Raum, wenn er den absoluten Raum das *sensorium Dei* nannte. Der unendliche Raum, der als Bedingung aller Vorstellbarkeit von Teilräumen auch nach Kant bei aller Raumanschauung schon vorausgesetzt ist, bildet nach Newton das Medium, durch das Gott seinen Geschöpfen am jeweiligen Ort ihres Daseins schöpferisch gegenwärtig ist, so daß er sie an eben diesem je besonderen Ort erschafft und erhält. Nach den Ausführungen von Newtons Freund Samuel Clarke ist der mit der Unermeßlichkeit Gottes identische, unendliche und ungeteilte Raum in aller geometrischen Raumbeschreibung schon vorausgesetzt, weil der geometrische Raum aus Teilen besteht, die auf der Maßeinheit beruhen. Auch für jede geometrische Maßeinheit gilt nämlich Clarkes und Kants These, daß jede Vorstellung von Teilräumen nur möglich ist unter Voraussetzung der Ganzheit eines unendlichen und ungeteilten Raumes. Der aus Teilen bestehende geometrische Raum setzt also immer schon die Anschauung eines ungeteilten und unbegrenzten Raumganzen voraus. Wenn das tatsächlich, wie Clarke behauptete, der Grundgedanke in Newtons Aussagen über das Verhältnis von Gott und Raum gewesen ist, dann dürfte dieser Gedanke durch die Kritik der Relativitätstheorie am Begriff des absoluten Raumes nicht getroffen sein. Diese Kritik trifft nur die Identifikation des unendlichen ungeteilten Raumes, von dem Clarke sagte, er sei die Unermeßlichkeit Gottes selbst, mit dem durch feste Richtungen und Distanzen charakterisierten Raum der euklidischen Geometrie.

Erwägungen wie diese über Zeit und Raum und ihr Verhältnis zur Ewigkeit sind schwierig. Aber sie sind unerläßlich, wenn man sich verdeutlichen will, wie der ewige Gott seinen Geschöpfen in Zeit und Raum schöpferisch gegenwärtig sein kann. Sie schützen die christliche Verkündigung von Gott als Schöpfer der Welt gegen den Verdacht, daß sie sich in menschengestaltigen Vorstellungen bewege, die begrifflos bleiben, gedanklicher Durchdringung unzugänglich sind. Vor allem aber decken sie den Irrtum in der verbreiteten Auffassung auf, daß die Realität der Welt in Zeit und Raum unabhängig sei von allen Beziehungen zur Theologie. Darum ist es von überragender Wichtigkeit, daß der Gedanke der Ewigkeit keine äußerliche und beliebige Zutat zur Erfahrung der Zeit ist, daß die Zeit selber vielmehr nur von der Ewigkeit her verstanden werden kann.

Die durch das über Zeit und Raum Gesagte deutlicher zu denkende Präsenz des ewigen Gottes bei seinen Geschöpfen läßt sich nun aber erst dann als *schöpferische* Gegenwart verstehen, wenn als dritter Grundbegriff der Physik auch der Begriff der Kraft oder Energie mit in die Erwägungen einbezogen wird. Dabei ist es wichtig, sich daran zu erinnern, daß die Naturwissenschaft des 18. Jahrhunderts versuchte, den Begriff der Kraft als Ursache der Bewegung auf die physikalischen Eigenschaften der Körper und ihrer Massen zurückzuführen. Alle Bewegung in der Natur wäre dann nur Ausdruck der Wirkungen der Körper aufeinander. Diese Vorstellung führte notwendig zum Ausschluß Gottes aus dem Verständnis des Naturgeschehens. Denn nach alter philosophischer und theologischer Überzeugung ist Gott jedenfalls kein Körper, was immer er sonst sein mag. Nach dem Johannesevangeliumn ist Gott Geist (Joh 4,24), und die philosophische Tradition hat Gott als körperlose Intelligenz gedacht. Wenn also alle Bewegung von Körpern ausgeht und in ihren Einwirkungen aufeinander besteht, dann kann Gott nicht mehr als bewegende Ursache des Naturgeschehens verstanden werden.

Dieser Diskussionsstand zum Verhältnis von Kraft, Körper und Bewegung mußte in Erinnerung gerufen werden, damit deutlich wird, was die durch Michael Faraday in die Physik eingeführte Deutung der Kräfte als Felder für das Gespräch zwischen Naturwissenschaft und Theologie bedeutet. Zwar konnte auch die Vorstellung von Kraftfeldern mit Körpern verbunden werden, die von einem Kraftfeld umgeben sind, aber der Feldbegriff konnte auch als selbständiger Grundbegriff aufgefaßt werden, so daß das Verhältnis von Körper und Kraft sich umkehren konnte: Die Kraft erscheint dann nicht mehr als eine Äußerung des Körpers und seiner Masse, sondern umgekehrt stellen sich Körper dann als Erscheinungsformen des Kraftfeldes selber dar. Die raumzeitlich ausgedehnten Kraftfelder wären dann ihrerseits die grundlegende Realität in allem Naturgeschehen.

Doch was trägt die Auffassung der Kräfte als Felder zum theologischen Verständnis des Naturgeschehens bei? Das zeigt sich erst im Lichte der aus ganz anderen Gründen nahegelegten Anwendung des Feldbegriffs auf die theologische Lehre von Gott selber. Die Gründe dafür liegen in den begriffsgeschichtlichen Wurzeln der Feldbegriffe der neuzeitlichen Naturwissenschaft, und an dieser Stelle ist es nötig, etwas genauer auf die historischen Zusammenhänge einzugehen. Einer der bedeutendsten Wissenschaftshistoriker unseres Jahrhunderts, Max Jammer, hat die stoischen Lehren über das den Kosmos erfüllende und ihn durch Spannung zusammenhaltende Pneuma als den Vorläufer der Feldtheorien der neuzeitlichen Physik beschrieben. Für die Stoiker war das Pneuma Ursprung des Zusammenhalts der Dinge, sowie aller Bewegung und der Lebenserscheinungen. Andererseits heißt Pneuma soviel wie "Geist", und umgekehrt wurde Geist im Griechischen ursprünglich nicht als Vernunft oder Bewußtsein gedacht, sondern eben als Pneuma, d.h. als bewegter und bewegender Lufthauch.

Diese Auffassung von Geist entspricht nun überraschend genau dem Sinn des hebräischen Wortes für Geist: *ruaẖ*. Während sonst oft große Unterschiede zwischen den beiden Sprachwelten des Griechischen und des Hebräischen bestehen, sind sie sich an diesem Punkt erstaunlich nah: Auch das Wort *ruaẖ* bezeichnet nämlich in seiner Grundbedeutung den Atem oder den bewegten Lufthauch. In der Bibel ist diese Vorstellung noch enger als im Griechischen mit dem Gottesgedanken verknüpft worden. So heißt es zu Beginn der Schöpfungsgeschichte, der göttliche Geist »rüttelte« über dem Urmeer. Er versetzte es also in stürmische Bewegung (Gen 1,2). Wie das griechische Wort *pneuma*, so wurde auch das hebräische *ruaẖ* als der die Lebewesen belebende Atem aufgefaßt: So heißt es bei der Schöpfung des Menschen Gen 2,7, Gott habe der aus Erde geformten Gestalt Adams den »Lebensodem« eingehaucht, und dieser Lebensodem ist nichts anderes als die *ruaẖ*, die in uns bleibt, solange wir leben und atmen, und die wir mit dem letzten Atemzug aushauchen und so Gott zurückgeben (Pred 12,7). So ist es nicht überraschend, daß bei der Übersetzung des Alten Testaments ins Griechische das Wort *pneuma* zur Wiedergabe von *ruaẖ* benutzt wurde. Die Bedeutung von Pneuma als bewegte Luft oder Wind blieb auch dem Neuen Testament vertraut. Sie tritt besonders eindrucksvoll hervor in einem Wort des Johannesevangeliums über den Geist Gottes: er »weht, wo er will; du hörst sein Sausen wohl, weißt aber nicht, woher er kommt oder wohin er geht« (Joh 3,8). Bei Johannes findet sich auch das Wort: »Gott ist Geist«

(Joh 4,24), und auch diesen Satz wird man nicht so verstehen dürfen, als ob da gesagt wäre: Gott ist Bewußtsein oder Vernunft. »Gott ist Pneuma«, das heißt vielmehr: seine Natur ist die der unsichtbar alles durchdringenden Luft, des brausenden Windes und des belebenden Atems.

Damit schließt sich ein Kreis: Die biblische Aussage über Gott als Geist steht sachlich der Pneumalehre der stoischen Philosophen nahe und damit auch den Feldvorstellungen der modernen Physik, die nach Max Jammer aus den antiken Pneumalehren hervorgegangen sind. Der Satz, daß Gott Geist ist, steht in größerer Nähe zu den Feldbegriffen der Physik als zu der Vorstellung eines höchsten Vernunftwesens; die traditionelle Gotteslehre der Philosophen und Theologen allerdings hat die Aussage über Gott als Geist wie selbstverständlich so gedeutet, daß Gott höchste Vernunft sei, höchstes Bewußtsein, aber ohne Bindung an einen Leib. Diese Vorstellung braucht nicht völlig falsch zu sein, aber jedenfalls kann sie sich nicht auf die biblische Bezeichnung Gottes als Geist berufen. Wie ist es dann zu erklären, daß in der Geschichte des theologischen Denkens gerade unter Berufung auf die Bezeichnung Gottes als Geist das göttliche Wesen als Vernunft aufgefaßt worden ist? Es lohnt sich, dieser Frage nachzugehen, denn damit kommen wir der Einsicht noch einen Schritt näher, welche spezifische Denkhilfe der Feldbegriff für die theologische Gotteslehre zu geben vermag.

Bei den christlichen Kirchenvätern des zweiten und dritten Jahrhunderts ist der biblische Geistbegriff teilweise im Sinne der stoischen Pneumavorstellung verstanden worden - Gott also als der das ganze Universum durchdringende Lufthauch. Dem standen aber zwei Schwierigkeiten entgegen: Erstens war das stoische Pneuma eine weltimmanente Größe im Unterschied zum jenseitigen Gott der Bibel. Zweitens aber hatten die Stoiker das Pneuma als ein materielles Element gedacht, wenn auch feiner als Wasser und Erde, daher alles durchdringend. Dieser materielle Charakter des Pneuma bot im 3. Jahrhundert dem alexandrinischen Theologen Origenes den Anlaß für seine Kritik an der Deutung der biblischen Rede von Gott als Geist im Sinne der stoischen Pneumalehren: Gott ist kein Körper, meinte Origenes. Wäre er materiell wie das stoische Pneuma, so müßte Gott teilbar und aus Teilen zusammengesetzt sein. Er könnte dann nicht letzter Ursprung von allem sein; denn alles aus Teilen Zusammengesetzte bedarf einer davon verschiedenen Ursache seiner Zusammensetzung. Darum deutete Origines die biblischen Aussagen über Gott als Geist nun platonisch um im Sinne der Auffassung Gottes als körperlose Vernunft. Dabei ist es dann für die Folgezeit geblieben. Aber Geist im biblischen Sinne bedeutet eben nicht Vernunft. Diese Erkenntnis ist besonders wichtig angesichts der Tatsache, daß in den beiden letzten Jahrhunderten die Auffassung Gottes als höchster Vernunft in Verdacht geraten ist, auf einer anthropomorphen Projektion zu beruhen. In den biblischen Aussagen über Gott gehört die Charakteristik Gottes als Geist zu den am wenigsten anthropomorphen Beschreibungen der Wirklichkeit Gottes. Die atheistische Kritik an der Vorstellung von Gott als höchster Vernunft legt es daher nahe, daß die christliche Theologie sich auf den ursprünglichen biblischen Sinn der Rede von Gott als Geist besinnt. Das schließt auch eine erneute Aufmerksamkeit auf die Beziehungen zur stoischen Pneumalehre in der frühchristlichen Theologie ein. Die dem im Wege stehende Argumentation gegen die Annahme einer Körperlichkeit Gottes braucht dafür heute kein Hindernis mehr zu bedeuten, weil die Entwicklung der naturwissenschaftlichen Feldtheorien es möglich gemacht hat, Feldgrößen ohne materielles Substrat, d.h. ohne Annahme eines Äthers für die Übertragung der Feldwirkungen zu denken. An dieser Stelle liegt die Denkhilfe der physikalischen Feldbegriffe für das Verständnis der Wirklichkeit Gottes als Pneuma.

Aus rein innertheologischen Gründen also liegt es nahe, die Geistnatur Gottes im Sinne eines Kraftfeldes zu denken, das alle körperliche Realität transzendiert, aber auch durchdringt, und das unbeschadet seiner Transzendenz in der Immanenz des materiellen Universums wirksam ist. Eine solche Vorstellung ist allerdings nur sinnvoll im Zusammenhang mit den zuvor dargelegten Erwägungen über das Verhältnis von Zeit und Raum zum Begriff der Ewigkeit. Ohne Bezug auf raumzeitliche Ausdehnung würde die Rede von Gott als Feld sinnlos sein. Die Wirklichkeit Gottes übersteigt Raum und Zeit, auf die menschliche Messungen sich beziehen, so wie die Ewigkeit die Schranken von Raum und Zeit übersteigt. Dennoch umschließt die Ewigkeit Gottes Raum und Zeit, und zwar so, daß alle Unterscheidungen räumlicher und zeitlicher Art nur unter Voraussetzung des ungeteilten Raumes der göttlichen Unermeßlichkeit und der ungeteilten Zeit der göttlichen Ewigkeit möglich sind. Die Dynamik der göttlichen Ewigkeit aber, die aus der Zukunft der Geschöpfe in deren raumzeitliches Dasein hineinwirkt und dieses Dasein überhaupt konstituiert, wird durch den biblischen Pneumabegriff ausgedrückt.

Damit stehe ich bei einer letzten Überlegung zum Verhältnis der Dynamik des göttlichen Geistes zu der des Naturgeschehens. Die Kraftwirkungen, die

die Physik untersucht, entfalten sich gewöhnlich auf dem Wege vom zeitlich Früheren zum zeitlich Späteren. Wenn das zu Beginn dieses Vortrages über die Kontingenz oder Zufälligkeit alles Geschehens Gesagte richtig ist, und wenn dementsprechend die Zukunft die Dimension ist, aus der die schöpferische Bildung und Erneuerung alles Geschehens und aller Gestalten eigentlich hervorgeht, dann stellt sich die Frage: beruhen dann nicht die physikalischen Beschreibungen von Wirkungszusammenhängen aus der Vergangenheit auf die Zukunft hin auf einer *Umkehrung* des realen Begründungszusammenhanges? Es ist das eine Umkehrung, die unserm menschlichen Interesse an der Vorhersagbarkeit des Künftigen entspricht und die auf der Basis der Gleichförmigkeiten möglich ist, die am Naturgeschehen auftreten unbeschadet der Zufälligkeit jedes einzelnen Ereignisses. Es könnte aber sein, daß die schöpferische Hervorbringung jedes einzelnen Ereignisses gerade umgekehrt aus der Zukunft begründet ist. Das wird durch die quantenphysikalische Unbestimmtheit des künftigen Geschehens nahegelegt. Damit kommt nun zum Schluß noch einmal der Unterschied zwischen der theologischen Rede von der Schöpfertätigkeit Gottes im Naturgeschehen und der naturwissenschaftlichen Beschreibung dieses Geschehens in den Blick: Während naturwissenschaftliche Beschreibungen des Geschehens die Abfolge vom Früheren zum Späteren hin voraussetzen, ist gerade die Zukunft der Geschöpfe der Horizont des schöpferischen Eintretens der Ewigkeit in die Zeit. Die Zukunft ist die Ursprungsdimension der Kontingenz jedes neuen Ereignisses, aber auch die Sphäre, von der wir das Ganzwerden des im Prozeß der Zeit Unabgeschlossenen und Unvollendeten erhoffen. Für die Theologie also ist die Zukunft Gottes der Ursprung alles Geschehens und Quelle seiner möglichen Vollendung. Für die naturwissenschaftliche Beschreibung der Naturprozesse hingegen ist wie für unsere pragmatisch orientierte Alltagserfahrung das Vergangene der Ausgangspunkt der in unserer Gegenwart und Zukunft verlaufenden Abläufe. Doch trotz dieses Unterschiedes beziehen sich die Aussagen der Naturwissenschaft und der Theologie auf ein und dieselbe Wirklichkeit, und zwar so, daß ihr Verhältnis zueinander einer differenzierten Beschreibung zugänglich ist. Denn in den immer wieder neu aus der Zukunft Gottes hervorgehenden Ereignissen nimmt durch ihre Abfolge eine Beständigkeit des Geschehens Gestalt an, in der sich die Treue Gottes zu seiner Schöpfung ausdrückt, und dadurch ist auch die Gesetzeserkenntnis der Naturwissenschaften möglich.

Christian Link

»Im Anfang...«

Aufgabe und Ansatz einer Schöpfungslehre heute.[1]

1. Das Bild der Wissenschaft

Auf die Frage, wo in seiner Theorie der Planetenentstehung Gott vorkomme, soll der Mathematiker Laplace (1749-1827) Napoleon mit dem berühmten Diktum geantwortet haben: »Sire, ich habe diese Hypothese nicht nötig!« Das sollte heißen: Was wir über die Entstehung der Welt, ihren *Anfang*, aussagen können, folgt der Spur der Naturgesetze, mit denen wir unsere gegenwärtige Erfahrung interpretieren. Wir rechnen den Zustand unserer Welt am Maßstab unserer linearen Zeit sozusagen auf seine Anfangsbedingungen zurück und kommen - wenn überhaupt, dann auf diese Weise - ohne metaphysische oder gar theologische Zusatzannahmen zu begründeten Aussagen über den Anfang der Welt, selbst wenn wir diesen Aussagen nur den Status einer Hypothese zuschreiben können (»Urknall«).

Dieses Verfahren hat Methode; es ist geradezu der pointierteste Ausdruck des neuzeitlichen Methodenbewußtseins. Denn der moderne Begriff von Wissen und Wissenschaft hat sich seit Galilei und Descartes in einer bewußten Absage an das theologische Wissen der biblischen Tradition formiert. Die moderne Theologie aber hat diese Absage in aller Form für Rechtens erklärt: »Gott als politische, moralische, naturwissenschaftliche Arbeitshypothese ist abgeschafft, überwunden... Es gehört zur intellektuellen Redlichkeit, diese Arbeitshypothese fallen zu lassen bzw. sie so weitgehend wie irgend möglich auszuschalten«[2]. Doch diese Redlichkeit fordert ihren Preis.

Ist Gott aus dem Denken erst einmal entschwunden, kann er dann in unserm Leben, in unserm Handeln und unserm Glauben, in unsern Kirchen und in unserer Welt noch anders dasein denn als ein Zitat, als eine historische Reminiszenz an vermeintlich bessere Zeiten, von denen wir wissen, daß sie unwiederbringlich versunken sind? Man mag diese Entwicklung mit Bonhoeffer als ein notwendiges Stadium auf dem Weg zur »mündigen« Welt begrüßen. Der »mündige« Christ steht nun jedoch vor einer nahezu unlösbaren Aufgabe: Er sucht die *Kluft* zwischen Glaube und Wissen, zwischen Vernunft und Offenbarung zu überwinden, doch seine Wissenschaft weist schon die *Frage* nach einem Gott als illegitim zurück. Er sucht seine Welt als *Schöpfung* Gottes zu begreifen, doch er findet in ihr den Schöpfer nicht mehr. Es ist ein Dilemma, aus dem die »redliche« Vernunft sich am wenigsten zu entwinden weiß. Denn »wo kommt die Wissenschaft hin, welche zuläßt, daß ein Gott zwischen unsere Experimente fährt, welche ein abweichendes Experiment als gottbefohlen hinnimmt? Wo aber kommt der religiöse Mensch hin, der in dem Augenblick, da er sein Laboratorium betritt, mit Hut und Stock auch seinen Gott an den Nagel hängt?«[3]

Wir verschärfen das Problem und fragen, indem wir uns auch hier der Logik der Wissenschaft - oder soll ich sagen: des Laplaceschen Dämons? - anschließen: Welches *Ende* entspricht dem hier postulierten Anfang der Welt? Es mag nicht ganz korrekt sein, reicht aber zum Zweck einer ersten Verständigung aus, wenn ich statt eine der mancherlei heute umlaufenden Hypothesen zu entwickeln, den hellsichtigen Kritiker Günther Anders zu Wort kommen lasse, der bereits 1959 die These aufgestellt hat: »Die Epoche, in der wir leben, ist, selbst wenn sie endlos währen sollte, die letzte Epoche der Menschheit. ... Wir leben in der Zeit des Endes, nämlich derjenigen Epoche, in der wir ihr Ende täglich hervorrufen können.«[4] Das Ende der Menschheit scheint in greifbare Nähe gerückt zu sein. Jürgen Moltmann hat diese Diagnose in aller Form bestätigt: »Wir und alle folgenden Generationen müssen das Leben in dieser Endzeit 'fristen'. Es ist ein Leben im Aufschub des Endes. Die Lebenszeit der Menschheit wird nicht mehr von der Natur garantiert, sondern muß vom Menschen selbst freigehalten werden. Bisher konnte die Natur nach jeder menschlichen Massenvernichtung das Menschengeschlecht regenerieren. Bisher schützte die Natur die Menschheit vor der Vernichtung durch Menschen. Das ist hinfort nicht mehr der Fall.«[5]

Man kann diese Diagnose nicht ernst nehmen, ohne zu erkennen, daß mit ihr auch das *theologische* Denken über die Welt unter neue Bedingungen gestellt ist. Die Frage nach der Gottesgewißheit muß sich neuen Herausforderungen aussetzen. Denn wenn die Welt, an die Gott sich gebunden und für deren Bestand er sich selbst verbürgt hat (Gen 8,22), bis zur Möglichkeit ihrer Selbstvernichtung in die Hände des Menschen gerät: Was heißt dann noch, sich zu Gott als dem Schöpfer der Welt zu bekennen? Gott ist bisher weitgehend als Garant einer natürlichen Ordnung verstanden worden, die den Menschen über die Folgen seiner Sünde und seines Unverstandes hinweg erhält. Wer aber ist Gott, wenn diese Gewißheit zu zerfallen beginnt? Wird er in die (vorstellbare) Katastrophe der Erde mit hineingerissen, so daß die Angst vor dem Ende der Welt, in ihrer theologischen Tiefe begriffen, nun gar zur »Angst um Gott« (Moltmann) werden muß? Dorothee Sölle hat auch diese Konsequenz zu denken gewagt: »Keine Generation der bisherigen Geschichte konnte so nein zur Schöpfung sagen, wie wir es können. Keine frühere Generation war in der Lage, nicht nur Christus wieder und wieder zu kreuzigen, sondern auch Gott selbst, den Schöpfer ... abzuschaffen. Mögen wir uns auch mit der oberflächlichen christlichen Redensart vom 'ewigen Gott' zu trösten suchen - das ist Selbstbetrug, denn nach der Endlösung des atomaren Holocaust gibt es weder Vater noch Mutter im Himmel und keinen Schöpfer mehr.«[6] Damit ist zugleich die letzte und äußerste Frage gestellt, zu der die wissenschaftliche Reflexion das theologische Nachdenken nötigt: Kann der Mensch die Schöpfung selbst vernichten, oder reicht seine Macht nur bis zur Zerstörung der Natur?

2. Gegenbilder

Wir wissen, daß die Bilder des Anfangs und des Endes, die uns in der Bibel im Zeichen der Schöpfung überliefert sind, sehr anders aussehen. Es sind *Gegenbilder* zu der auch damals allgegenwärtigen Erfahrung einer zerbrechenden Welt. Es ist nicht ohne Bedeutung, daß der Bericht von dem vollendet aus Gottes Händen hervorgegangenen Sechstagewerk (Gen 1) nach allem, was wir wissen, auf den Trümmern Jerusalems aufgezeichnet worden ist. Er ist die theologische Antwort auf die im Chaos des Exils versinkende Welt Israels, und so nimmt der zweite Jesaja (Jes 44,24 ff.) die Schöpfung angesichts des Scheiterns der Geschichte als Kristallisationskern neuer Hoffnung in Anspruch. Paulus sieht die der Schöpfung verheißene Herrlichkeit - kontrafaktisch - immer schon im Stöhnen einer von der Nichtigkeit gezeichneten Welt anbrechen (Röm 8,19 ff.). Das Thema der Schöpfung steht sozusagen *zwischen* der theoretisch festgehaltenen Erkenntnis einer wohlgeordneten Welt und der Erfahrung des Einbruchs menschlicher und außermenschlicher Gewalt. In diesem Widerspruch - Krankheit, Tod und Zerstörung vor Augen - gewinnt es seine äußerste Konzentration und Weite.

Die hier gesichtete Wahrheit reicht grundsätzlich weiter als die Erfahrung von Sinnlosigkeit und Gewalt. Wollte man sie im Sinne der alten Texte umschreiben, so müßte man sagen: Auch angesichts der Katastrophen und Krisen, die unsere Welt von dem vollendeten Kosmos des Anfangs trennen, ist die in Gen 1 grundgelegte Schöpfung nicht hinfällig geworden. Ihre Vorgaben dauern fort: Die Verwandlung des Chaos in eine lebensermöglichende Welt, der Rhythmus von Licht und Finsternis, von Tag und Nacht, die (vielleicht in einer neuen Ordnung sich vollziehende) Trennung von Wasser und Festland oder die allem Lebendigen zugesprochene Fähigkeit der Fortpflanzung - all das unterliegt der menschlichen Herrschaft und Verfügungsgewalt nicht und kann auch durch den denkbar größten zerstörerischen Eingriff des Menschen nicht widerrufen werden. Nicht nur, wenn wir Gewalt leiden, auch wenn wir Gewalt verüben, bleiben wir an diese Vorgaben gebunden und müssen uns ihrer 'Wahrheit' unterordnen.

Es besteht also kein Anlaß, die ökologische Krise, selbst wenn sie sich zur Katastrophe ausweiten sollte, mit dem Schein eines apokalyptischen Zeichens zu umgeben, weder in dem Sinne, daß sich in ihr das Endgericht und mit ihm das Kommen eines neuen Himmels und einer neuen Erde ankündigte, noch gar in dem Sinne, daß sich in ihr das Ende der Schöpfung und mit ihm - *das* war die große Angst der Apokalyptiker - der Rückzug Gottes aus der Welt ereignete. Die theologische Herausforderung liegt an einer anderen Stelle. Sie liegt in der heute weitgehend verdrängten Erkenntnis, daß auch der *Tod*, das Sterben, zur guten Schöpfung Gottes gehört. Die qualitativ veränderte Situation unserer Welt müßte ein vertieftes Bewußtsein dafür wecken, daß nicht nur unser eigenes Leben, sondern alles Geschaffene dem Tod verfallen ist. Nichts ist dazu bestimmt, ewig zu dauern, denn »die Gestalt dieser Welt vergeht« (1. Kor 7,31). Man kann das auch so ausdrücken und sagen: Die *Natur* verliert ihre Toten, die *Schöpfung* verliert sie nicht. *Ihr* hat Gott mehr verheißen als der vergänglichen Gestalt ihrer Natur, und so mündet das Bild des Anfangs ein in die Vision des *Endes*, eines *neuen* Himmel und einer *neuen* Erde, auf der Gott »alle Tränen abwischen wird von (unsern) Augen, und der Tod wird nicht mehr sein, und kein Leid, noch Geschrei noch Schmerz wird mehr sein« (Offb 21,4).

Um die Pointe der biblischen Schöpfungsaussage sichtbar zu machen, habe ich mit einer Unterscheidung gearbeitet, die unser wissenschaftliches Denken nicht kennt (Natur/Kreatur). Ehe ich sie in ihrer

Tragweite erläutere, will ich - vorgreifend - auf die Frage eingehen, in welchem Sinn die so begriffene Schöpfung ein Anfang ist: Die berühmte Lehrerzählung von Gen 1 stammt in ihrer Endgestalt aus der Zeit des Babylonischen Exils. Angesichts des zerstörten Tempels, der Verwüstung des von Gott gegebenen Landes, des jähen Endes von Königtum und Staat fragt man nicht in erster Linie nach den Rätseln der Kosmogonie. Der Blick ist aufs Überleben gerichtet. Wenn den ins Chaos hineingeratenen Menschen gleichsam kontrafaktisch das Bild der von Gott geschaffenen Welt vor Augen gehalten wird - noch immer gilt die Ordnung der Sieben-Tage-Woche, noch immer der Rhythmus von Tag und Nacht, noch immer bevölkern Pflanzen und Tiere die Erde - dann soll offenbar nicht die heile Welt des Ursprungs als ein leider verloren gegangenes Paradies beschworen werden. Dann geht es vielmehr um die nach vorne gerichtete Gewißheit, daß Gott die Erde »nicht geschaffen hat, daß sie zur Wüste werde, sondern daß man weiterhin auf ihr wohnen soll« (Jes 45,18). Was hier zur Sprache kommt, ist ganz von der *Gegenwart* aus gedacht, ist etwas Bestehendes, Gegenwärtiges, das sich durch seine Präsenz Anerkennung und Geltung verschafft. In der eigenen Gegenwart also muß man den hier gemeinten Anfang suchen. Einem historisch plausiblen Entwicklungsschema folgt der Aufbau von Gen 1 jedenfalls nicht: Wie sollte man sich unter dieser Voraussetzung einen Reim darauf machen, daß die Pflanzen - ein altes Problem der Auslegung ! - *vor* Sonne und Mond erschaffen werden?

Es ist in der Tat ein ganz anderes Darstellungsprinzip, das Gen 1 zugrunde liegt. Der Erzähler gliedert seinen Bericht so, daß er zuerst (2.-3. Werk) die Erschaffung der *Lebensräume*, danach (4.-8. Werk) die Erschaffung der ihnen zugeordneten *Lebewesen* vorstellt. Die Zuordnung von Lebensraum und Lebewesen bestimmt Anlage und Plan des Ganzen, und zwar so, daß die Lebewesen nachgerade auf die zuerst erstellten Lebensräume hin geschaffen werden. Die Schöpfung wird »am Leitfaden der Häuser (oikoi) der Lebewesen«[7] dargestellt. Dieses Prinzip der Anordnung darf man mit Fug und Recht *ökologisch* nennen. Mit dieser grundlegenden Erkenntnis ist Steck eine ebenso einfache wie überzeugende Lösung des Rätsels der Gestirne gelungen.[8] Die Gestirne führen den Reigen der Lebewesen an.[9] Ihnen folgen die Wassertiere, die dem Lebensraum des Meeres, die Flugtiere, die dem Luftraum zugehören, und schließlich Landtiere und Menschen, die sich gemeinsam den Lebensbereich der Erde teilen müssen. Und die Pflanzen? Sie werden, was zunächst überrascht, in der Systematik des Ganzen als Lebensraum (nicht als Lebewesen![10]) behandelt, doch macht gerade diese "Vertauschung" den ökologischen Sinn der hier waltenden Logik eindrucksvoll sichtbar. Denn wie könnte die Erde im Ernst als Lebensbereich für Mensch und Tier angesprochen werden, wenn sie nicht mit der Nahrung gewährenden Pflanzenwelt versehen wäre? So sind die Pflanzen hier tatsächlich als ein notwendiger Bestandteil der Ausstattung der Erde begriffen: sie sind ihr »Kleid«.

Geht man einen Schritt weiter und fragt: Warum gerade diese Abfolge der Schöpfungswerke?, so zeigt sich, daß die Anordnung von einem wohlüberlegten *inneren* Prinzip bestimmt ist. Die Priesterschrift erfaßt die Welt unter zwei thematischen Aspekten, dem Aspekt der *Zeit* und dem Aspekt des *Lebens*, wobei die Thematik der Zeit - eine in ihrer Tragweite noch kaum ausgemessene Entscheidung! - den sachlichen Vorrang hat. Die Reihe der Daseinsbereiche und die Reihe der korrespondierenden Lebewesen wird jeweils mit einem Werk eröffnet, dessen vornehmster, im Grunde einziger Zweck die »Bestimmung von Zeiten, Tagen und Jahren«[11] (V. 14) ist. Die Schöpfung wird auf dem Grundriß einer *zeitbestimmten* Ordnung erstellt, sie wird als ein zeitlich gegliedertes, auf den Fortbestand der Zeit hin ausgerichtetes Gefüge entworfen.

Diese ökologische Sicht bewährt sich nicht nur bei der Auslegung des 104. Psalmes, sie ist im Grunde die allein mögliche Perspektive, ihn angemessen zu verstehen. Hier werden in hymnischer Sprache die drei großen kosmologischen Räume - Luft, Erde und Meer - durchmessen und in ihrer zweckvollen Ausstattung als Bedingung alles pflanzlichen und animalischen Lebens gepriesen. Das setzt eine andere als die uns vertraute Sehweise voraus, der alles zum Objekt gerinnt. Anders als der analysierende Zugriff neuzeitlicher Wissenschaft, der die Gestaltungsinteressen des Menschen *gegenüber* der natürlichen Welt zum Zuge bringt, ist der Blick des Psalmdichters - was seine Sehschärfe offenbar nicht im geringsten beeinträchtigt - auf Ganzheiten, Relationen und Zuordnungen gerichtet. Er folgt sozusagen der Spur der Selbsterfahrung des Lebens. Nicht erst das kreatürliche »Warten« (V. 27), in das er selbst mit einbezogen ist, sondern schon die offenkundige Faszination und Freude an der so entdeckten Welt zeigt, daß hier Mensch und Natur in der Einheit *eines* Geschehens zusammengeschlossen sind. Was hier zur Sprache kommt, ist aus der Perspektive »existenzbetroffener Wahrnehmung« (Steck) erfaßt.

Die veränderte Einstellung *zur* Welt wäre nicht möglich, wenn ihr nicht auch eine veränderte Stellung *in* der Welt entspräche. Die Bedeutung des 104. Psalmes für die ökologisch orientierte Schöpfungstheologie liegt nicht zuletzt darin, daß er ohne jede Polemik den modernen Anthropozentrismus in die Schranken weist. Eine Sonderstellung, einen irgendwie geltend zu machenden Vorrang kann der Mensch in dem hier entfalteten Szenarium nicht behaupten. Fast beiläufig ist von ihm am Ende der Lebensketten des Festlands die Rede (V. 23). In die Bedürftigkeit, in die Sorge, in die heitere Zuversicht alles Geschaffenen ist auch sein Leben eingebettet. Seine Wohnstätte grenzt an das Meer (V. 25f.), ist *ein* Lebensbereich unter anderen, mit keinem höheren Recht, keiner größeren Würde ausgezeichnet als »das Gewimmel ohne Zahl«, das die Tiefen des Ozeans erfüllt. Wie das mythische Ungeheuer Leviathan depotenziert wird zum vergänglich gebildeten Tier, zum »Spielzeug«, an dem Gott sich erfreut, so erscheint auch er in seiner Kunstfertigkeit und Macht gleichsam zurückgenommen auf die elementare Ebene kreatürlicher Freude, Arbeit und Not, mit allem Lebendigen einbezogen in das Warten auf Gott (V. 27), dessen Atem er mit jedem Sonnenaufgang den Anfang seines geschöpflichen Daseins verdankt.

Die Schöpfung ist ein *Anfang*, sofern in den durch sie bereitgestellten Daseinsbedingungen (Zeiten, Lebensräume, Ordnungen) das kreatürliche Leben »alle Morgen neu« (Klgl 3,23) seinen Anfang nehmen kann. Darum gehören unabdingbar zur Schöpfung - was die traditionelle Auslegung fast durchweg übersieht - bestimmte unüberschreitbare Grenzen (Tag/Nacht, Kosmos/Chaos, Symbol des Baumes) und unverletzbare Maße (Schönheit, Gerechtigkeit). Der in Gen 1 gemeinte »Anfang« ist kein historischer, sondern ein »ökologischer« Begriff.

3. Der Konflikt

Das Naturbild der Wissenschaft und das biblische Szenarium der Schöpfung: sind das zwei grundverschiedene Interpretationen der Welt zwischen denen man wählen muß? Auf jeden Fall entspringen diese Deutungen zwei offenkundig verschiedenen Perspektiven auf dieselbe Wirklichkeit. Es ist bekanntlich ja auch ein Unterschied, ob ich einen Wald mit den Augen des Lyrikers oder des Holzhändlers ansehe. Kann man hier fragen: Wer hat Recht? Das dürfte schwierig sein, denn ohne

Zweifel sehen beide etwas Richtiges. Angemessener scheint die Frage zu sein: Wer sieht genauer? Wer sieht mehr? Doch wie, an welchem Maßstab, will man das zur Entscheidung bringen? Um willkürliche Einschätzungen und Urteile auszuschließen, sehe ich nur die Möglichkeit, die Perspektive selbst zu befragen, denn es leuchtet ein, daß der Blickwinkel, unter dem wir wahrnehmen und erkennen, von unseren Interessen, von Erziehung und Umwelt abhängt, also von der Geschichte, aus der wir kommen und in der wir stehen, und darüber läßt sich ganz sicher einiges aussagen.

Um die Perspektive der neuzeitlichen *Wissenschaft* zu verstehen - als eine in hohem Grade *künstliche* Perspektive ist sie in der Tat sehr viel leichter zu erklären als unsere Alltagswahrnehmung - müßten wir nun fragen: Aus welcher Geschichte stammt sie, und von welchen Interessen ist sie geleitet? Da es mir hier nur um eine Problemanzeige zu tun ist, mag eine holzschnittartige Antwort genügen. Sie stammt aus der jüdisch-christlichen Geschichte und zielt, wie das bekannte Wort Descartes' vom »maître et possesseur de la nature« belegt, auf die Beherrschung der Natur. Die Technik - so C. F. von Weizsäcker - »kann ihr Tun als Erfüllung des Gebots 'Macht euch die Erde untertan!' verstehen.«[12] Carl Amery sprach in einer gewiß etwas vorschnell zum Abschluß gebrachten Beweisführung von den »gnadenlosen Folgen des Christentums.«[13] Doch selbst wenn es sich dabei nur um ein Mißverständnis des biblischen Auftrags handelt: es ist unbestreitbar, daß die Wissenschaft entscheidend an der »Verabsolutierung des menschlichen Lebens auf Kosten der Natur« mitgewirkt hat. Sie ist an der Natur nur insoweit interessiert, als die sich als Rohstoff und Material der menschlichen *Geschichte* in Anspruch nehmen läßt. Die Interpretation der Welt *durch* die Perspektive der Wissenschaft wird mit der methodischen Trennung von Subjekt und Objekt, Mensch und Natur, also - und das ist für unsere Problemstellung wichtig - mit dem, wie es scheint, unheilbaren Riß zwischen Natur und Geschichte erkauft. Die Natur steht auf der »anderen« Seite, dort wo der zur Geschichte berufene Mensch zu seinem Heil nicht steht und stehen muß. Sie ist - nach der bekannten Definition Kants - das »Dasein der Dinge, sofern es nach *allgemeinen* Gesetzen bestimmt ist.«[14] Das Allgemeine aber hat keine Geschichte; es existiert in zeitloser Objektivität, allein dem Gesetz naturgeschichtlicher - und das sollte ja heißen durchs Gesetz determinierter und darum prinzipiell berechenbarer - Entwicklung unterworfen.

Geht man zu weit, wenn man behauptet, daß uns der methodisch erzwungene Geschichtsverlust der Natur durch das sukzessive Aussterben ganzer Gattungen und Arten heute drastisch vor Augen geführt wird? Kann aber eine Wissenschaft wahr sein, die die Natur zerstört? Sieht sie genau genug?

Die Probleme sind hinreichend bekannt, und so mag an dieser Stelle ein thesenhafter Hinweis auf die Perspektive des *biblischen* Sehens genügen: Als *Schöpfung* - denken Sie an Ps 19 oder an das neutestamentliche Wort von den »Lilien auf dem Felde«! - zeigt sich die Welt im Vorschein eines Lichtes, umgeben von der Aura einer »Herrlichkeit« (doxa; kabod), die sie gleichnisfähig macht für das Reich Gottes, den Inbegriff unserer Hoffnung auf eine kommende Welt. Sie erscheint - so hat Bonhoeffer diesen 'Sachverhalt' einmal beschrieben - als ein »Vorletztes«, das auf das »Letzte« bezogen ist.[15] Sie steht im Horizont einer *Geschichte*, auch wenn diese Geschichte sich nicht mit der Elle unserer linearen Kalenderzeit messen läßt. Übersetzt man diese mehr angedeutete als präzise benannte Differenz auf die Ebene unserer Erfahrung, so wird man immerhin soviel sagen dürfen: Wir werden unter den hier skizzierten Perspektiven auf eine sehr verschiedene Weise in die Welt eingewiesen, das eine Mal als 'homo faber', das andere Mal als - ich bin versucht zu sagen - 'homo ludens', denn jetzt geht es darum, die eigene Geschichtlichkeit im Zusammenspiel mit der Natur zu realisieren.

Aufgabe und *Problem* einer heutigen Schöpfungstheologie werden damit im Grundriß sichtbar: Wird es ihr gelingen, die eingefahrene moderne Kluft zwischen Natur und Geschichte zu überwinden? Wohl hat das theologische Nachdenken über die Welt in unserem Jahrhundert eine folgenreiche Wendung genommen: Gerhard von Rad und Karl Barth entdeckten die geschichtliche Verwurzelung des biblischen Schöpfungsglaubens, seine Verankerung im Bekenntnis zu dem Gott, der sich auf eine Geschichte mit seinem Volk einläßt. Die neuzeitliche Trennung aber war mit dieser Erkenntnis noch nicht behoben: Von Rad sprach dem Thema der Schöpfung jedes eigenständige theologische Gewicht ab und interpretierte es als eine Art »Vorbau« zur Geschichte Israels;[16] Barth begriff die Schöpfung als Bereitstellung von Schauplatz und Bühne, auf der sich die entscheidende Geschichte des Bundes erst noch entfalten sollte.[17]

4. Ansätze des Umdenkens

Auf der Vollversammlung des ÖRK in Neu Delhi (1961) erklärte der amerikanische Theologe Joseph Sittler, eine Lehre von der *Erlösung* sei nur sinnvoll, wenn sie sich im weiteren Bereich der Lehre von der *Schöpfung* bewege. Denn es lasse sich in keinem verstehbaren Sinne des Wortes sagen, Gottes Erdengeschöpf werde »erlöst«, wenn man dabei vom Kosmos absehe, der sein Lebensbereich ist.[18] Hier wurde die gebotene Zusammenschau von Natur und Geschichte zum ersten Mal öffentlich proklamiert.

Es ist - aufs Ganze gesehen - jedoch nicht die Theologie, sondern die zeitgenössische *Naturwissenschaft* gewesen, die eine Neuorientierung der Schöpfungslehre eingeleitet und ermöglicht hat. Hier ist zunächst an die eminent fruchtbare Grundlagenkrise der Physik zu erinnern, in deren Folge die cartesische Trennung von Subjekt und Objekt in Frage gestellt wurde. Das aus der Natur »herausgebrochene« Subjekt fand sich unversehens in deren Innenraum zurückversetzt vor. Nils Bohr sprach von der Rehabilitierung der alten Wahrheit, daß wir sowohl Zuschauer als auch *Teilnehmer* in dem großen Schauspiel des Daseins sind. »Lebendes zu erforschen«, sekundierte der Arzt und Biologe Viktor v. Weizsäcker, »heißt sich am Leben zu beteiligten.«[19] An die Stelle des geschlossenen Weltbildes, in dem man auf die Hypothese »Gott« sehr wohl verzichten konnte, trat ein *offenes*, die Subjektivität des Menschen - sein Zukunftsbewußtsein, seine Traditions- und Revolutionsfähigkeit - einschließendes Naturbild, das sich der biblischen Überlieferung in neuer Weise öffnet.

Eine *zweite*, ebenso folgenreiche Erkenntnis hat C.F. von Weizsäcker in seiner Göttinger Ringvorlesung »Die Geschichte der Natur« (1948) entfaltet. Er lehrte die Natur erstmals als ein *geschichtliches* Geschehen in der Zeit (statt als große Weltmaschine) zu verstehen. Wir können die Natur nur begreifen, wenn wir von der grundsätzlichen Unumkehrbarkeit aller natürlichen Prozesse ausgehen, wenn wir also so etwas wie geschichtliche Veränderung in unserer Naturerkenntnis zulassen. Damit war die Trennung von Natur und Geschichte, an der sich im 19. Jahrhundert der Konflikt zwischen biblischem und wissenschaftlichem Weltbild entzündet hatte, als eine Fiktion des neuzeitlichen Bewußtseins durchschaut.

Die *dritte* hier zu erwähnende Linie, vielleicht sogar die wirkungsvollste, ist die wachsende öffentliche Auseinandersetzung um Sinn und Unsinn des wissenschaftlich-technischen Fortschritts, welche durch den kritischen Bericht des Club of Rome über die »Grenzen des Wachstums« angestoßen wurde. Die beschädigte Welt - so darf man die neue Einsicht zusammenfassen -, das Leiden der entstellten Natur offenbart eine fundamentale *Krise* der Rationalität: das *Scheitern* der aufgeklärten Zuversicht, durch die in Wissenschaft und Wirtschaft praktizierten Verfahren der Objektivierung die Zukunft der Erde zu garantieren. Sie stellt die Voraussetzung in Frage, auf der die gesamte, unser heutiges Leben prägende technische Welt beruht: die Voraussetzung, es gebe *objektive* und darum wertneutrale Verhältnisse in der Welt.

Nimmt man diese drei Ansätze zusammen, so ist für die Schöpfungstheologie tatsächlich eine sehr viel verheißungsvollere Situation entstanden. Der Konflikt zwischen Theologie und Naturwissenschaft braucht nicht länger 'asymmetrisch' ausgetragen zu werden, derart, daß sich die Theologie auf das Feld der Geschichte beschränkt und der empirischen Wissenschaft das Feld der Natur überläßt. Die künstliche Trennung von Existenz (Geschichte) und Natur, von Glaube und Wissen, müßte heute in einer veränderten Konstellation überwindbar sein, und mit ihm das Diktat der sogenannten objektiven Erfahrung.

Die Möglichkeiten eines solchen Brückenschlages, mehr noch: einer gemeinsamen Fragestellung, werden heute am intensivsten im Bereich der Theorie *Offener Systeme* und ihrer Interpretation diskutiert.[20] Läßt sich die Schöpfung als ein solches System verständlich machen, und impliziert die naturwissenschaftliche Beschreibung solcher Systeme umgekehrt den Gedanken der Schöpfung?

Worum geht es? Offene Systeme stehen in Wechselwirkung mit ihrer Umgebung. Das unterscheidet Zellen, Organismen oder soziale Verbände von dem Modell des mechanischen Uhrwerks, das als unbeirrbarer Automat über Jahrhunderte hin den klassischen Typus des geschlossenen Systems repräsentierte. Das charakteristische Merkmal offener Systeme ist die Unumkehrbarkeit der hier ablaufenden Prozesse (Evolution). Der *zukünftige* Zustand ist ein *anderer* als der jetzt gegenwärtige. Er ist, was die Evolution sinnenfällig vor Augen führt, komplexer, reicher geworden, hat durch die Verwirklichung neuer Möglichkeiten ein höheres Plateau erreicht. Im Unterschied zu geschlossenen Systemen wird hier eine bestimmte *Zeitrichtung* (von der

Vergangenheit in die Zukunft) ausgezeichnet. Die Zeitstruktur ist durch eine qualitative *Differenz* bestimmt (zwischen Vergangenheit und Zukunft), die in offenen Systemen »erfahren« wird: Mit dem Ende der Kindheit treten wir in ein neues Alter ein. Die hier erfahrene Zeitlichkeit aber läßt sich nicht mehr auf den linearen Parameter der klassischen Physik abbilden. Ilya Prigogine hat vielmehr die Ausarbeitung eines *neuen* Zeitverständnisses als den wichtigsten Schritt bezeichnet, der notwendig ist, um die Umschlags- und Veränderungsprozesse - das Grundphänomen der Evolution - zu verstehen:

»Die Zeit ist nicht länger ein bloßer Parameter der Bewegung, sondern mißt innere Entwicklungen in einer Welt des Nicht-Gleichgewichts (= der Übergänge). Ist aber erst einmal die Wirklichkeit der Zeit begründet, so ist die Hauptschwierigkeit für eine größere Einigung zwischen den Naturwissenschaften und den Geisteswissenschaften ausgeräumt... Das Morgen ist nicht länger im Heute enthalten.«[21]

Man kann in erster Näherung von der Entdeckung einer prinzipiellen *Offenheit* der Zeit und ihrer Zukunft sprechen, und meint damit: Es gibt Gründe dafür anzunehmen, daß die im *Werden* begriffene Welt ein System ist, das in keinem gegebenen Zustand verharren kann, das vielmehr auf jeder einmal erreichten Stufe über sich selbst hinaus auf neue und reichere Möglichkeiten seiner Entfaltung weist. Man spricht heute von »Selbsttranszendenz« als der Fähigkeit der Erschließung neuer Entwicklungsplateaus. Man darf die Theorie Offener Systeme - so gesehen - als den Versuch ansprechen, das »Konzept der Geschichte« in das »Konzept der Natur« zu integrieren. Die entscheidende Frage, die sich heute im Gespräch zwischen Theologie und Naturwissenschaft als die eigentliche Grundfrage erweist, lautet dementsprechend: Welches sind die Bedingungen der *Möglichkeit* jener Offenheit offener Systeme? Worauf also beruht die Fähigkeit der Natur zur Erschließung neuer Organisationsplateaus? Das Rätsel des schöpferischen *Anfangs* hat sich auf diese Frage zusammengezogen, und es ist offenkundig, daß die Rede vom Anfang hier einen neuen und anderen Sinn gewinnt. Denn da offene Systeme (vollends von universaler Vernetzung) kein »Außerhalb« kennen, bleibt, wie es scheint, nur die Möglichkeit, das »Schöpferische« als eine im System selbst wirksame Potenz oder Kraft zu denken, und das wiederum schließt ein, daß es sich dabei nicht um eine nur vorläufige, später vielleicht entbehrliche Hypothese handelt, sondern um eine Bedingung, ohne die überhaupt nichts verständlich würde. Altner spricht von der Unvermeidlichkeit der Gottesfrage, Erich Jantsch sogar von der »Gottesstruktur« der Evolution,[22] dergestalt, daß Gott sich in deren Abfolge immer wieder selbst zurücknimmt, aufgibt und gerade dadurch eine unableitbar neue Erstmaligkeit in die Strukturen des Universums bringt. Die Abgrenzung gegenüber der theologischen Tradition ist deutlich: Wer das Wunder der Schöpfung verstehen will, muß sich von der Vorstellung eines einmaligen Anfangsgeschehens und - folgerichtig - von dem Bild eines weltlosen, überzeitlich gedachten Schöpfers trennen.

5. Die Zeit der Schöpfung

So einleuchtend dieser Vorschlag auf den ersten Blick aussieht: es fragt sich, ob hier nicht etwas zu schnell und zu nahtlos das Rätsel der Evolution theologisch »erklärt« wird. Kann man den Werdeprozeß der Welt umstandslos in die Natur Gottes verlagern und - nun doch beinahe pantheistisch - Gottes Handeln als Werdegesetz der Welt auslegen? Die theologischen Chancen des neuen Modells scheinen mir an einer anderen Stelle zu liegen, dort nämlich, wo die Theorie von einer qualitativ anderen Zeitstruktur spricht. Unter den drei Modi der Zeit hat die *Zukunft* den Vorrang. Sie läßt sich - das ist der signifikanteste Unterschied zur traditionellen Auffassung - *nicht als Konsequenz aus der Vergangenheit* begreifen. Vielmehr ist sie als Bedingung der Möglichkeit alles *Neuen* im scheinbar geschlossenen Zusammenhang von Regelhaftigkeit und Gesetz zugleich der Grund dafür, daß »jetzt« Gegenwärtiges zur Vergangenheit wird. Sie ist die ständige Voraussetzung aller Faktizität. Damit kehren die vertrauten Vorstellungen sich um: Manifestiert sich im »Zeitigen« der Zeit und im Werden der Welt der Ursprung der Zeit selbst, so muß die *Zukunft* (»adventus« statt »futurum«) als der *Quellort* betrachtet werden, aus dem Zeit und Welt hervorgehen und sich erneuern. Die Zeit entrollt sich von der Zukunft in die Gegenwart. Darum erfahren wir sie als einen gerichteten Strom.

Das hier umrissene Verständnis der Zeit steht in einem offenkundigen Problemkontakt zu den Fragerichtungen der biblischen Schöpfungstheologie. Denn es ist nicht schon die Frage nach der *Herkunft* der Welt, also der Zwang des Denkens, ein Weltbild nach rückwärts hin abzuschließen, sondern die Frage nach ihrer *Zukunft*, nach der durchaus nicht selbstverständlichen Verläßlichkeit und Dauer ihrer tragenden Ordnungen, welche das Nachdenken über die Schöpfung in Gang gesetzt hat. Die Schöpfung lebt aus der Gewährung von Zeit, auch wenn sie, wie in den Sagen der Genesis, als Ereignis einer fernen Vorvergangenheit dargestellt wird. Sie ereignet sich im Entrollen der Zeit, im Freisetzen von Gestalten der Zeit, der ihrerseits Weltgestalten entsprechen. Vergegenwärtigen wir uns auch hier die Implikationen:

Die theologische Tradition hat den Ursprung der Zeit als einen schöpferischen Akt Gottes begriffen. Darum ist die Zeit der Geschichte zugleich die Form, unter der das Alte Testament die Gegenwart Gottes als eine »verborgene« Gegenwart erfahren hat. Gottes Verborgenheit ist eine Verborgenheit »in« der Zeit. Versucht man zu denken, was diese biblische Erfahrung zum Ausdruck bringt, so bietet sich folgende Interpretation an: Gottes Ort in der Welt ist die Zukunft, die unaufhebbar Zukunft bleibt, die als Trägerin von Hoffnung, Überraschung, ja Wunder *vor* uns liegt, selbst wenn sie beständig unter der Form von »Gegenwart« und »Welt« in Erscheinung tritt. Diese Zukunft übernimmt die Funktion der Begründung, die die theologische Metaphysik einem zeit*los* notwendigen Grund der Welt und ihrer Erscheinungen aufgebürdet hat. Sie läßt den Bezug Gottes zur Welt als *Zeit*bezug denken.

Was nun im Blick auf die Begründung einer Schöpfungstheologie zu leisten wäre, hat Augustin in Ansätzen vorweggenommen, indem er die Art und Weise, wie wir uns der Zeit vergewissern, in der Form einer *Verschränkung* der Zeitmodi zum Ausdruck bringt. Wir erfahren niemals »Vergangenheit«, sondern wir erfahren die Vergangenheit in der Form der Erinnerung (memoria), d.h. als *Gegenwart* der Vergangenheit (*praesens* de praeteritis; formalisiert: GV), entsprechend erfahren wir die Zukunft im *Heute* unserer Erwartung (expectatio = praesens de futuris; GZ) und die Gegenwart im unmittelbaren Anblick (contuitus) des *jetzt* Vorhandenen (*praesens* de praesentibus; GG). Komplettiert man diese Verschränkungen, indem man außer der Gegenwart auch Vergangenheit und Zukunft als gleichberechtigte Standorte zuläßt, dann läßt sich, wie A.M. Klaus Müller vorgeführt hat[23], das Zeitgefüge, in dem wir stehen, in der Form einer dreireihigen quadratischen Matrix darstellen:

VV	**VG**	**VZ**
GV	**GG**	**GZ**
ZV	**ZG**	**ZZ**

Die Verschränkung selbst ist wie bei Augustin der Ausdruck dafür, daß wir nicht wie Pflanzen oder Dinge in der Zeit »sind«, sondern *wissen*, daß wir in ihr sind. Sie symbolisiert den Prozeß, der vom blinden Eingeschlossensein in die zeitlich verfaßte Welt zur (reflexiven) Möglichkeit der Entdeckung von Wahrheit, also zu bewußter Wahrnehmung führt. Wie bewegen sich Theologie und Naturwissenschaft in diesem Zeitgefüge? Lassen sich die Bedingungen der hier überhaupt möglichen Erfahrung aus der unterschiedlichen Art und Weise verständlich machen, in der die Zeit hier jeweils in Erscheinung tritt?

Im Anschluß an Müller hebe ich die wichtigsten Punkte heraus: In der mittleren Zeile der Matrix wird ein Modus der Zeit fixiert, die Gegenwart. Die anderen Modi werden im Licht dieser Fixierung variiert. Es ist einleuchtend, daß diese Zeile die Zeitstruktur der Physik symbolisiert. Denn die Physik hat es (stellvertretend für die Naturwissenschaften insgesamt) mit dem zu tun, was in einer möglichen Gegenwart erscheinen, uns also als Phänomen begegnen kann. Dabei ist die 'Gegenwart der Vergangenheit' »dasjenige an der Vergangenheit, was in der Gegenwart erscheint, also das *Faktische*. Die 'Gegenwart der Zukunft' ist dasjenige an der Zukunft, was in der Gegenwart erscheint, also das *Mögliche*, soweit es in der Form der Wahrscheinlichkeit quantifizierbar ist. Die 'Gegenwart der Gegenwart' ist der *Umschlag* von Möglichem in Faktisches, also die Wirklichkeit der Phänomene, während sie sich in der Messung zeigen.«[24] Der Horizont der Physik wird also durch den Standort GV, GG, GZ bestimmt. Man sieht sofort, daß die von ihm her erschließbaren Phänomene nur einen kleinen Ausschnitt aus der komplexen Fülle möglicher Vernetzungen überdecken.

An den vier *Eckpunkten* der Matrix hingegen stehen Verschränkungen, welche die Gegenwart nicht enthalten. Wie soll die aus ihnen hervorgehende Zeit für den Menschen real sein und von ihm wahrgenommen werden? Da in ihnen die gegenwärtige Wirklichkeit der Phänomene nicht erscheint, haben wir es hier, wie oben angedeutet, mit einer *anderen* (»transzendentalen«) Gestalt der Zeit zu tun. Daß wir eine solche Gestalt der Zeit voraussetzen müssen, leuchtet ein. Denn unser Wissen, in der Zeit zu sein, verdanken wir der eigentümlichen Fähigkeit, den eigenen Tod, d.h. unseren Austritt aus der (»phänomenalen«) Zeit, zu antizipieren. So erscheint in den Extrempositionen VV und ZZ der dem Wissen entzogene, unverfügbare *Grund* der Zeit - *einmal* (VV) unter dem Aspekt, daß im Unterschied zur faktischen

Beständigkeit der Strukturen (GV) »Vergangenheit fortgenommen und damit neue Freiheit für Zukünftiges geschenkt wird«, *sodann* (ZZ) unter dem Aspekt, daß jenseits des heute absehbar Möglichen noch Neues auf uns wartet. Hier wird die radikale Aufgerissenheit der Zeit selbst thematisiert, auf welche die den Tod überschreitende Hoffnung des Glaubens sich richtet. In der »Zukunft der Vergangenheit« (ZV) geht es um die Bedeutung des faktisch Geschehenen für die Zukunft, also um das Problem der Hermeneutik, das Theologie und Geschichtswissenschaft miteinander verbindet. In der »Vergangenheit der Zukunft« (VZ) schließlich wird die Zukunft als die immer schon eröffnende Macht auch aller vergangenen, zum Faktum gewordenen Wirklichkeit, und somit als Grund der Möglichkeit von Schöpfung erfahren.

6. Der Sinn der Rede vom Anfang

Was ist mit diesen einigermaßen komplizierten Überlegungen für die Frage nach dem in der Bibel gemeinten »Anfang« gewonnen? Zunächst will die Zeitmatrix den Blick dafür schärfen, daß wir nach Herkunft und Zukunft unserer Welt unter *zwei* sehr verschiedenen Perspektiven fragen können. Der Historiker und Physiker fragt vom Ort der Gegenwart (»G«) her: er verlängert die Linien vom »Heute« ins Gestern und Morgen hinein. Wie aber, wenn das Morgen im Heute gar nicht enthalten ist? (Prigogine) Dann muß es eine andere, wenigstens denkmögliche Perspektive geben, die ich mit dem Symbol »Z« bezeichnet habe (= Zukunft als eine andere, nicht mehr »lineare« Zeitgestalt) und die theologisch die Erfahrung der *Nähe* des zur Welt *kommenden* Gottes ausdrückt. Ob es diese Perspektive »gibt«? Beweisen läßt sie sich nicht, aber wer mit der Bibel auf einen »neuen Himmel und eine neue Erde« hofft, wer auf die Verheißungen »setzt« (»Siehe, ich mache alles neu!« Offb 21,5), nimmt sie wie selbstverständlich ein. Sozusagen im Schnittpunkt beider Perspektiven liegt die Welt, die sich dem biblischen Denken als Schöpfung zeigt. Wer also die Welt als Schöpfung verstehen will, muß eine zweifache Bewegung vollziehen: Er muß die Geschichte aufnehmen, in der Gott sich dem Glauben bekannt gemacht hat und zugleich die Spur dieser Geschichte im Naturzusammenhang wiederentdecken.

Die Schwierigkeiten, diese Forderung einzulösen, sind fast unüberwindbar groß. Denn unter der zweiten Perspektive (»Z«) wird die Frage nach dem Anfang ungeheuer radikalisiert. Sie lautet nicht schon: Wo kommt unser Planet, die Erde her, und woher die Gattungen und Arten, in denen sich der Reichtum ihres Lebens entfaltet? Auf all diese Probleme haben wir längst wohlbegründete naturgeschichtliche Antworten bzw. Hypothesen erhalten. Sie fragt gewissermaßen hinter jedes naturgeschichtliche Datum zurück und läßt sich dann so formulieren: Was setzt ein naturgeschichtlicher Anfang der Welt eigentlich voraus? Versteht er sich etwa von selbst? Anders gefragt: Wo hat der Zusammenhang alles Lebens, den wir mit den Begriffen Natur und Geschichte beschreiben, seinen Ursprung? Worin ist er als ein verläßlicher, Erfahrung und Wissenschaft allererst *ermöglichender* Zusammenhang begründet? Man muß die Frage nur so stellen, um die Schärfe des Problems zu erkennen: Wir stehen diesseits der Grenze des Lebens und suchen mit unserer Sprache in einen Bereich vorzudringen, der jenseits dieser Grenze liegt. Hier läßt uns unsere Erfahrung im Stich. Es gibt keine Korrelation zwischen der menschlichen Erfahrung und jenem *ersten* Anfang, den das Wort 'Schöpfung' benennt. Denn die Wahrnehmung des Entstehens und Werdens ist uns überall versagt. »Wir sehen nur Entstandenes, nur die Resultate des Wirkens. Auch die in uns selbst geschehenden Werdeprozesse sind uns völlig verhüllt... Weil wir nicht Schöpfer sind, sehen und begreifen wir auch keinen schöpferischen Akt.«[25] Die Bibel redet in ihrem ersten Kapitel von Dingen, für die unsere Vorstellungskraft nicht ausreicht; sie tastet sich in einer *bilder*reichen Sprache in einen Bereich gänzlicher Erfahrungslosigkeit vor. Denn wo die Sprache der Tatsachen verstummt, an den Grenzen unseres empirischen Wissens, kann Wahrheit nur in Bildern und Gleichnissen ausgedrückt werden. Es ist darum ein krasses Mißverständnis, wenn man Texte wie Gen 1 und 2 nach dem Motto »Und die Bibel hat doch recht« als Tatsachenberichte zu entziffern sucht. Das ist und das war nie so gemeint. Weil der Forschung ein angemessener Begriff fehlte, hat man die Zeugnisse des »Anfangs« seit Gunkel in die Gattung der Sagen bzw. Legenden eingereiht und damit das fast noch ärgere Mißverständnis erzeugt, als handle es sich hier um bloße Märchen.

Demgegenüber halten wir fest: Mit der *Schöpfung* ist die Frage nach einem Geschehen aufgeworfen, das alle irdische Geschichte (auch die der Natur) ermöglicht. (Analog fragt die *Eschatologie* nach einer Geschichte, die alle irdischen Bedingungen abstreift). Also: Welche

Bedingungen müssen erfüllt sein, damit Leben, Wachstum und Werden, ja Erfahrung überhaupt möglich ist und gelingt? Diese Frage steht nicht im Widerspruch zu den Erkenntnisbemühungen unserer Wissenschaften. Es geht auch hier um dieselbe Welt, die Gegenstand unserer empirischen Forschung ist. Nur daß die Bibel in einer elementaren Weise gleichsam »weiter« fragt. Sie setzt mit ihrer Frage dort ein, wo das naturwissenschaftliche Erklären seinen eigenen Prämissen zufolge aufhören muß. Insofern hat sie tatsächlich ein eigenes Problem, das freilich - man denke an die Theorie Offener Systeme - sofort in jeder anderen Wissenschaft aktuell werden kann. Welches?

Alles, was ist, ist in der Zeit. Darum führt uns das Rätsel des Anfangs auf das Problem der Zeit. Was hat es mit dem zeitlichen Anfang der Welt auf sich? Ist er der Anfang unserer *linearen* Kalenderzeit, mit dem alle Erfahrung und alles Erklären beginnt, dann kann er (wie schon Augustin feststellte) selbst *nicht* wiederum in einer ihm vorausgehenden linearen Zeit begründet sein. Wir müssen uns von der vertrauten Vorstellung trennen, als ließe sich der Anfang von Gen 1 als ein erster Punkt auf der Achse unserer Zeitskala eintragen, und daraus wiederum folgt: Die Schöpfung, von der die Bibel erzählt, läßt sich *nicht* wie ein naturgeschichtlich *datierbarer* Anfang »historisch« verifizieren. Sie hat nicht die Qualität eines zeitlichen »initium« (Livius: »ab urbe condita«), sondern will als die *Möglichkeit* hierzu begriffen sein, als die keineswegs selbstverständliche Fähigkeit, überhaupt einen Anfang zu machen. »Gibt« es eine Wirklichkeit, welche diese Möglichkeit begründet, dann ist sie jedem innerzeitlichen Anfang voraus. Sie kann nicht in der Vergangenheit oder Vorvergangenheit der Welt gesucht werden, sondern ist ihr gegenüber »zukünftig«. Wer den Anfang der Schöpfung mit Gen 1 als *reinen* Anfang, als Anfang zu allen Anfängen in der Zeit, versteht, muß von dem Vorrang der *Zukunft* über alle Vergangenheit ausgehen. Die Bibel tut dies, indem sie unserer Zeit Gottes *Ewigkeit* gegenüberstellt. Diese Ewigkeit aber - auch hier müssen wir umlernen - ist nicht die Negation der Zeit. Rosenzweig und Barth haben sie als Gottes Bereitschaft zur Zeit (als Gottes Vor- bzw. Nachzeitlichkeit) neu zu verstehen gelehrt.[26] So verstanden *umfaßt* sie die Zeit unserer Geschichte. Sie ist gewissermaßen die unsere Zeit abgehende Dauer: 'gestern' und 'morgen', 'einst' und 'dann' brechen nicht in getrennte Augenblicke auseinander. Sie *begleitet* die Zeit unserer Geschichte: Gott existiert gleich ursprünglich mit (gleich nah zu) jedem Augenblick der Zeit, doch so, daß wir diesen Begleiter nie einholen können. Er bleibt uns immer voraus. Sucht man nach einer einfachen Formel, so darf man sagen: Die Ewigkeit ist Quell- und Zielort der Zeit. Auch wenn *wir* uns nicht vorstellen können, wie die Ewigkeit die Zeit freigibt (= Schöpfung), noch, wie sie die Zeit in sich zurücknimmt (= Eschaton), läßt sie sich andeutend als der mit uns mitwandernde *Horizont* unserer befristeten Zeit beschreiben (vgl. Ps 139,5). Nicht nur der Mensch, auch die Erde, auf der er lebt, ihre Pflanzen und Tiere, bewegen sich in diesem Horizont, sie sind - so möchte ich die Pointe der alten Texte wiedergeben - mit der Anwartschaft auf Gottes Ewigkeit in die Zeit gestellt. Das erst qualifiziert sie als Schöpfung (Röm 8,21).

Wer dieser theologischen Deutung nicht zu folgen vermag, braucht das sie tragende Argument nicht schon für absurd zu erklären. Man kann die Erfahrungswege der Wissenschaft sehr wohl als Anlauf auf unser Problem interpretieren. Der gemeinsame Konvergenzpunkt wird genau dort sichtbar, wo die Zukunft der Welt auf dem Spiel steht. Die zeitgenössische Naturwissenschaft versteht die Welt als ein nach vorne hin offenes evolvierendes Universum und sieht sich bei der Deutung der Übergänge von einem gegebenen zum nächsthöheren Plateau mit dem Problem des schöpferischen Anfangs konfrontiert. Ähnlich stößt die moderne Ökologie bei der Erforschung des gefährdeten Gleichgewichts von Natur und Geschichte auf zeitabhängige Ordnungen, die sich nicht einfach mit dem linearen Parameter unserer Physik beschreiben lassen. In der Zeitlichkeit aller Werde- und Wachstumsprozesse, die kein Leben von sich aus zu garantieren vermag, tritt die Frage nach einer »Schöpfung« der Welt am augenfälligsten zutage. Die Welt hat eben nicht nur *einen* Anfang; sie hat *viele* Anfänge. Sie ist von einer Bewegung durchzogen, die das Altgewordene dem Vergehen überantwortet und jede Gegenwart für neue schöpferische Möglichkeiten öffnet. Wie ist das möglich?

Genau hier liegt die Schwierigkeit der theologischen Rechenschaft begründet. Ich habe sie zu beschreiben versucht, indem ich methodisch von dem Unterschied *zweier* nicht aufeinander reduzierbarer *Zeitgestalten* ausgegangen bin: Der Zeit, die den Werdeprozeß der Welt und dessen immanente Entwicklung mißt und die demzufolge Zukunft nur als Resultat der Vergangenheit kennt (»futurum«), steht eine Zeit gegenüber, die jede denkbare Vergangenheit überholt, weil sie nicht aus den vorfindlichen Bedingungen der bisherigen Geschichte, sondern von jenseits des heute absehbar Möglichen auf uns zukommt (»adventus«). Das ist eine Beschreibung, die - für sich genommen - nichts erklärt, wohl aber die schöpfungstheologische Aussage verständlich macht. Denn in dieser *Differenz* zweier Zeitgestalten - so lautet die These - *bewegt* sich die geschaffene Welt, in ihr wird sie als eine für Gott *offene* Welt begriffen, die sich auf dem Weg von der Schöpfung zu ihrer Vollendung als *neue* Schöpfung befindet.

Diese These läßt sich noch ein Stück weit erläutern, und damit komme ich auf die Eingangsüberlegungen zurück: Wenn die geschaffene Welt an beiden Gestalten der Zeit Anteil hat, muß sie sich auf zweifache Weise - unter einer zweifachen Perspektive - erfahren lassen. Ich sprach von der Differenz zwischen *Natur* und *Kreatur*, die dieser Unterscheidung korrespondiert: Naturwissenschaft und Technik kennen nur *eine* Gestalt der Zeit, die aus der Vergangenheit in jede mögliche Gegenwart linear sich erstreckende Dauer. Dementsprechend nehmen sie von der Welt genau das wahr, was sich in der Gegenwart zeigt, das Faktische und das Mögliche. Die Welt wird zum Inbegriff 'objektivierbarer' Phänomene (Laplace). Die biblische Überlieferung bewegt sich auf einer anderen Darstellungsebene. Sie zeigt die Welt in einem Zukunftshorizont, der sich uns von vorne her öffnet, und darum - man halte sich an das neutestamentliche Gleichnis! - in einem Überschuß über das, was »der Fall ist«. Jetzt kann sogar die vergängliche, welkende Schönheit der Lilien des Feldes von einer Herrlichkeit reden, die auf dieser Erde gar nicht einzulösen ist.

Beide Aspekte gehören zusammen und lassen sich nicht wie Dichtung und Wahrheit voneinander trennen. Unterschieden wird hier also zwischen der *Schöpfung* und einer jeweils bestimmten, historisch regelhaften *Ausprägung* der Schöpfung, ihrer kontingent auftretenden *Natur*. Diese Natur, ein biologisch oder kulturell einmal erreichtes Entwicklungsplateau, kann zerstört oder gewaltsam auf ein niederes Niveau zurückgeworfen werden, sie kann absterben oder sich gegenüber weiteren Entwicklungen abschnüren. Die Schöpfung aber geht auch nach dem Untergang eines solchen historisch realisierten Plateaus, »solange die Erde steht« (Gen 8,22), bis zu ihrer Vollendung weiter. Sie vermag sogar den Tod in sich aufzunehmen, ohne ihre Toten zu verlieren. *Natur* ist so gesehen einer Momentaufnahme der Schöpfung vergleichbar. Sie ist das gefrorene, erstarrte, auf die Gegenwart fixierte Bild, das man erhält, wenn man die Schöpfung von der Aura der ihr verheißenen Zukunft abschneidet. Die allgegenwärtige ökologische Krise hat uns diese Möglichkeit mit beängstigender Genauigkeit vor Augen geführt. Sie hat Hölderlins Hoffnung zerstört, daß, wo Gefahr ist, auch schon das "Rettende" wächst. Denn wachsen, zu einem neuen Anfang werden könnte es nur dann, wenn die Erstarrung sich löste, wenn wir aus dem Bann der nur aufs Heute fixierten Realität und ihren verzweifelten Überlebensstrategien heraustäten und das Morgen sich nicht länger als eherne Konsequenz dieses Heute präsentierte, wenn wir also - in der Sprache der Frömmigkeit geredet - den »Morgenglanz der Ewigkeit« wieder in unsere versteinerten Verhältnisse einließen. Dann würde auch unsere sterbende Erde noch einmal in die offene Bewegung der Schöpfung hineingenommen. Sie bliebe *Welt*, aber nicht der gnadenlose Aufenthaltsort der ums Überleben kämpfenden Geschöpfe, sondern die *noch nicht* erlöste Welt, die von Gott auf ihre Erlösung und Erneuerung hin ausgericht und bewahrt wird.

Anmerkungen:

1. Ich greife im folgenden Text auf Feststellungen und Formulierungen meines Buches »Schöpfung. Schöpfungstheologie angesichts der Herausforderung im 20. Jahrhundert« (HST 712), Gütersloh 1991, zurück.
2. D. Bonhoeffer: Widerstand und Ergebung, Neuausgabe (WEN), München 1977, 393.
3. V. v. Weizsäcker: Am Anfang schuf Gott Himmel und Erde, Göttingen 61963, 26.
4. G. Anders: Atomarer Mord - kein Selbstmord (1959), in: Ders.: Die atomare Drohung. Radikale Überlegungen, München 1983, 55 f.
5. J. Moltmann: Die atomare Katastrophe: Wo bleibt Gott? In: EvTh 47 (1987), 53.
6. D. Sölle: Lieben und Arbeiten. Eine Theologie der Schöpfung, Stuttgart 1985, 209 f.
7. G. Liedke: Im Bauch des Fisches, Ökologische Theologie, Stuttgart 1979, 127 f.
8. Vgl. O.H. Steck: Der Schöpfungsbericht der Priesterschrift (FRLANT 115), Göttingen 1975, 213 ff.
9. Die Gestirne, namentlich Sonne und Mond, sind in Israel - anders als in Babylon oder Ägypten - zwar keine Götter mehr, sie sind aber auch nicht, wie eine allzu aufklärerische Exegese meinte, zu bloßen Leuchtkörpern, »Lampen« (G. von Rad), degradiert. Sie werden, wie das ihnen zuerkannte Attribut der »Herrlichkeit« (V. 16; vgl. Ps 8,7) zu verstehen gibt, tatsächlich zu den »lebenden« Wesen gezählt und »bewohnen« als solche die Himmelsfeste, den ersten der erschaffenen Daseinsbereiche.
10. Vgl. hierzu die einleuchtende Interpretation von G. Liedke, a.a.O., 127.
11. Steck, a.a.O., 297 ff.
12. C.F. v.Weizsäcker: Die Tragweite in Wissenschaft, Schöpfung und Weltentstehung, Stuttgart 1964, 190.
13. C. Amery: Das Ende der Vorsehung. Die gnadenlosen Folgen des Christentums, Reinbek 1972.
14. I. Kant: Prolegomena zu einer jeden künftigen Metaphysik § 14, Riga 1783, 294 (= PhB 40, 49).
15. Vgl. D. Bonhoeffer: Ethik, München [4]1958, 75 ff. Bes. 85.
16. Vgl. etwa: G. von Rad: Theologie des Alten Testaments, I, München [4]1962, 149 ff.
17. So die bestimmende These von KD III/1: Die Schöpfung ist der »äußere Grund« des Bundes.
18. Vgl. J. Sittler, in: F. Lüpsen (Hg.): New Delhi. Dokumente, Berichte und Reden, Frankfurt/M. 1962, 513 f.
19. V.v. Weizsäcker: Der Gestaltkreis. Theorie der Einheit von Wahrnehmen und Bewegen, Stuttgart [4]1968, 168.
20. Vgl. dazu I. Prigogine/I. Stengers: Dialog mit der Natur, München 1980, sowie G. Altner: Die Überlebenskrise in der Gegenwart, Darmstadt 1987, 86 ff.
21. I. Prigogine/I. Stengers, a.a.O., 25.

22. Vgl. E. Jantsch: Die Selbstorganisation des Universums, München 1982, 415 f.; G. Altner, a.a.O., 124.

23. Vgl. A.M.K. Müller: Wende der Wahrnehmung, München 1978, 142 ff., 194 ff.

24. A.a.O. 196.

25. A. Schlatter: Das christliche Dogma, Calw/Stuttgart ^{2}1923, 36.

26. Vgl. F. Rosenzweig: Der Stern der Erlösung, Den Haag ^{4}1976, 374 ff.; K. Barth, Kirchliche Dogmatik II/1, Zollikon/ Zürich ^{4}1958, 285 ff.; vgl. G. Oblau, Gotteszeit und Menschenzeit, Neukirchen 1988, 119 ff.

Autorenverzeichnis

Ulrich Barth, geb. 1945 in Karlsruhe, 1966-1970 Studium der evangelischen Theologie in Heidelberg und Göttingen, Philosophiestudium, 1982 Promotion zum Dr. theol. in Göttingen, Mitarbeiter der Schleiermacher-Forschungsstelle Kiel, Hochschulassistent in München und Mainz, 1990-1993 Privatdozent für Systematische Theologie in Göttingen, seit 1993 Professor für Systematische Theologie in Halle.

Friedrich Cramer, geb. 1923, em. Direktor am Max-Planck-Institut für experimentelle Medizin in Göttingen, Honorarprofessor an den Universitäten Göttingen und Braunschweig, Studium der Chemie in Heidelberg 1944-1949, Promotion 1949, Habilitation 1953. Gastdozent Cambridge / England 1953/54, Professor der TH Darmstadt 1959, Direktor M.P.I. Göttingen 1962 bis 1991, Wissenschaftliches Mitglied der Max-Planck-Gesellschaft.

Helmut Gärtner, geb. 1932 in Darmstadt, gestorben 1994 in Kassel, 1951-1957 Studium der Mathematik und Physik an der Technischen Hochschule Darmstadt, 1962 Promotion zum Dr. rer. nat. in Darmstadt, 1966 Habilitation an der Fakultät für Mathematik und Physik der Technischen Hochschule Darmstadt, 1969-1970 Forschungsaufenthalt in den USA, 1974 Professor für Experimentalphysik an der Gesamthochschule Kassel, Mitglied des Vorstandes der Interdisziplinären Arbeitsgruppe für Philosophische Grundlagenprobleme der Wissenschaften der Gesamthochschule Kassel. Seit 1974 Mitglied der Kirchensynode der Evangelischen Kirche in Hessen und Nassau.

Wilhelm Gräb, geb. 1948 in Bad Säckingen/Baden, 1967-1972 Studium der evangelischen Theologie in Bethel, Göttingen und Heidelberg, 1979 Promotion zum Dr. theol., 1978-1980 Vikariat in Bad Gandersheim und Gemeindepfarramt in Göttingen, 1980-1988 Assistentur und Habilitation, 1988-1993 Studentenpfarrer und Privatdozent für Praktische Theologie in Göttingen, seit 1993 Professor für Praktische Theologie an der Ruhr-Universität Bochum.

Jürgen Hübner, geb. 1932 in Berlin, ist Wissenschaftlicher Referent an der Forschungsstätte der Evangelischen Studiengemeinschaft (FEST) und apl. Professor für Systematische Theologie an der Universität Heidelberg. Besondere Forschungsgebiete: Verhältnis Theologie / Naturwissenschaft und seine Geschichte, Medizinische Ethik, Ethik der Biotechnologie.

Christian Link, geb. 1938, Studium der Physik und der Theologie; Promotion und Habilitation in Heidelberg, 1979-1993 Professor für Systematische Theologie in Bern, seit 1993 an der Ruhr-Universität Bochum.

Hans-Dieter Mutschler, geb. 1946 in Stuttgart, 1972-1979 Studium der Philosophie und Theologie in München, Paris und Frankfurt (Diplom der Jesuitenhochschule St. Georgen), 1979-1983 Studium der Physik in Frankfurt (1. Staatsexamen), 1989 Dr. phil. mit einer Arbeit über Schellings Naturphilosophie, 1989-1995 Lehraufträge an der Universität Frankfurt, freie Mitarbeit beim Hessischen Rundfunk, bei der FAZ und der ZEIT, Abschluß des Habilitationsprojekts über Aristotelische Naturphilosophie und physikalische Selbstorganisationstheorie.

Wolfhart Pannenberg, geb. 1928 in Stettin, 1947-1950 Studium der Philosophie und Theologie in Berlin, Göttingen, Basel und Heidelberg. 1953 Promotion zum Dr. theol. in Heidelberg. 1954 Assistentur bei Prof. Schlink. 1955 Ordination und Dozentur in der Systematischen Theologie. 1958-1961 Professor für Systematische Theologie an der Kirchlichen Hochschule Wuppertal, 1961-1967 in Mainz. Während dieser Zeit auch zahlreiche Gastprofessuren in den USA. Seit 1967 Professor für Systematische Theologie an der Evangelisch-Theologischen Fakultät der Universität München.